Michael von Wedel · Jürgen Kremb

Die Abrechnung

Michael von Wedel · Jürgen Kremb

Die Abrechnung

Ein ehemaliger BKA-Kommissar packt aus

Mit 11 Abbildungen

Herbig

Bildnachweis

Alle Abbildungen aus dem Privatarchiv Michael von Wedels

Besuchen Sie uns im Internet unter:
www.herbig-verlag.de

Umschlaggestaltung: Wolfgang Heinzel
Umschlagfoto: mauritius, Mittenwald
Herstellung und Satz: VerlagsService Dr. Helmut Neuberger
& Karl Schaumann GmbH, Heimstetten
Gesetzt aus der 11,5/14,5 Punkt Minion
Drucken und Binden: GGP Media GmbH, Pößneck
Printed in Germany
ISBN 978-3-7766-2571-4

Für Fabio Chavez,
den BKA-V-Mann 736 aus Kolumbien,
der unter Folter des Cali-Kartells sterben musste,
weil dem Bundeskriminalamt sein Leben
nicht besonders schützenswert erschien

Inhalt

Zu diesem Buch

Dieses Buch wäre vielleicht nie geschrieben worden, wenn mir der BKA-Sprecher und eine Runde aus mehreren Führungsbeamten bei Deutschlands Bundespolizei, dem Bundeskriminalamt, nicht erzählt hätten, dass der Kriminalhauptkommissar Michael von Wedel »verrückt geworden« sei und sich in »psychiatrischer Behandlung« befände. Es ist zwar auch in Deutschland durchaus üblich geworden, dass Behörden, Firmen und Gesellschaften ihre Mitarbeiter für kleinste Verfehlungen gnadenlos entsorgen, als handele es sich bei den betroffenen Menschen nur noch um lästigen Sondermüll, während Führungsbeamte, Manager und leitende Angestellte für ihre Fehler noch üppig honoriert und dann in den wohlgepolsterten Ruhestand geleitet werden. Aber so etwas, zudem vor Betriebs- und Behördenfremden zelebriert, hinterlässt einen ziemlich schalen Beigeschmack. Außerdem wusste ich, dass es nicht der Wahrheit entsprach. Denn nach dem Treffen rief ich Michael von Wedel an und er beantwortete meine Frage, ob er sich jetzt in der »geschlossenen Anstalt« befände, mit einem zwar frustrierten, aber dennoch recht gesund erscheinenden Lachen.

Das war irgendwann im Frühjahr oder Sommer 2004. Wann, weiß ich gar nicht mehr so genau, denn ich hatte nie geplant, dass dieses Treffen der Anfang für ein Buchprojekt werden könnte. Ich war zu dem Zeitpunkt *Spiegel*-Korrespondent in Wien und hatte ziemlich wenig mit den Themen Polizei, Geheimdienste, innere und äußere Sicherheit oder Terrorismus und Menschenrechte zu tun. Aber aus meinen beiden früheren Entsendungen nach China und Südostasien hatte ich mir die Vorliebe für diese Themen erhalten.

Besonders in Südostasien, wo ich zwischen 1998 und 2002 vier ziemlich spannende Jahre verbrachte, hatte ich mehr Kontakt mit dem terroristischen Umfeld gemacht, als mir eigentlich lieb sein konnte. Es war die Zeit der Bali-Anschläge. Indonesien, die größte muslimische Nation, aber auch das Land, in dem die wohl liberalste Auslegung des Islam praktiziert wird, schien ernsthaft bedroht, radikalen Islamisten anheimzufallen.

Nach langer Recherche war es mir gelungen, näher an eine dieser Gruppen zu kommen, die hinter den Anschlägen steckten. Ich war wohl der einzige westliche Journalist, dem eine Fraktion dieser Radikalen aus dem Umfeld der Jemaah Islamiah, einem südostasiatischen Al-Qaida-Ableger, nicht nur über die Ausbildung ihrer Selbstmordkommandos berichtete, sondern auch über ihre internen Konflikte zwischen gewaltbereiten und eher moderaten Aktivisten informierte.

Zu meinem Erstaunen stellte ich damals fest, dass sich besonders ein deutscher Polizist ebenso intensiv in das Thema eingearbeitet hatte und erstaunliche Kenntnisse vor Ort besaß. Es war der BKA-Hauptkommissar Michael von Wedel. Wir trafen uns ein paar Mal und hatten eher flüchtigen Kontakt. Umso überraschter war ich, als ich Wochen später davon erfuhr, dass die BKA-Führung diesen fähigen Beamten nicht nur aus Indonesien abgezogen, sondern ihn auch noch aus dem Dienst entfernt hatte. Das klang nach einer geradezu absurden Entscheidung und weckte meine Neugierde.

Ich suchte ihn in Deutschland auf und die Geschichten, die er mir dort erzählte, klangen fast noch unglaublicher als das, was ich in den Jahren davor in Indonesien erfahren hatte. Er berichtete mir davon, wie er als erfolgreicher Terroristenjäger und früherer

Ermittler gegen Drogenkartelle in die Fänge seiner eigenen Organisation geraten war.
Obwohl ihn das BKA mit geradezu gnadenloser Härte verfolgte und niedermachte, als sei er selbst ein gefährlicher Verbrecher, hielt Michael von Wedel sich bei diesen Gesprächen lange an das Loyalitätsgebot gegenüber seinem früheren Arbeitgeber. Das änderte sich erst, als das BKA es offenbar darauf abgesehen hatte, seine Existenz restlos zu vernichten, und ihn vom Ruhestandsbeamten zum Hartz-IV-Empfänger machte und auch sämtliche Gnadengesuche an die politischen Verantwortlichen unbeantwortet blieben.
Das war die Zeit, als die Idee für dieses Buch entstand. Zuerst sprach mir Michael von Wedel die vielen Erlebnisse aus knapp drei Jahrzehnten erfolgreicher Arbeit als BKA-Beamter auf Band. Über Monate sichtete ich Akten und Beurteilungen, traf Kontakte aus dem BKA-Umfeld, ferner Agenten vom BND und anderen Diensten. Herausgekommen ist dabei der erste und einzige wirkliche Insiderbericht aus dem Innenleben von Deutschlands Bundespolizei.
Es ist eine Bestandsaufnahme, die nicht nur schwere Missstände beim BKA aufdeckt, sondern die Frage aufwirft, wie sehr sich Deutschlands führende Kommissare an die Gesetze halten, die sie eigentlich beschützen sollten. Und so, wie ich mir beim Verfassen dieses Buches die Frage gestellt habe, wie es angehen kann, dass schon ein eher niederrangiger Beamter wie Michael von Wedel auf so viele Skandale in seiner eigenen Behörde gestoßen ist, so wird sich mancher Leser die bange Frage stellen, wie sicher Deutschland mit diesem BKA noch ist.
Aus juristischen Gründen sind die Namen der erwähnten Personen in diesem Buch durch fiktive Namen ersetzt worden.* Doch

---

* Ausgenommen sind Personen der Zeitgeschichte.

die beschriebenen Szenen und Ereignisse sind nach bestem Wissen und Gewissen so dargestellt, wie sie sich einem BKA-Beamten in der jeweiligen Zeit des Geschehens darstellten.
Einige der Missstände, die auf den folgenden Seiten dargelegt werden, mögen längst abgestellt sein, aber angesichts des Beschriebenen ist zu bezweifeln, ob sie durch effektivere Strukturen im BKA ersetzt worden sind.
Das ändert aber nichts daran, dass ein Missstand der Klärung bedarf, der erst zum Entstehen dieses Buches führte. Der Umstand nämlich, dass ein unbescholtener Polizeibeamter wie Michael von Wedel, der über Jahrzehnte sein Leben für die Sicherheit Deutschlands riskierte, von seinen Vorgesetzten wie ein Verbrecher gejagt werden darf und selbst die politischen Verantwortlichen es zuließen, dass man seine Existenz vernichtete.

Im Juli 2008 Jürgen Kremb

1
Himmel und Hölle
Die Ausbildung

Dafür, dass am Ende alles so beschissen gelaufen ist, fing es eigentlich verdammt gut an. Ich hatte einen adligen Namen, der sich perfekt für eine Karriere als Hochstapler geeignet hätte, dazu einen stramm rechten Vater, der zeitweise als Adjutant bei Joseph Goebbels buckelte, und eine Mutter, die klug und schön war. Sie entstammte einer Familie von wohlhabenden Großbauern und Viehhändlern und besaß ein Hotel auf der Schwäbischen Alb. Jedenfalls fehlte es anfänglich nicht an Geld. Das waren in den Sechzigerjahren alles perfekte Voraussetzungen für Michael Paul von Zittwitz genannt von Wedel, es zu etwas zu bringen. Dieser ungewöhnliche Name, der bis heute in meinem Pass steht, resultiert aus einer geradezu bizarren Wende im Leben meines Vaters, die gleichzeitig Bände über seine konservative Herkunft spricht.

Fast ein Künstlername

Unser Familienvorstand entstammt dem alten ostpreußischen Adelsgeschlecht derer von Zittwitz, dessen Wurzeln sich bis zum Beginn des 13. Jahrhunderts zurückverfolgen lassen. Doch die deutschen Junker und Gutsherren derer von Zittwitz hatten zur Zeit meines Vaters nur Buben auf die Welt gebracht und ihre

Nachbarn, die von Wedel, ebenfalls nicht arm an Ländereien und Gehöften, nur Mädchen. Das stellte in den Zwanzigerjahren des letzten Jahrhunderts noch ein ernsthaftes Problem dar, denn die Familie von Wedel verfügte folglich über keinen männlichen Stammhalter, der den Namen hätte weitergeben können.

Also ritt der Ahnherr derer von Wedel irgendwann im Jahr 1913 mit seinem Einspänner auf den Gutshof derer von Zittwitz und einigte sich mit seinem Nachbarn, meinem leiblichen Großvater, darauf, dass mein Vater, damals noch ein kleiner Junge, an die von Wedels abgegeben werde. Nur eine Bedingung wurde bei der ungewöhnlichen Adoption in den Wäldern Ostpreußens gestellt: Die von Zittwitz bestanden darauf, dass mein Vater auch weiter seinen Geburtsnamen als integralen Bestandteil seines Adelstitels tragen müsse. Daher kommt meine nahezu künstlerische Namenszusammensetzung »von Zittwitz genannt von Wedel«.

Was für mich im Laufe meines Lebens immer wieder zu bizarren Verwechslungen und absonderlichen Zwischenfällen führte, sollte sich für meinen Vater, zumindest in seiner ersten Lebenshälfte, zunächst als großer Vorteil erweisen. Denn so ein fescher Junker-Titel, dazu noch aus den Ostgebieten, war im Dritten Reich eine beliebte und die Karriere beflügelnde Angelegenheit. Als Dieter von Zittwitz genannt von Wedel machte er ab 1932 in der Reichsmarine schnell Karriere und brachte es vor 1944 gar zum persönlichen Adjutanten von Reichspropagandaminister Joseph Goebbels.

Nein, zum Widerstand gehörte er wirklich nicht. Doch der Putschversuch am 20. Juli 1944 durch die Gruppe um Claus Schenk Graf von Stauffenberg ließ Leute mit einer Herkunft wie mein Vater bei den Nazis über Nacht in Ungnade fallen. Nach dem gescheiterten Attentat auf Hitler wurde auch er strafversetzt, und zwar auf ein Minensuchboot. Derartige Verwendungen galten als Himmelfahrtskommando und das Boot meines Vaters rammte auch zweimal eine Mine, doch wie durch ein Wunder überlebte er beide Male. Bald nach Kriegsende traf er meine Mutter. Gemeinsam zogen sie in die engen, hügeligen Welten ihres schwäbischen Dorfes, weitab jeder Ozeane.

Nie wieder Uniformen

Doch irgendwie scheint der Hang zu den Sicherheitsorganen und ihren Uniformen die Begeisterung für alles, was Befehle brüllt, Orden verteilt, scheppert, schießt und donnert, wohl in meinen Genen hängen geblieben zu sein. Ich bin 1950 geboren, ein typisches Nachkriegskind, aber schon seit frühester Jugend wollte ich zum Militär oder zur Polizei, eine Waffe tragen oder zumindest für das Vaterland, deutsches Recht und staatliche Ordnung streiten. Vielleicht war das alles eine durch und durch blödsinnige Idee. Aber so war es eben. Und dieser Wunsch löste stets heftige, kontrovers geführte und selten friedlich endende Debatten in meiner Familie aus, besonders aber auf der Seite meiner Mutter. Denn dort hatte man mit Uniformträgern in den letzten Kriegstagen wahrhaft traumatische Erfahrungen gesammelt. Das Hotel meiner Großmutter bei Reutlingen nämlich diente im Zweiten Weltkrieg renegaten französischen Offizieren, die auf der Seite der Nazis gegen ihr Heimatland gekämpft hatten, als Versteck und Unterschlupf. Als die reguläre französische Armee aber nach der Kapitulation von Hitler-Deutschland im Mai 1945 über den Rhein setzte, Tage darauf die Schwäbische Alb einnahm und schließlich das Hotel meiner Großmutter erreichte, machten die Alliierten dort als Erstes mit diesen Verrätern kurzen Prozess. Meiner Mutter ging ihr Leben lang nicht mehr das schreckliche Bild von den drei französischen Soldaten aus dem Kopf, die in voller Montur tagelang im Hof der Gastwirtschaft an einem Torbogen baumelten.

Mein Vater sollte es in diesem Umfeld nie einfach haben. Er wurde nicht akzeptiert. Von Anbeginn stand die biedere schwäbische Verwandtschaft meiner Mutter der Heirat mit einem ostpreußischen Junker, dazu mit vermeintlich brauner Vergangenheit, feindlich gegenüber. Einen ehemaligen Marineoffizier, und dazu Adjutant von Goebbels, wollte man weder im Dorf noch in der Familie dulden. Über Jahre hielt der alte Kämpe bei den Reutlinger Großbauern und Gastwirten widerwillig aus, bis er schließlich in den frühen Fünfzigerjahren zermürbt und frustriert kapitulierte. Wir zogen nach Frankfurt, wo ich aufwuchs und zur Schule ging. Für den mehr oder minder unfreiwilligen Abschied aus der schwäbischen Idylle und den Umzug in die für sie herzlose Großstadt machte meine Mutter zeitlebens meinen Vater und besonders dessen unrühmliche militärische Vergangenheit verantwortlich. Deswegen hatte sich bei ihr besonders ein Grundsatz gefestigt und der lautete: »Ich will mein ganzes Leben in meinem Haus keine Uniformen mehr sehen.«
Ich sollte sie bitter enttäuschen, denn die Herkunft meines Vaters und seine Erbanlagen hatten mich wohl entscheidend besser im Griff, zumindest als junger Mann. Im Sommer 1968 bewarb ich mich, noch vor Abschluss des Abiturs, bei der Bundeswehr. Ausgerechnet im Sommer 1968, dem Jahr der Studentenrevolte und auf dem Höhepunkt der Proteste gegen den Vietnamkrieg, aber das interessierte mich damals überhaupt nicht.

Mein Vater, der Freiherr

Zugegeben, im Rückblick mag das alles so aussehen, als sei ich der Sohn eines unverbesserlichen Nazis und wäre selbst gar einer geworden. Aber das stimmt weiß Gott nicht. Mein Vater hat zwar zeit seines Lebens nie kapiert, dass er sich im Zivilleben, weitab von Reichsmarine und Kasernenhof, nicht mehr so aufführen konnte, als trüge er noch immer seine blank polierten Gutsherrenstiefel und das blinkende Koppel der Reichswehr, aber ein Nazi war er nie. Noch nicht einmal als überzeugten Mitläufer würde ich ihn heute bezeichnen.

Vielleicht war er einfach nur ein Überlebenskünstler aus Notwehr, mag sein, dass er gar das Talent zum Hochstapler hatte, und richtig ist sicherlich, dass er mit all dem in den ersten Nachkriegsjahren auch nicht ganz ungeschickt hausieren ging. Seine Vergangenheit war seine Stärke, sein adliger Name das Kapital und er setzte es offenbar manchmal hart am Rande der Legalität ein.

Lebhaft erinnere ich mich noch daran, es muss wohl Mitte der Siebzigerjahre gewesen sein, da chauffierte ich als Student und Aushilfsfahrer Mitglieder der Quandt-Familie, die Hauptanteilseigner der Bayerischen Motorenwerke (BMW), durch Deutschland. Eines Abends kam der Finanzchef der Familie auf mich zu. Er war leicht beschwipst und fragte in seinem bekannt schneidigen Ton: »Sagen Se mal, Michael, kennen Sie den Freiherr von Wedel, einen älteren Herren? Der schuldet mir nämlich noch 20 000 D-Mark.«

Als er den fraglichen Freiherrn dann beschrieb, war mir natürlich sofort klar, dass es sich um meinen Vater handeln musste, doch ich hielt tunlichst den Mund. Mein Alter kannte die Quandt-Familie offenbar noch aus Kriegstagen, ebenso Vertreter des Clans um Porsche und jemanden aus dem Kreise der Krupps. War das, weil die Familie Quandt mit Goebbels verschwägert gewesen war und der Freiherr Dieter von Zittwitz genannt von Wedel aus seinen Tagen als dessen Adjutant einen gewinnversprechenden Kontakt auch in die Nachkriegszeit hinübergerettet hatte? Ich weiß es wirklich nicht, mein Vater hat nie mit mir darüber geredet.

»Oh, wissen Sie, von den Wedels, davon gibt's sehr viele. Ich kenne die auch nicht gut. Tut mir sehr leid, Ihnen nicht dienen zu können«, entgegnete ich rasch und war froh, dass ich für den fehlenden Betrag von 20 000 D-Mark, was damals ein kleines Vermögen war, nicht belangt wurde. Ich hatte keine Ahnung, was mein Vater mit all dem Geld angestellt hatte. Denn am Ende seines Lebens arbeitete er nur noch als ein kleiner Lagerleiter bei der Naxos Union in Frankfurt, meine Mutter betrieb als Zubrot einen Zeitschriftenladen und ich bewarb mich perspektiv- und mittellos als Zeitsoldat beim Bund.

Bei den Fernspähern

Dort ging es gleich richtig forsch los. Selbst für meine Vorstellungen etwas zu forsch. Denn in meinem ersten Einberufungsbescheid war ich für die Panzergrenadiere vorgesehen. Doch für einen Abiturienten galt diese Einheit geradezu als Strafbataillon. Das aber wollte ich mir dann doch nicht zumuten. Ich setzte mich deshalb ans Telefon und nach ein paar Anrufen gelang es mir tatsächlich, den Einberufungsbescheid noch zu ändern.

Jetzt wurde ich den Fernspähern in Herborn-Seelbach in Nordhessen zugeteilt. Das entsprach schon eher meinen Vorstellungen, denn die Fernspäher gelten damals wie heute als eine Art Elitetruppe, sie sind Einzelkämpfer mit einer breiten Palette der militärischen Verwendung, die eine äußerst harte Ausbildung durchlaufen. Im Sommer trainieren sie mit den Kampfschwimmern der Marine, im Winter sind die Fernspäher dann bei den Gebirgsjägern zu Hause, und nicht wenig Zeit verbringt man überdies bei einem Fallschirmjäger-Bataillon der Luftwaffe. Das fand ich toll, ich war eben etwas verrückt damals.

Im Sommer 1970 begann die Ausbildung und nach zwei Jahren

hatte ich es zum Zugführer gebracht, das entspricht vom Rang her der Stufe eines Leutnants der Reserve. Ich hatte knapp 80 Soldaten unter mir, doch beschlich mich bald das Gefühl, dass die Bundeswehr doch eine ziemlich sinnlose Einrichtung war, in der der Ausbildung zum Säufer der Vorrang vor der Bereitstellung von wehrfähigen Soldaten für die Bundesrepublik Deutschland eingeräumt wurde. Diese Ahnung beschlich mich vor allem freitags.

Denn mein Vorgesetzter damals war der stellvertretende Kompaniechef Alfred Bühring, der es später bis zum General bringen sollte. Bühring hatte 1971 acht Offiziere wie mich zu befehligen. Jeden Freitagnachmittag ließ er uns in seiner Stube antreten, wo dann schon neun Kästen Bier aufgestellt waren. Niemand konnte nach Hause gehen, bevor nicht das gesamte Bier ausgetrunken war. Einen meiner damaligen Kameraden, zugegebenermaßen ein schwacher Trinker, nervte das sehr. Eines Freitags erschien er bei einem dieser angeordneten Saufgelage in Uniform, schüttete sich eine Flasche Bier mit einem Schluck die Kehle hinunter, setzte sich dann seinen Stahlhelm auf den Kopf, brüllte: »Herr Oberstleutnant, ich melde mich jetzt ab zum Dienst«, und sprang in voller Montur zum geschlossenen Fenster hinaus.

Er hatte doppeltes Glück dabei, denn die Stube lag nur im ersten Stock, und weil er den Stahlhelm aufhatte, zog er sich keine ernsthaften Schnittwunden zu. Fortan war er damit nicht nur zum Held der Kompanie aufgestiegen, er musste auch nie mehr zu Bührings Trinkgelagen erscheinen.

Zwei Jahre Dienst im Heer reichten mir vollauf und da meine Mutter mir ständig in den Ohren lag, doch endlich ein Studium aufzunehmen, schrieb ich mich im Sommer 1972 an der Johann-Wolfgang-von-Goethe-Universität in Frankfurt im Fachbereich Jura ein.

Am Jurastudium interessierte mich vor allem das Strafrecht. Den großen Schein in diesem Fach, der normalerweise kurz vor dem

Examen fällig ist, erwarb ich bereits nach zwei Semestern, doch der Rest, wie Verwaltungs- und Staatsrecht, war nicht gerade meine Stärke. Und so war ich schon 27 Jahre alt, als ich in der *Frankfurter Rundschau* auf eine Stellenanzeige des Bundeskriminalamtes (BKA) stieß. Ausgeschrieben waren 35 Stellen, 4000 Bewerber hatten sich auf die Annonce gemeldet. Ich machte mir deshalb wenig Illusionen, dass ich als Studienabbrecher auch nur die geringste Chance besaß, eine Ausbildung bei Deutschlands FBI beginnen zu können. Aber es kam anders und warum das so war, kann ich bis heute noch nicht verstehen.

Der Chefausbilder

Der Tag der Aufnahmeprüfung war ein verregneter Sommertag. Ich steuerte meinen schon etwas betagten, dunkelblauen, rostigen Dreier-BMW nach Wiesbaden, dann hinauf zum Haupthaus des BKA in der Thaerstraße, das gut bewacht, hinter hohen Betonmauern und mit Stacheldraht bewehrten Zäunen, auf einer Anhöhe liegt. Mit etwas wackeligen Knien stakste ich auf die Eingangspforte der Behörde zu und da, wo die Begrüßung der Bewerber stattfinden sollte, trat ein mir noch unbekannter Herr auf mich zu, der mein Leben in den nächsten Jahren maßgeblich beeinflussen sollte.

Fred Grohmann stand am Einlass des BKA. Kurze weiße Haare, blaue Augen. Er war etwa 50 Jahre alt und wirkte mit seiner drahtigen Figur wie ein in die Jahre gekommener Marathonläufer. Breite Hosenträger prangten über seinem blauen Hemd, er trug kein Jackett. Ich stand in einem Pulk von Prüflingen, äußerst unauffällig gekleidet und auch sonst nicht die Person, die die Blicke anderer auf sich zieht. Doch ohne dass dieser Mann mich vorher je gesehen hatte, trat er plötzlich auf mich zu, klopfte mir

auf die Schulter und sagte: »Junge, mach dir keinen Stress, du schaffst es.«
Er sollte recht behalten, denn Fred Grohmann war der Hauptausbilder des 37. BKA-Lehrganges, den ich in den nächsten beiden Jahren mit 35 Kollegen und Kolleginnen besuchte. Er war ein erfahrener Polizist, der ursprünglich aus der Mordkommission Niedersachsen zum BKA gestoßen war. Etwas schrullig war er schon. Dass unser Chefausbilder von unserer Klasse aber bald den Spitznamen »Folien-Fred« verpasst bekam, hatte einen ganz anderen Grund. Das hatte damit zu tun, dass Grohmann in 45 Unterrichtsminuten Dutzende von Overhead-Folien so schnell an die Wand des Klassenraums projizieren konnte, dass keiner von uns Schülern auch nur die geringste Chance hatte, etwas davon mitzuschreiben. Wenn wir aber nachfragten, ob wir die Folien später einmal ausgehändigt bekämen, um das Material zu kopieren und für die Prüfung zu lernen, antwortete er auf seine etwas umständliche Art und Weise mit dem immer gleichen Satz: »Dies ist in einer Bundesoberbehörde eine Selbstverständlichkeit.«
Die Kopien der Folien bekamen wir trotzdem nie zu Gesicht und erneute Nachfragen endeten meist damit, dass Folien-Fred den Frager mit seinen stahlblauen Augen erst von oben bis unten musterte, ja fast durchbohrte, und dann sagte: »Eines müssen Sie noch lernen. Einem Polizisten kann man nie trauen.«
Anfangs erntete er darauf stets schallendes Gelächter, später ertrugen wir den abgestandenen Witz aber nur noch mit stoischem Gleichmut und verzweifelter Gelassenheit. Fred Grohmann war eben ein Lehrer der alten Schule, manchmal hatte man gar das Gefühl, als sei er direkt dem Dreißigerjahre-Roman *Die Feuerzangenbowle* entsprungen.
Er unterrichtete vor allem Kriminalistik, und das mit besonderer Verve. Folien-Fred hat mich fasziniert und abgestoßen zugleich. Das erging aber nicht nur mir so, vielmehr gelang es dem alten

Polizeihasen, den gesamten Kurs in Angst und Schrecken zu versetzen, indem er bedingungslose Lernwilligkeit, niemals nachlassende Aufmerksamkeit und unendliche Begeisterungsfähigkeit von uns allen verlangte. Bevor Grohmann den Klassenraum betrat, hörte man ihn normalerweise schon auf dem Flur brüllen.
»Mike«, so wurde ich bald unter Kollegen genannt, »an die Tafel«, schallte es dann. Als Nächstes stand er schon vor uns am Katheder und spannte mit den Daumen seine Hosenträger vor der Brust: »Jetzt zeig mal, was du kannst«, sollte das heißen.
Wir hatten wahrhaft eine ganze Menge gestandener Kerle und zäher Frauen in unserer Ausbildungsklasse versammelt, ehemalige Fallschirmspringer waren dabei, erfahrene Polizisten aller Couleur kamen dazu, und Absolventen verschiedener Fachhochschulen, die auch nicht mehr ganz jung waren, rundeten das Bild ab. Doch sie alle einte vor allem eines, die Angst vor diesem Mann und seinen kruden Unterrichtsmethoden.
Mein Klassenkamerad Bertie etwa, der hatte zuvor zehn Jahre bei der GSG 9 gedient und war kurz vor dem berühmt-berüchtigten Anti-Terror-Einsatz in Mogadischu, bei dem die Lufthansa-Maschine *Landshut* am 18. Oktober 1977 aus der Hand von arabischen Entführern befreit worden war, aus der Truppe mit den knallharten Männern ausgeschieden. Bertie war eine richtige durchtrainierte Kampfmaschine, vor Folien-Fred aber fürchtete er sich wie ein schüchterner Sextaner vor dem gestrengen Pauker.
An eine Szene erinnere ich mich noch gut, Wochen nach Ende der Ausbildung. Ich war mit Bertie zu Fuß in Wiesbaden unterwegs, als dieser so unvermittelt hinter einen Baum sprang, als wäre ein Kampfgeschwader der sowjetischen Luftwaffe im Anflug.
Ich war völlig überrascht und brüllte: »Was ist denn mit dir los, bist du übergeschnappt?«
Worauf er nur raunte: »Hast du nicht gesehen, Folien-Fred kommt uns entgegen.«

Wohlbemerkt, wir waren zu diesem Zeitpunkt bereits ausgebildete BKA-Beamte, bestimmt zur furchtlosen Verbrecherjagd.
Dabei war unser Lehrer eine gar nicht so furchterregende Gestalt. So groß wie ich war er, also etwa 1,72 Meter. Fred Grohmann hatte in vielen Bereichen der Polizeiarbeit Erfahrung gesammelt, zuerst in der Mordkommission, dann als Ermittler, und auch im Referat Organisierte Kriminalität war er beschäftigt gewesen. Er selbst scheute sich nie, den Mund aufzumachen, und hatte sich damit in unserer »Bundesoberbehörde« nicht gerade viele Freunde geschaffen. Viele Jahre nach Abschluss meiner Ausbildung sah ich ihn bei einer Betriebsversammlung in Wiesbaden wieder. Gut 600 Mitarbeiter saßen frustriert, fast zornig im großen Versammlungssaal des Haupthauses und es herrschte große Aufregung, weil viele von uns nach Meckenheim, zum Staatsschutz, versetzt werden sollten.
Folien-Fred hatte zwar bei der Ausbildung immer gesagt: »Sie müssen stets damit rechnen, dass plötzlich Ihr Telefon klingelt und Sie drei Stunden später im Flieger nach Karachi sitzen«, aber die Mehrzahl der BKA-Beamten ist diesem Credo nie gerecht geworden. In ihrer Mehrheit werden sie zu dem gemacht, wie man sich den typischen bundesdeutschen Beamten vorstellt: Sie sind träge, spießig und sie sträuben sich gegen jede Veränderung. Ihre Hauptsorge gilt nicht dem Kampf gegen Drogen und Terror, sondern der jüngst erworbenen Immobilie und der Frage, wie man seine Hypothek am schnellsten und billigsten abstottern kann.
In so einem Umfeld hasst man Veränderung und deshalb roch es nach Knatsch in Wiesbaden, als der damalige BKA-Präsident die Versetzungen nach Meckenheim ankündigte. Zum Schluss seiner Rede fragte er: »Hat noch jemand was zu sagen?«
Eine wohl eher rhetorische Frage, denn es herrschte bleierne Stille im Raum, und obwohl jeder der Anwesenden äußerst aufgebracht war, traute sich keiner, seine Meinung zu äußern oder

etwas gegen den Präsidenten und seine Pläne zu sagen. Denn Kritik und Aufmüpfigkeit galten als äußerst karriereschädigend.
Doch plötzlich trat Folien-Fred an das Saalmikrofon. Er war Mitglied der Gewerkschaft der Polizei (GdP) und sagte:
»Wissen Sie, Herr Präsident, wenn Sie nicht wissen, womit Sie sich beschäftigen sollen, dann beschäftigen Sie sich doch mal mehr mit den Nöten Ihrer Beschäftigten.«
Jetzt brach allgemeines Gejohle im Saal aus. Der Präsident war merklich sauer, seine Miene verfinsterte sich, aber Fred Grohmann schien das nicht zu stören. Er hatte sich damit abgefunden, dass er ein Dasein als Faktotum der Truppe führte, ein Clown der Polizei, der alles sagen darf, aber nichts ausrichten kann.

Viel zu ehrlich

Viel später, längst war ich selbst vom erfahrenen Ermittler und zähen Terrorfahnder zum Gejagten des BKA geworden, da ging mir ein Gedanke durch den Kopf.
»Bei Folien-Fred«, sagte ich mir, »hätten dir schon die Augen aufgehen müssen.« Als einen erfahrenen Praktiker und mutigen, wenn auch zynischen Mahner im Amt hatte man ihn zur Ausbildung abgeschoben. Wenn das kein klarer Hinweis darauf war, dass in Wiesbaden nur die Theoretiker das Sagen, erfahrene Polizisten jedoch nichts zu melden haben.
Und da war noch etwas anderes über das Wesen dieser führenden Polizeitruppe Deutschlands, was mir leider viel zu spät aufging. Die Tatsache nämlich, dass ich viel zu ehrlich für den Job war. Heute weiß ich, dass ein ehrlicher Mensch keine Zukunft beim BKA hat. Als Ermittler muss man selbst ein »Dreckschwein« sein. Wer ständig mit Drogenhändlern zu tun hat, kann kein Edelmann bleiben. Um ein erfolgreicher »Cop« zu sein, muss man denken

und häufig auch handeln wie die zwielichtigen Figuren, die man eigentlich überführen und ins Gefängnis bringen soll. Nicht anders ist es um die Anti-Terror-Detektive des Staatsschutzes bestellt. Man kann nicht sauber bleiben *und* Erfolg beim BKA haben. Wer sich im Dunkel bewegt, den bestreicht eben ständig ein Schatten. Aber das ist eine Lektion, die ich erst viel später gelernt habe, viel zu spät eigentlich, und deshalb am eigenen Leib schmerzhaft erfahren musste.

Mit 27 Jahren war ich noch zu jung, zu dumm und zu naiv. Die Zeit beim Bund hatte mich letztlich nicht geschreckt. Ich wollte Polizist werden, ein guter Polizist sogar, so ein »Detective«, wie man sie in den amerikanischen Kriminalfilmen sieht, furcht- und tadellos. Mein Lehrgang begann am 1. März 1977 im Ausbildungszentrum des Bundeskriminalamtes in Wiesbaden und war von Anfang an eine relativ ernüchternde Erfahrung. Denn eine angemessene Vorbereitung für den späteren Kampf mit den Kräften der Unterwelt und des Verbrechens gewährt das BKA seinen Polizei-Lehrlingen wahrhaft nicht – damals wie wohl auch heute.

Man sollte annehmen, dass man in der Zeit als Auszubildender des BKA die EDV-Programme lernt, die man später in der täglichen Arbeit braucht. Man sollte annehmen, dass ein zukünftiger BKA-Beamter Sprachen büffelt, zumindest ein passables Englisch mitkriegt, für den weltumspannenden Kampf gegen das Böse, gegen Terroristen, Mafiosi und Gewalttäter. Und ich hatte gehofft, dass ich im Umgang mit Auswerte- und Analyseprogrammen geschult würde, doch das meiste erwies sich als Fehlanzeige. Wenn man von der einsamen Koryphäe Fred Grohmann absieht, dann war die BKA-Ausbildung für ihre Kommissare eine ziemlich enttäuschende und hausbackene Veranstaltung.

Wir erhielten Unterricht in klassischem Strafrecht, die Grundzüge der Kriminalistik wurden gepaukt. Es war nicht viel mehr als die alte, verstaubte Polizeiausbildung, die wir durchliefen. Doch hörte ich zum Beispiel nie etwas von Ermittlungssystemen, wie sie damals beim FBI schon längst geläufig waren, um große Datenmengen zu ordnen und die Polizeiarbeit effizienter zu gestalten.

Folien-Fred brachte uns erst mal die sieben goldenen Ws der Kriminalistik bei: Wer? Was? Wann? Wie? Warum? und so weiter. Die Grundregeln der Tatortsicherung kamen dazu. Wie sichere ich einen Tatort? Wie mache ich eine Festnahme? Wie führe ich eine Vernehmung durch? Es ist sicher vernünftig, all das einmal gehört zu haben, doch im BKA wird der Kommissar-Lehrling das meiste davon als gestandener Kommissar nie gebrauchen können, es sei denn, er wird dem kleinen Häuflein der »BKA-Tatortgruppe« zugeteilt.

Doch im Wesentlichen war das, was uns vermittelt wurde, nicht mehr als das Basiswissen einer Polizeiausbildung auf Landesebene. Nur mit dem Unterschied, dass in den Ländern Fragen wie Tatortsicherung das ganze Berufsleben bestimmen. Nicht so bei den Supercops in Wiesbaden. Sie sollen das internationale Verbrechen bekämpfen, sind darauf aber erdenklich schlecht vorbereitet.

Verstaubte Theorie und kuriose Praxis

Die Ausbildung beim BKA dauert drei Jahre. An die ersten 15 Monate der theoretischen Ausbildung schließt sich ein praktisches Jahr bei einer Polizeidienststelle an. Ich wurde nach Friedberg in Hessen abgeordnet, wo eine kleine Dienststelle mit 50 Mitarbeitern einen riesigen Landkreis zu beackern hatte. Das Kommissariat lag in einem zweistöckigen, weißen Gebäude mit grünen Fenstern auf einem freien Gelände außerhalb der Stadt.

Eigentlich sollte das praktische Jahr eine logische Fortführung und Vertiefung der theoretischen Ausbildung darstellen, aber vom ersten Tag an geht man mit den Kollegen auf Streife, macht Notdienst, ermittelt in Mordsachen, Diebstahl und Raub, ist somit nicht mehr als eine billige polizeiliche Aushilfskraft.
Bei einem meiner ersten Fälle ging es um die recht skurrile vermeintliche Vergewaltigung zwischen zwei Männern, die sich jedoch schnell als Streit zwischen einem Freier und einem Strichjungen um den angemessenen Liebeslohn entpuppte. Dann wurde ich irgendwann einmal zu einer Firma gerufen, wo ein Tresor geknackt, aber angeblich kein Geld gestohlen worden war. Es stellte sich heraus, dass der Firmeninhaber in dem Behältnis 150 000 D-Mark Schwarzgeld gebunkert hatte und den Verlust aus Angst vor dem Finanzamt nicht eingestehen wollte. Letztlich musste es sich dabei um einen Insiderjob gehandelt haben, schloss ich, denn wer außer den Firmenangehörigen hätte schon wissen können, dass so viel nicht markiertes Schwarzgeld in dem Stahlschrank lag.
Anfang des Jahres 2002, kurz vor meinem Rauswurf aus dem BKA, saß ich noch einmal mit ein paar alten Lehrgangskollegen zusammen. Wir ließen die Zeit von damals Revue passieren, einige brachten die Erfahrung von der heutigen BKA-Ausbildung ein, die sie als Referenten oder Redner erneut kennengelernt hatten, und dann kamen wir alle zu einem vernichtenden Urteil. Trotz der Jahre, die seitdem verstrichen waren, so unsere Analyse, war die Ausbildung nicht besser geworden oder hatte gar herausragende Resultate hervorgebracht. Ganz im Argen steht es zum Beispiel noch immer um den Fremdsprachenunterricht im BKA. Erschreckend, auch heute sprechen gut zwei Drittel aller BKA-Beamten noch immer kein oder nur sehr rudimentäres Englisch, von anderen Sprachen ganz zu schweigen. Lange hatten wir weder jemanden mit Arabischkenntnissen im Amt, noch jemanden vor-

zuweisen, der einer asiatischen Zunge folgen kann. Das ist die Arbeit von Dolmetschern. Kriminalbeamte sprechen selten passabel eine Fremdsprache.

Natürlich sind ein paar rühmliche Ausnahmen zu verzeichnen. Da ist vor allem Daniel Riemann zu nennen, der es später zum Gruppenleiter bringen sollte. Er beherrscht sieben Sprachen, nur hat er das alles hausextern gelernt, lange bevor er in die »Bundesoberbehörde« eintrat. Doch da Riemann am Anfang seiner BKA-Karriere vor allem auf Interpol-Konferenzen herumstolzierte, wo er wenig sagte und auch wenig zu sagen hatte, wurde er bald amtsintern nur noch als »Dr. Niemand« verulkt.

Wie mit den Sprachen, so verhält es sich beim BKA auch mit dem Sportunterricht. Klar, auf Fitness legt man großen Wert, aber so entscheidende Maßnahmen wie Festnahmetechniken stehen nur für ein paar wenige Wochen auf dem Sportlehrplan der BKA-Auszubildenden. Da wird einem etwa beigebracht, wie man einen Täter unauffällig anspricht, um ihn dann plötzlich überwältigen zu können. Es geht um die wichtige Frage, wie man jemanden aus dem Autositz hochzerrt, der sich gegen seine Festnahme wehrt.

Doch leiden die Techniken alle unter einem entscheidenden Defizit. Im täglichen Polizeialltag kommt es selten vor, dass der Täter kleiner als man selbst ist. Normal ist eher, dass der Verbrecher zwei Zentner wiegt und zwei Meter groß ist. Wenn man solch einen Kerl anfasst und der entsprechende Polizeigriff nicht richtig sitzt, dann bricht der Täter dem Polizisten sämtliche Knochen.

In meinen knapp drei Jahrzehnten beim BKA habe ich mich bei all meinen Festnahmen nie prügeln müssen. Wenn ich jemanden festnehmen musste, zog ich stets meine Dienstwaffe, das reichte immer. Ich sagte dann so etwas wie zum Beispiel: »Junge, mit dem Stoff in deiner Tasche kriegst du drei Jahre. Wenn du jetzt die Waffe ziehst oder dich auch nur zu schnell bewegst und es sieht so aus, als hättest du eine Waffe ziehen wollen, wird daraus Wider-

stand gegen die Staatsgewalt und du hast die doppelte Strafe am Hals.« Das versteht auch der dümmste Täter. Und selbst wenn er doch noch eine Waffe zieht, hätte auch der beste Karategriff nicht gegen die Kugel geholfen.
Sport, Sprachen, all das mag man als zu vernachlässigende Kleinigkeiten abtun. Doch was ich stets als das größte Defizit bei meiner Ausbildung empfand, war die ungenügende Vorbereitung auf eine ganz entscheidende Frage meiner täglichen Arbeit: In den drei Jahren meiner BKA-Ausbildung wurde ich keine einzige Stunde darauf vorbereitet, wie ich mich vor einem deutschen Gericht als Polizist und Zeuge richtig verhalten muss.

Vor Gericht

Doch Polizisten müssen häufig vor Gericht aussagen – eigentlich für fast jeden Fall, der zur Anklage kommt. Gerade bei BKA-Beamten handelt es sich dabei um die ganz großen, wichtigen Fälle: Mutmaßliche Al-Qaida-Leute sind da angeklagt, Drogenhändler mit viel Geld und internationalem Hintergrund treten auf und versuchen, ungeschoren davonzukommen. Erfahrene Mafiosi treten gegen ein juristisches Greenhorn vom BKA auf. Während die Angeklagten mit den teuersten Anwälten ankommen, steht man als junger Polizist ohnehin – und bisweilen auch als alter BKA-Hase noch – als dummer Junge da.
Wie bei vielen meiner Lehrgangskollegen ging auch mein erster Auftritt vor einem Gericht nach der Ausbildung vollkommen in die Hosen. Es war eine Rauschgiftsache, die vor dem Landgericht Darmstadt verhandelt wurde. Bei einer Ermittlung hatte ich zwei Türken festgenommen und diese ein halbes Jahr lang immer wieder vernommen. Als ich im Gericht eintraf, war gerade Verhandlungspause.

Die drei Richter, der Staatsanwalt und der Anwalt standen im Flur beisammen. Ich kannte nur den Staatsanwalt und stellte mich dazu. Dann wurden die Angeklagten an mir vorbei in den Saal geführt. Sie erkannten mich, legten mir die gefesselten Hände mit den Handschellen um den Hals, Küsschen rechts, Küsschen links: »Hej Mike«, sagten sie. »Klasse, dass du auch hier bist.«

Als wir in den Saal gingen, drehte sich der Staatsanwalt zu mir um und sagte: »Von Wedel, das eben war nicht gut. Ihre erste Verhandlung?«

Ich nickte. Darauf entgegnete er: »Wenn ich mit dem Kugelschreiber auf den Tisch trommele, halten Sie einfach den Mund.«

Die Anhörung des Richters begann und der Staatsanwalt trommelte und trommelte, aber irgendwie verstand ich nicht, was er wollte, und beantwortete brav dem Richter alle Fragen, bis der ganz ungeduldig wurde und plötzlich sagte: »Herr von Wedel, kapieren Sie denn gar nicht, dass Sie den Mund halten sollen, wenn der Staatsanwalt trommelt.«

Statt jetzt aber sofort den Mund zu halten, sagte ich: »Warum denn, Herr Richter, fragen Sie mich doch ruhig.«

»Dann will ich Sie mal was ganz anderes fragen«, wurde der Richter jetzt ungehalten. »Warum haben Sie die Angeklagten umarmt, als sie reingeführt wurden?«

»Fragen Sie die doch selbst, die sitzen doch hier«, antwortete ich weiter jugendlich ungestüm.

Der Richter fragte die Angeklagten und die gaben zu Protokoll, dass ich sie zwar als Verdächtige sechs Monate streng verhört hatte, dabei aber immer fair zu ihren Familien gewesen sei und mich um diese gekümmert hätte. Das war zwar alles richtig und entsprach den Tatsachen, sollte sich aber als erhebliches Problem für mich während des folgenden Verfahrens erweisen. Der Richter ging jetzt nämlich davon aus, dass irgendetwas nicht stimmte an dem ganzen Fall, und ließ fortan sämtliche Verhörprotokolle aus

sechs Monaten Vernehmung Satz um Satz vorlesen. Anschließend musste ich jedes Mal mühsam bestätigen: »Ja, so ist es gewesen.«
In den folgenden drei Wochen, denn so lange dauerte die Verhandlung jetzt, lernte ich eine bittere Lektion, die meine Ausbilder versäumt hatten mir beizubringen. Die Tatsache nämlich, dass die meisten Polizeibeamten, bevor sie in eine wichtige Verhandlung gehen, die Akten auswendig gelernt haben – so weit das geht – oder die Standardantwort »Das darf ich nicht sagen« geben, sodass es nicht zu solchen unangenehmen und zeitaufwendigen Zwischenfällen kommt. Jetzt erst hatte ich das auch gelernt.

Observationskomödien

Ähnlich wie bei dem bisweilen ungeschickten Auftreten junger BKA-Beamter vor Gericht, so kollidiert auch beim Lehrfach Observation und der späteren Anwendung im Polizeialltag allzu häufig die Qualität der zugeteilten Technik mit der Realität des kriminalistischen Alltags.
Das fängt schon bei der Waffe an. Am Anfang seiner Dienstzeit bekommt jeder BKA-Beamte eine Waffe zugeteilt. Diese lag früher in der Schublade seines Schreibtisches, heute gibt es dafür Waffenschränke, in denen das Schießeisen außerhalb der Großraumbüros und der Dienstzimmer aufbewahrt wird. Bei der Dienstwaffe des BKA handelt es sich in der Regel um eine Heckler&Koch-9-Millimeter-Pistole. Das ist ein Riesending, eine unhandliche, klobige Waffe, etwa 18 Zentimeter lang und eigentlich verdammt schwer. Wie er seine Waffe trägt, das ist jedem Beamten selbst überlassen, viele nutzen ein Schulterhalfter dafür.

Aber mit einer Waffe allein ist der observierende Polizist noch lange nicht komplett. Er braucht ein Funkgerät, das immer noch so groß wie eine 0,5-Liter-Bierdose ist. Ferner trägt er ein Verschlüsselungsgerät mit sich, ein Handy, dazu kommen Ersatzakkus und Handschellen. All das wird unter einer Lederjacke versteckt – und damit müssen wir im Hochsommer möglichst unauffällig durch Fußgängerzonen laufen, in denen jeder gerade noch ein T-Shirt trägt, und versuchen, Kriminelle zu observieren. Nicht selten sieht das Ergebnis wie ein Slapstick-Film aus.
Ein anschauliches Beispiel aus meinen ersten Jahren dazu: Einmal musste ich »Mannie« in Saarbrücken observieren. Er war in den Achtzigerjahren eine Größe unter den Bankräubern der Bundesrepublik. Mannie war zirka 50 Jahre alt und knapp zwei Meter groß. Er hatte gut die Hälfte seines Lebens in irgendwelchen Gefängnissen gesessen und wenn er sich gerade mal wieder auf freiem Fuß befand, stapfte er ausschließlich in schwarze Klamotten gekleidet durch die Stadt. Dazu trug er schwarze Handschuhe, an denen die Fingerspitzen abgeschnitten waren. Er war eine wirklich skurrile Erscheinung und ausgerechnet im Hochsommer, es herrschten 30 Grad im Schatten, sollte ich Mannie, den Bankräuber, observieren.
Wie ich das gelernt hatte, trug ich die gesamte Palette der vorgeschriebenen BKA-Oberservierungstechnik unter einer ziemlich ausgebeulten Lederjacke spazieren. Kaum war ich Mannie 500 Meter hintergelaufen, da drehte er sich auch schon um, kam auf mich zu und sagte: »Junge, lass den Quatsch. Wir trinken jetzt einen Kaffee zusammen und dann sag ich dir, wo ich hingehe.«
Der einzige Sicherheitsapparat, der in Deutschland eine wirklich professionell perfekte Observation betreibt, ist nach meinen Erfahrungen der Verfassungsschutz (VS). Wenn man den deutschen Inlandsgeheimdienst zum Beispiel um die unauffällige Beobachtung »eines Einfamilienhauses in einem Vorort von

Kassel« ersucht, dann schickt der VS morgens den Geschäftsmann, der mit Aktentasche zur Arbeit geht und das Objekt im Auge behält. Später schleicht die Studentin mit langen Haaren an dem Haus vorbei, gefolgt wenig später von der Hausfrau mit Einkaufstasche und Kinderwagen. Mittags sitzen dann zwei etwa 58-jährige »Rentner« auf der Parkbank gegenüber des Observationsobjekts und spielen Schach. Und abends kommt wieder der Geschäftsmann mit der Aktentasche vorbei, unauffällig, denn anscheinend müde von der Arbeit, auf seinem Weg nach Hause. Dass der VS das monatelang durchhalten kann, ist in der Struktur des Inlandsgeheimdienstes begründet. Denn man verfügt dort über genügend Beamte des mittleren Dienstes, die ein breites Spektrum der deutschen Bevölkerung repräsentieren.

Wenn das BKA oder ein Landeskriminalamt heute jemanden observieren will, dann schickt man dafür ein Mobiles Einsatzkommando (MEK) oder ein Sondereinsatzkommando (SEK) los. Doch MEK und SEK bestehen in der Regel aus drahtigen Burschen, alle groß und jung, dazu gut durchtrainiert, keiner von ihnen älter als 28 Jahre. Alle tragen sie Lederjacken, ausgebeult natürlich von den dicken Waffen und den vielen Gerätschaften, die sie sonst noch bei sich tragen müssen. Um das noch »unauffälliger« zu gestalten, fahren sie einen Siebener-BMW oder einen Mercedes der S-Klasse. Das dicke Auto begründet man damit, dass der Täter ja auch über PS-starke Fahrzeuge verfüge, denen es zu folgen gilt.

Die Vorstellung, die der Laie hegen mag, dass es da in Wiesbaden ein »deutsches FBI« gibt, die Supercops vom BKA, und die hätten einen gewieften Kfz-Meister in der Werkstatt sitzen, der sich wie bei James Bond einen alten, ausgebeulten Durchschnittswagen auf dem Schrottplatz besorgt und den dann zu einem tollen Schlitten mit allerneuster Technik umbaut, gar noch einen leistungsstarken Motor einpasst, um Gangstern unauffällig folgen zu können, hat leider gar nichts mit der Realität des BKA-Alltags zu tun. Denn das BKA ist zuerst einmal eine deutsche Behörde, die wie jede andere Behörde zwischen Kiel und Berchtesgaden den normalen administrativen Regeln einer Verwaltung folgt. Die Finanzmittel des BKA werden von einer übergeordneten Stelle zugeteilt, dem Bundesinnenministerium nämlich, und wenn ein MEK jetzt auf die Idee käme, sich einen Mini-Cooper zu bestellen, um damit effizienter und vor allem unauffälliger Gangster zu jagen, dann käme man in Zukunft nicht mehr an die großen Schlitten ran, weil der Etat plötzlich gekürzt worden wäre. Die Schlussfolgerung daraus lautet: Weiterhin fahren alle BKA-Beamten im Außendienst große Wagen und gehen mit ausgebeulten Lederjacken im Hochsommer auf Verbrecherjagd.

Das führt zu absurden Szenen, wie der Alltag zeigt. In Weinheim mussten wir einmal einen jugoslawischen Täter observieren. Unsere Partner dafür saßen in Belgrad bei der dortigen Nationalpolizei und hatten zeitgleich das Telefon unserer Zielperson angezapft. Der Verdächtige fuhr einen alten, verbeulten Lada, der es auf der deutschen Autobahn auf nicht mehr als 50 Stundenkilometer brachte. Wir schlichen ihm deshalb mit zwei Observationsteams eine halbe Stunde hinterher, bis uns ein Anruf von der jugoslawischen Polizei erreichte.

»Sagt mal«, fragten die uns verdutzt, »fahrt ihr einen blauen und einen roten Mercedes?«

Unsere Tarnung war so schlecht gewesen, dass der Täter belustigt am Handy einem Freund zu Hause berichtet hatte, dass ihm in Deutschland »die Bullen mit zwei neuen Mercedes-Limousinen hinterherzuckeln und glauben, ich hab sie nicht bemerkt«.

Endlich ein Supercop

Auf was ich mich da eingelassen hatte, war mir nicht so richtig klar. Unbedarft, schlecht vorbereitet auf den Polizeialltag und blauäugig waren wir, als im Januar 1980 die Klausuren für den BKA-Ausbildungsjahrgang Nummer 37 immer näher rückten.
Der Einsatz in Friedberg war lange vorbei und es sollte das erste und letzte Mal gewesen sein, dass ich das Leben eines normalen Polizisten führte. Die Abschlussklasse der theoretischen Ausbildung dauerte noch einmal neun Monate und bestand im Wesentlichen aus der Prüfungsvorbereitung. Wir mussten für die Strafrechtsklausur büffeln und Kriminalistik wiederholen, denn es war keineswegs sicher, dass jeder Prüfling das große BKA-Examen schaffen würde. Wer die Prüfung nicht bestehen sollte, hatte drei Jahre verschwendet, denn er würde weder beim BKA noch bei den Landespolizeidienststellen einen Posten finden. Das wollte niemand von uns 35 BKA-Kandidaten riskieren.
Mein Freund Ernst Friedmann war so ein Problemfall. Er war zwar 1,90 Meter groß und wog eindrückliche 120 Kilo, die sich auf einen wohlproportioniert muskulösen Polizistenanwärter-Körper verteilten, doch leider war er auch ein bisschen doof. Wahrscheinlich hätte er die Prüfung in Strafrecht nie bestanden. Aber Folien-Fred hatte sich wohl in den Kopf gesetzt, dass Ernst ein fähiger BKA-Beamter werden würde, und da er wusste, dass Ernst eine Vorliebe für Geschichte hegte, hatte er sich etwas einfallen lassen, um ihn erfolgreich durch die Prüfung zu bringen.
Und das ging so: Normalerweise war die Prüfung beendet, wenn der Vorsitzende der Prüfungskommission sagte: »Hat noch jemand eine Frage?«
Bis dahin hatte Ernst Friedmann eine schlechte Leistung gezeigt und sein sicherer Untergang schien sich abzuzeichnen. Doch anstatt ihn seinem Schicksal zu überlassen, nämlich aufgrund sei-

ner ungenügenden Antworten durchgefallen zu sein, setzte unser Chefausbilder nach der Schlussfrage des Vorsitzenden nach.
»Herr Friedmann«, sagte Folien-Fred jetzt, »erklären Sie der Prüfungskommission doch einmal, welche Auswirkungen der Prager Friede auf die Polizeiarbeit in Deutschland hatte.«
Das war eine äußerst ungewöhnliche Frage in diesem Kontext, zumal der Prager Friede gut ein halbes Jahrtausend vor der Gründung der Bundesrepublik Deutschland geschlossen wurde. Erst schauten sich die Kommissionsmitglieder fragend an. Aber das hatte Folien-Fred alles geschickt eingefädelt. Nur er wusste nämlich, dass der Vorsitzende, der später Polizeipräsident von Frankfurt werden sollte, ebenfalls das Hobby deutsche Geschichte pflegte.
Jetzt sprudelte das Geschichtswissen geradezu aus Ernst hervor. Er erzählte, was es mit dem Prager Frieden vom 30. Mai 1635 so auf sich hatte. Der Prüfling und der Chefprüfer verfingen sich nun in einem halbstündigen, fast freundschaftlichen, aber auch sehr gepflegten Dialog über deutsche Historie und Ernst erhielt hernach wider aller Erwarten das große BKA-Gütesiegel verliehen: »Kommissar-Prüfung bestanden«.
Für mich verlief das Examen ebenfalls gut. Im schriftlichen Teil musste man beim Strafrecht einen Fall aus dem Alltagsleben bearbeiten, einen »schweren Raub« zum Beispiel, einen »Mord« oder einen »bewaffneten Banküberfall«. Die Prüfer wollten sehen, ob der zukünftige BKA-Beamte sämtliche Aspekte einer Strafverfolgung korrekt aufschlüsseln konnte. Hat er die Tatbestandsmerkmale erkannt, wollte die Prüfungskommission wissen, und nicht einen normalen »Raub« mit einem »schweren Raub« verwechselt? Hat er auch die Unschuld des Beschuldigten ermittelt? Verfügt der Beschuldigte über ein Alibi und wurde dies angemessen überprüft? All das zu erkennen, zeichnet einen fähigen BKA-Mann und die BKA-Kommissarin aus.

Als Abschlussnote erhielt ich ein »Befriedigend«. Anstandslos wurde ich in den BKA-Dienst als Beamtenanwärter übernommen und war froh, bald eine feste Anstellung zu bekommen. Dass ich in den drei Jahren der Ausbildung viel zu wenig auf meine spätere Arbeit vorbereitet worden war, wurde mir erst viel später klar. Aber da war es schon zu spät.

2
Langeweile und Action
Alltag als Supercop

Es waren 34 unserer Lehrgangsteilnehmer, die die Prüfung bestanden hatten, das war ein sehr passables Ergebnis. Was nicht so gut war, war der Umstand, wie wir anschließend auf die verschiedenen Referate verteilt wurden. In den letzten Wochen vor der Prüfung wurde jeder BKA-Prüfling befragt, in welchen Bereichen er am liebsten arbeiten würde. Man durfte dann drei Prioritäten nennen. All das wurde aufgeschrieben, ins Personalreferat geschickt und nie mehr zur Kenntnis genommen.

30 meiner Kurskollegen hatten geäußert, dass sie beim »Rauschgift« arbeiten wollten. Der Kampf gegen Drogen galt damals als sexy, Haschisch, Heroin und Kokain waren zum großen gesellschaftlichen Problem erwachsen in Deutschland und die meisten von uns Kommissaranwärtern waren von dem Wunsch beseelt, sich im operativen Ermittlungsgeschäft zu tummeln. Schließlich war diese »Detective«-Arbeit, so wie es in amerikanischen Filmen heißt, doch das, was man sich unter Polizeiarbeit vorstellte. Zudem galt die Abteilung Rauschgift als ziemlich wilder Verein damals im BKA. Ein Hauch von Abenteuer umwehte den ganzen Laden.

Fünf von uns wurden letztlich für die Abteilung Rauschgift ausgewählt, aber nicht, weil sie den Wunsch geäußert hatten, dort zu arbeiten. Nein, man nahm einfach die letzten fünf im Alphabet. Mein Glück: mit Michael Paul von Zittwitz genannt von Wedel hatte ich einfach unschlagbare Karten.

Erst Jahre später erfuhr ich, dass für die Auswahl der Kandidaten und ihre Verwendung nicht einmal ein Blick in die Personalakte geworfen worden war. Einer unserer Lehrgangskollegen hatte vor dem BKA bei einem Fallschirmjäger-Bataillon der Bundeswehr gedient. Er war der typische Draufgängertyp, gut durchtrainiert, er wollte unbedingt bei einem Mobilen Einsatzkommando (MEK) Türen eintreten und sich mit Verbrechern raufen – den schickte man zum Staatsschutz nach Meckenheim an den Schreibtisch. Ein anderer, der EDV studiert hatte und sich auch privat fast nur mit Computern beschäftigte, sogar richtig gut darin war, der kam zum MEK. Eine der wenigen Frauen von unserer Truppe, die damals schon fest liiert war, kam auch zur »kämpfenden Truppe« MEK. Sie brach in einen Heulanfall aus, als sie davon erfuhr. Denn die MEKs gelten als typische Beziehungskiller im Amt. Grund: Man ist fast jeden Tag quer durch die Bundesrepublik unterwegs, das macht kein Partner lange mit. Zudem ist der Job schlecht bezahlt. Nachdem die MEK-Mitglieder lange Jahre für die aufreibende Mühsal nur das normale BKA-Gehalt erhielten, ist es ihnen zumindest später gelungen, sich eine monatliche Zulage von 250 Euro zu erstreiten. Das Einzige, was in den Augen vieler Berufsanfänger den Einsatz im MEK dennoch attraktiv macht, ist die Tatsache, dass sie schnelle Autos fahren können und etwas herumkommen in Deutschland – eher ein Männerjob also.

Ich schätzte mich glücklich. Ich war in die Truppe geschickt worden, die ich mir gewünscht hatte, wenn auch nur per Zufall. Aber was machte das schon, zumal ich damals noch nicht über die dubiosen Auswahlkriterien des BKA Bescheid wusste. Als Nachteil erwies sich bald, dass Leute, die frisch aus dem Lehrgang kamen, im Rauschgiftreferat zu Anfang grundsätzlich zur Schreibtischarbeit verdonnert wurden. Als einzigen Vorteil sah ich, dass ich als Mitglied der Rauschgift-Crew nicht ins BKA-Haupthaus an der Thaerstraße in Wiesbaden verbannt wurde. Das bringt große Vorteile mit sich. Nämlich, dass man weder dem Präsidenten noch dem Vizepräsidenten zufällig über den Weg läuft, sich von den ganzen Krawattenträgern fernhalten kann und etwas weniger unter Beobachtung fühlt.

Die Abteilung Rauschgift war damals in einem gut 14-stöckigen Hochhaus in der Mainzer Straße in Wiesbaden untergebracht. Gegenüber lag das Kaufhaus Wertkauf und witzigerweise hatte sich der Allgemeine Studentenausschuss (AStA) der Universität Wiesbaden in einer Etage genau in der Mitte zwischen BKA-Rauschgift und BKA-Verwaltung eingemietet. Das war schon ungewöhnlich, denn der AStA wurde damals ständig vom Verfassungsschutz observiert.

Die Abteilung Rauschgift bestand aus mehr als 500 Mitarbeitern, die u. a. ein ganzes Großraumbüro im Erdgeschoss der »Mainzer Straße« belegt hatten. Unterteilt durch Stellwände in Parzellen für jeweils drei, vier Beamte, war das Büro fast so groß wie ein Fußballfeld. Ursprünglich hatte der Raum als Autoverkaufsraum gedient. Jetzt aber teilten sich drei BKA-Referate den knappen Platz in der Hexenküche der Drogenabteilung. Dazu gehörte der sogenannte Meldekopf Rauschgift, dem ich zugeordnet war, das Ermittlungsreferat Türkei sowie das Ermittlungsreferat Naher und Mittlerer Osten. Außer BKA-Beamten hatten wir einen Grenzschützer und einen Mann vom Zoll in unserem Team. Unsere Aufgabe war es, Änderungen der Schmuggelrouten ausfindig zu machen, sogenannte Lagen zu schreiben, herauszufinden, wenn und warum die Drogensyndikate neue Kuriere eingestellt hatten, und zu analysieren, wie die neuen Verstecke für den Stoff aussahen.

Mein Titel lautete »Kriminalkommissar zur Anstellung«, damit war ich eine ziemlich kleine Nummer in der großen Hierarchie des BKA, aber stolz war ich trotzdem darauf. Es war der Sommer 1980, ich war 30 Jahre alt, schlank, hatte noch lange, volle, braune Haare und war voller Einsatzfreude. Mein Sachgebietsleiter damals hieß Thomas Immrich. Das war ein langer Kerl, etwa 1,90 Meter groß, früher war er als exzellenter Analytiker im Amt erachtet worden, der aufgrund seiner fachlichen Kompetenzen bei Interpol und bei internationalen Konferenzen die »Rauschgiftlage Deutschland« vortragen musste. Leider hatte seine Karriere irgendwann eine unerwartete negative Wende genommen, Immrich war in Ungnade verfallen und in seinem Frust hatte er sich ganz König Alkohol hingegeben. Bald wurde er in der Abteilung nur noch als Dosen-Tim verulkt. Ein Name, der sich daraus herleitete, dass aus seiner Bürowabe auch tagsüber allzu oft das typische Zischen drang, wenn er wieder mal eine Bierdose öffnete. Als er mitbekam, dass wir Witze über ihn und den Bierdosen-Zischlaut machten, stellte er auf Flaschenbier um. Den Spitznamen Dosen-Tim bekam er trotzdem nicht mehr los.

Mit 30 Jahren war ich ein ziemlich alter Berufsanfänger. Meinen Schreibtisch musste ich mir mit einer Kollegin aus Baden-Württemberg teilen. Susanne Heinrich war etwa 1,70 Meter groß, hatte schwarze Haare und schwarze Augen. Sie war eine attraktive Frau. Ihre Schwester Sabine arbeitete als Zielfahnderin und war zwar weniger gut aussehend, dafür mit dem Signum versehen, eine der prägenden und herausragenden Beamtinnen der Behörde zu sein.

Als erste Auswertung sollte ich dem Schmuggel von Rauschgift per Flugzeug auf die Spur kommen. Dazu durchforstete ich über Monate die »Falldatei Rauschgift«, in der sämtliche Rauschgiftverbrechen bis ins kleinste Detail festgehalten sind. Kleine Fälle waren darin verewigt, bei denen nur wenige Gramm sichergestellt worden waren. Aber es wimmelte auch von spannenden Geschichten, bei denen die ganz großen Mafiosi vom BKA ausgehe-

belt worden waren. Meine Fragestellung lautete, ob die Schmuggler eine bestimmte Koffermarke bevorzugten. Monatelang beschäftigte ich mich damit und war sehr ernsthaft bei der Sache. Von morgens bis abends tippte ich etwa das Wort Koffer in den Computer, bekam dann 50 Fälle ausgespuckt, die ich mir ansah. Am Ende hatte ich einen sechsseitigen Bericht zusammengestellt, der mein Kommissarenherz mit Stolz erfüllte. Denn ich hatte herausgefunden, dass die Schmuggelbanden meistens den Koffer der französischen Edelmarke Delsey benutzten. Als ich mein Ergebnis vortrug, brachen die Kollegen in schallendes Gelächter aus, denn das brachte wahrlich niemanden weiter. Delsey war damals die Modemarke schlechthin und es war wirklich kein Erkenntnisfortschritt, dass auch Drogenhändler mit dem Zeitgeist gingen.
Wir waren insgesamt 20 Mitarbeiter im Referat und unsere Hauptaufgabe bestand darin, den *Rauschgiftkurier* herauszugeben. Das war ein mehrseitiges Mitteilungsblättchen, das an alle mit der Rauschgiftbekämpfung befassten Dienststellen in Deutschland verschickt wurde und helfen sollte, dass die Polizeidienststellen im Lande einen besseren Überblick über das Ausmaß der Rauschgiftdelikte in Deutschland erhalten und die Verbindung zur weltweiten Verbrecherszene besser verstehen. Das war eine ziemlich nervige Beschäftigung und ich war ganz froh, als ich nach anderthalb Jahren meinen Schreibtisch im Auswertungsreferat räumen und 50 Meter umziehen durfte.

Drogenroute Balkan

Gleich am Eingang des Großraumbüros hatten die Beamten des Ermittlungsreferats Türkei ihre Waben bezogen. Hier sollte ich fortan meinen Dienst tun. Es war die Mannschaft, die damals von Gert Hinrichs geleitet wurde. Hinrichs war klein, untersetzt, aber

nicht dick. Er verfügte über eine witzige, bisweilen verrückte Art des Auftretens und hatte sich damit vom einfachen Schutzmann zum BKA hochgearbeitet.
Hinrichs' Platz war stets hinter einem Schreibtisch. Wenn über ihm wieder einmal die grüne Lampe leuchtete, die er sich von einer Dienstreise in die Türkei mitgebracht hatte, dann wusste jeder im Großraum, dass irgendetwas Außergewöhnliches passiert war, denn Hinrichs hackte nun auf seiner Schreibmaschine herum. Er hatte von Menschenführung nicht die geringste Ahnung, aber er war ein guter Chef.
Die Aufgabe des Referats bestand darin, den Schmuggel von Rauschgift von der Türkei nach Deutschland zu bekämpfen. Dafür lagen wir damals häufig in Schwarzbach-Autobahn, einem Grenzübergang zwischen Deutschland und Österreich, auf der Lauer. Er war das Nadelöhr schlechthin, wo die Balkan-Drogenroute bei Bad Reichenhall nach Deutschland mündete. Dort führte eine Brücke über die Autobahn, auf der der deutsche Zoll, dessen österreichische Kollegen sowie deutsche und österreichische Polizei gemeinsam den Verkehr beobachteten und auf Drogenschmuggler warteten, von denen ihnen ihre V-Leute oder Ermittler berichtet hatten. Ständig rankten um diese Brücke und die damit verbundenen Einsätze in Bayern die witzigsten Geschichten im BKA.
Das hatte vor allem mit dem abstrusen Umstand zu tun, dass, wenn ein BKA-Beamter nach Bayern fuhr, er sich dort anmelden musste. Er musste sich fast genauso anmelden, als würde er ins Ausland fahren. Wer das nicht tat, bekam Ärger mit dem Landeskriminalamt München. Es war keine Seltenheit, dass sich die Bayern beim Bundesinnenministerium in Bonn über die »illegalen Ermittlungen« des BKA beschwerten.
Wer aus Wiesbaden in Schwarzbach eintrudelte, musste sich also erst beim bayerischen Zoll registrieren lassen. Dann lagen wir

gemeinsam auf der Lauer, bis die vermeintliche Drogenladung über die deutsche Grenze rollte. Das große Kunststück bestand darin, die Österreicher nicht wissen zu lassen, in welchem Fahrzeug wir Drogen vermuteten. Gelang das nicht, kam es durchaus vor, dass sie vor uns eine Straßensperre errichteten und die Ganoven noch auf österreichischem Hoheitsgebiet abgriffen. Auch ein Kriminalbeamter der Alpenrepublik lebt eben von Erfolgen.

Unser Referatsleiter Gert Hinrichs wohnte nicht weit von der BKA-Dienststelle entfernt und wenn wir von einem Einsatz aus Bayern zurückkamen, riefen wir ihn auch mitten in der Nacht von unterwegs an und sagten: »Wir haben den Stoff.« Dann stand Hinrichs prompt im Schlafanzug im Großraum und empfing uns mit ein paar Flaschen Bier. »Meine Jungs sind eben gut«, sagte er dann selbstverliebt und bis morgens fünf Uhr floss das Freibier.

Jahre später reiste ich einmal mit BKA-Abteilungsleiter Jochen Kunz nach Stockholm, um an einer Interpol-Konferenz teilzunehmen. Nach ein paar Bier fragte er mich abends: »Wedel, sagen Sie mal, warum fragt mich überall jemand nach Hinrichs?«

Ich antwortete: »Weil er ein guter Chef ist und sich um seine Leute kümmert.«

Trauen konnte man ihm letztlich trotzdem nicht. Bei einem Einsatz holte ich mir einmal von Gert Hinrichs eine schriftliche Weisung, um irgendwo eine brenzlige Sache zu erledigen, und prompt ging der Einsatz schief. Daraufhin unterstellte mir Hinrichs, ich hätte Urkundenfälschung begangen, um meine Niederlage zu kaschieren.

Der Umstand der engen Verzahnung des BKA-Ermittlers mit seinem V-Mann führte meist zu Problemen, wenn man an einen zähen Richter geriet. Denn wenn die V-Leute erfolgreich sein wollten, mussten sie auch in Scheinkäufe von Drogen involviert sein – wohlbemerkt mit Wissen des BKA-Beamten. Kam der V-Mann dafür vor Gericht, fragte der Richter den BKAler in der Regel: »Kennen Sie den Mann?« Sagte man »Ja«, hatte man sich der Mitwisserschaft schuldig gemacht. Antwortete man mit »Nein«, hatte man eine Anklage wegen gerichtlicher Falschaussage oder bei einer Vereidigung sogar einen Prozess wegen Meineid am Hals.

Als ich jedoch dort zu arbeiten begann, herrschte bei dem Referat noch der eitle, selbstgefällige Sonnenschein der Rauschgiftbekämpfer. In dem Laden tummelte sich ein ganzer Haufen bunter Gestalten. Zum Beispiel war da Herbie Ludwig, ein großer Typ mit langer, blonder Mähne, der klassische verdeckte Ermittler. Er führte V-Leute, tätigte die Scheineinkäufe mit ihnen und rauschte mit großen Wagen durch die Republik. Herbie hatte sich einen blauen Porsche 911 auf Amtskosten stellen lassen. Doch hat er anscheinend nie kapiert, dass sein mageres Gehalt als BKA-Kriminalkommissar mit dem fahrbaren Untersatz nicht mithalten konnte.

Einmal saßen wir tagelang in Schwarzbach an der Grenze und da man die Überwachung im Schichtdienst erledigte, hatten wir ein paar Abende Zeit, in die Disco zu gehen. Herbie Ludwig lud mehrmals die ganze Disco zum Champagner ein. Mit einem Gehalt von damals 1600 D-Mark konnte das natürlich nicht lange gut gehen. Herbie gehörte zu denen beim BKA, die bald die Grenze zwischen Jobwelt und Realität verloren. So brach er sich auch einmal bei einer Grillparty in seinem Garten, der gar nicht weit vom BKA-Haupthaus in der Thaerstraße lag, die Hand, als er versuchte, im volltrunkenen Zustand einen Baumstamm durchzuschlagen. Man unterschätzte bisweilen bei der Behörde nicht nur seinen gesellschaftlichen Status und die tatsächliche Höhe seines Gehalts, sondern auch seine eigene Körperkraft.

Ein weiterer illustrer Rauschgiftcop des Türkeireferats war ein verspleenter Junge, den wir alle nur Eisi nannten. Er hatte lockiges Haar, maß amtsbescheidene 1,70 Meter, doch sein Ego und sein Temperament ließen ihn viel größer erscheinen. Eisi war ein Vollblutbulle sondergleichen, aber er hätte auch ein guter Krimineller werden können und manchmal schienen die Grenzen zwischen beiden Welten in Auftritt und Habitus recht fließend zu sein. Das ist nichts Ungewöhnliches für einen Polizeiapparat. Als guter Ermittler gegen Drogenhändler kann man kein Gentleman bleiben. Eisi war ein Dreckskerl, aber verdammt gut darin. Ihn konnte man auf der Reeperbahn in einer Kiezkneipe absetzen und wenn man zwei Stunden später zurückkam, war er mit allen per Du oder es konnte gut sein, dass er längst einen kriminellen Deal, sprich ein BKA-Drogenscheingeschäft, eingefädelt hatte. Eisi hatte Dinge gedreht, von denen glaubte man, sie passieren nur im Film, in drittklassigen Movies nämlich.

Showdown an der Autobahn

Eine weitere Bereicherung für das Referat war der Kollege Sigmund Dreher, genannt Sugar. Bevor er beim BKA angeheuert hatte, schob er Polizeischicht auf der Davidswache, dem Hamburger Polizeirevier auf der Reeperbahn in St. Pauli. Als Newcomer war ich anfänglich nur zur Arbeit im Schriftverkehr verdammt. Aber bei Einsätzen wurden auch die Schreibbeamten mit rausgenommen. Ich erinnere mich noch lebhaft an einen meiner ersten Großeinsätze, der endete nämlich in einem ziemlich peinlichen Fiasko.
Schauplatz war die Autobahnraststätte Köln-Frechen und es ging, wie damals so oft, um einen Scheinankauf, jenen kriminalistischen Graubereich zwischen Verbrechensbekämpfung und poli-

zeilicher Illegalität. Als verdeckter Ermittler und Käufer des Stoffs wirkte Klaus Merkel. Er war einer der ganz wenigen verdeckten Ermittler, die ich in meinen fast drei Jahrzehnten beim BKA kennengelernt habe, dem man die Kriminalität auf hohem Niveau wirklich abnahm. Er war ein sehr groß gewachsener Bursche, gut 1,90 Meter, von attraktivem Aussehen und er konnte auch noch sehr charmant sein. Im Einsatz trug Merkel immer nur die allerbesten Anzüge aus englischem Tuch, sodass auch wirklich keine Zweifel auftauchten, wenn dieser Mann im mittleren Alter bei den Treffen mit Drogengangstern im teuren (BKA-)Mercedes ankam. Wer Klaus Merkel sah, der glaubte, dass dieser Mann nicht nur Geschäftsmann sein, sondern auch über viel Geld verfügen müsse, was nötig war, um die erheblichen Mengen an Drogen einzukaufen, die er bisweilen requirierte. Ein No-Nonsense-Typ war er, dazu immer ernst. Und er beherrschte die Rolle, die er spielte, nicht nur immer perfekt, er war auch völlig angstfrei bei seiner Arbeit.

Aber gleichwohl, wie gut oder wie schlecht die verdeckten Ermittler des BKA und der Landeskriminalämter sind, sie hadern immer mit dem gleichen Problem, sie müssen natürlich unerkannt bleiben, um weiter erfolgreich in ihrer Arbeit zu sein. Diese Tarnung versuchen nicht nur Kriminelle zu durchkreuzen, die auch mal die Familie des Ermittlers unter Druck setzen, auch viele deutsche Richter tun das.

Denn auch für einen Drogenhändler oder anderen Kriminellen gilt natürlich, dass er Anspruch auf ein faires und rechtsstaatliches Verfahren hat. Ein Grundsatz dafür ist, dass alle Prozessbeteiligten bei der Verhandlung erscheinen müssen. Das versucht das BKA natürlich zu verhindern, sonst wäre der verdeckte Ermittler nach jedem Prozess verbrannt. Deshalb müssen Leute wie Klaus Merkel nicht nur in ihrer Berufsausübung ständig Theater spielen, sie kaschieren ihre Identität auch vor Gericht. Wenn der vorsitzende Richter nicht zustimmt, ein Verfahren, bei dem verdeckte Ermittler am Werke waren, unter Ausschluss der Öffentlichkeit zu verhandeln, muss sich der Ermittler verkleiden. Einige suchen dafür vor der Verhandlung einen Maskenbildner auf oder tragen Perücken, legen falsche Bärte an und setzen Sonnenbrillen auf. Allzu häufig bleibt das nur eine Notlösung, denn der Täter, der ja über Monate, manchmal über Jahre von dem verdeckten Ermittler als vermeintlicher Mittäter an der Nase herumgeführt wurde, weiß natürlich zu gut, wer ihn da reingelegt hat. In Amerika ist dieser Missstand besser geregelt, dort müssen verdeckte Ermittler grundsätzlich nie vor Gericht erscheinen.

In Köln auf der Autobahn hatten wir aber mit all diesen Problemen wenig zu schaffen und trotzdem ging der Einsatz total in die Hosen. Manchmal ist eben nur Pech im Spiel und das war wohl solch ein Tag. Wir hatten ein MEK im Schlepptau, geleitet von Kriminaloberrat Norbert Bastian, auch einer dieser zahlreichen Sonderlinge im Amt. Er hatte gerade ein Haus gebaut und war wohl ziemlich knapp bei Kasse. Also hatte er den Kofferraum seines Einsatzfahrzeuges immer voller billiger Lebensmittel und Getränke gepackt. Während seine Lederjackenträger vom MEK ins Hotel gingen, übernachtete ihr Einsatzleiter auf dem Rücksitz des Dienstwagens. Wir waren gut gerüstet. Alle Kollegen trugen ihre Heckler&Koch-Pistolen am Leib, nur Eisi hatte wie üblich seine Smith&Wesson Magnum umgeschnallt. Das ist ein riesengroßer, silberner Revolver, für den er sich eine Zusatzgenehmigung geholt hatte.

Ziel des Einsatzes war, zwei Holländer, einen Deutschen und einen Chinesen auf einem Autobahnparkplatz zu observieren. Sie wollten von Klaus Merkel, der als Ganove auftrat, drei Kilo Heroin einkaufen. Das Geschäft sollte in deren Auto ablaufen. Dem Deutschen war von seiner Gruppe wohl die Rolle des Aufpassers zugedacht. Immer wenn die beiden Holländer und der

Chinese mit dem Scheineinkäufer Klaus Merkel verhandelten, wurde der Deutsche aus dem Auto verbannt und zum Aufpassen losgeschickt. Er musste Ausschau halten, ob nicht irgendwo Polizei anrückte.

Während wir die Szene beobachteten, sahen wir, wie der deutsche Aufpasser an das Auto schlich, in dem verhandelt wurde, und seinen Kumpanen etwas zuraunte. Merkel war »verdrahtet«, das heißt, er hatte ein verdecktes Mikrofon am Leib und wir konnten die Diskussionen deshalb mithören. Der Aufpasser tat seinen Job gut, denn recht bald hatte er alle unsere »Mitarbeiter« vom MEK, die sich irgendwo auffällig unauffällig in ihren Autos fläzten, zielsicher identifiziert.

»Da sitzen überall Bullen auf der Raststätte«, sagte er, und vor deren Augen Heroin zu dealen, war den Tätern dann doch zu gefährlich.

Wir hörten über Funk nur noch, wie sie sagten: »Merkel, der Deutsche behauptet, da gibt es überall Polizei«, und schon rasten sie davon.

Jetzt brach das vollkommene Chaos aus. Einige Kollegen fuhren mit quietschenden Reifen los und versuchten dem Gangster-Trio zu folgen. Aber keiner wusste, was er tun sollte, und dann schnarrte zur vollkommenen Verwirrung der Befehl unseres Einsatzleiters über Polizeifunk: »Festnehmen jetzt.« Was die Szene noch verwirrender machte, war indirekt die Jahreszeit. Denn es war Hochsommer und auf der Raststätte wimmelte es von holländischen Urlaubern, die auf dem Weg in den Süden waren. Das Nächste, was ich nach dem Einsatzbefehl »Festnehmen« sah, war der Wagen der Täter. Sie hatten uns bemerkt und rasten auf die Ausfahrt zu. Aber irgendwie hatte sich Eisi dort schon breitbeinig aufgestellt und hielt seine Waffe im Anschlag. Der Wagen kam nur wenige Zentimeter vor Eisi zum Stehen. Und entsprechend in Rage war mein Kollege. Er riss die Tür des Wagens auf und schlug den Fahrer zu Boden. Jetzt erst bemerkten wir, dass nur ein Täter geflüchtet war. Doch wo war der Rest?

»Zwei sitzen im Café«, meldete der Funk. Das war die große Stunde eines weiteren Kollegen. Benno Lauschmann wurde amtsintern auch Blaulicht-Benno genannt, weil er die martialischen Auftritte liebte, und so einer kam jetzt.

Mit einer Maschinenpistole im Anschlag stürmte er in das Restaurant der Raststätte, wo die beiden Gesuchten beim Kaffee saßen. Doch anstatt sie festzunehmen, krachte er erstmal in eine Serviererin, die daraufhin ein Tablett voller Kaffeetassen fallen ließ und jetzt weitere Touristen aufscheuchte, die voller Panik ins Freie liefen.

Als ich aus der Raststätte trat, wo Blaulicht-Benno endlich seine Verhaftungen gemacht hatte, sah ich draußen einen Menschenpulk. Schaulustige hatten sich um Eisi und den Holländer geschart, der jetzt schon gefesselt in Handschellen auf dem Boden lag. Niemand beachtete in dem Durcheinander den Chinesen, der abseits seelenruhig und etwas verängstigt auf einer Parkbank saß. Er hielt eine Plastiktüte in der Hand, in der sich das Rauschgift befand.

Da ich fürchtete, er könnte flüchten, rief ich Eisi zu: »Der Chinese sitzt hinter dir.« Das weckte erneut den Jagdinstinkt in dem Kollegen. Er schaute kurz hoch und schon rannte er los – aber leider in die falsche Richtung. Denn während ich gebrüllt hatte, öffnete gerade ein Urlauber sein Auto. Sein Pech, auch er hatte ein fernöstliches Aussehen. Eisi hechelte auf ihn zu und schlug ihm sofort den Kopf auf die Kühlerhaube seines Autos. »Nein, das ist der falsche, der richtige sitzt auf der Parkbank«, rief ich erneut. Erst jetzt bemerkte Eisi das Missgeschick und sah zehn Meter weiter den richtigen Täter sitzen. Aus Angst, auch verprügelt zu werden, hielt er Eisi schon von Weitem die Plastiktüte mit dem Stoff hin.

Eisi musste sich hernach bei dem falschen Chinesen entschuldigen. Zum Glück handelte er sich nicht eine Anzeige wegen Körperverletzung ein. Ein Wunder eigentlich, denn der Tourist sah ziemlich ramponiert aus, konnte aber seine Urlaubsfahrt später fortsetzen.

Kollege Eisi war ein klasse Polizist, aber auch ein verdammter Choleriker. Das sollte sich wenige Monate nach dem Einsatz in Köln erneut bestätigten.

Zusammen mit seinem Teamkollegen Sugar sollte er eine Diskothek in Salzgitter observieren. Dort wurden große Mengen Drogen umgesetzt und deshalb lag eines Abends ein BKA-Team auf Lauer. Es war Herbst und so eine Observation kann manchmal nicht nur lange dauern, in den Autos wird es auch kalt. So langsam beschlugen die Scheiben, als plötzlich der ganze Wagen zu rütteln begann. Eisi kratzte den Reif weg und was er erblickte, gefiel ihm gar nicht. Draußen hatten zwei junge Türken in aller Seelenruhe den BKA-Schlitten aufbocken wollen, um die Felgen des Dienstautos zu stehlen. Jetzt sprangen die beiden Kriminalbeamten heraus, die Türken rannten völlig aufgeschreckt davon. Doch anstatt es damit bewenden zu lassen, zog Eisi seinen silbernen Smith&Wesson-Revolver und ballerte den beiden Dieben nach. Das war natürlich vollkommen unangemessen, man kann wegen versuchten Diebstahls nicht auf Menschen schießen.

Der Fall wurde zwar intern nicht untersucht, doch sollte es nicht Eisis einzige Verfehlung bleiben. Er war ein absoluter Choleriker, der sein Temperament nicht unter Kontrolle halten konnte. Er hätte nie eine Waffe bekommen dürfen. Aber das System BKA war nicht in der Lage, den Missstand abzustellen. Vielleicht deshalb, weil dieser Choleriker mit seiner nassforschen und draufgängerischen Art einmal einem Kollegen das Leben gerettet hatte.

Das passierte während einer Überwachung in Hanau. Wieder ging es um ein Scheingeschäft, diesmal fungierte Herbie Ludwig als verdeckter Ermittler, der Stoff kaufen wollte. Normalerweise musste bei solch einer Aktion das Geld für den Verkauf gesondert transportiert werden. Aber irgendwie ging das nicht und man beschloss, dass Herbie das Geld für den Drogenkauf bei sich führen sollte. Normalerweise wird an einer Stelle der Stoff gezeigt und an einem anderen Platz befindet sich das Geld für den Kauf. Damit auch ja nichts schiefginge, wurde Eisi und Blaulicht-Benno von der Einsatzleitung befohlen, sich in den Kofferraum des Autos zu legen, bevor der Drogenhändler, ein Türke, eintraf. Die Kollegen waren gut bewaffnet, sie hatten Maschinenpistolen im Anschlag. Außerdem war in dem Auto ein Peilsender installiert, damit wir seine Spur jederzeit verfolgen konnten. Das geschah mithilfe einer Funkanlage, die ich in einem Auto hinterherfuhr.
Wir befanden uns etwa 300 Meter hinter dem Auto, in dem Herbie Ludwig, dann unser türkischer V-Mann und der ebenfalls türkische Täter saßen. Im Kofferraum lagen die beiden Kollegen mit den Maschinenpistolen. Alles lief wie im Krimi ab und stand völlig im Widerspruch zu jeder Dienstvorschrift, aber das war nicht das einzige Mal, dass ein Einsatz nach recht kreativen Regeln abgewickelt wurde. Als wir plötzlich an einer roten Ampel anhalten mussten, bog das Observationsobjekt ab und war nicht nur außer Sicht geraten, auch das Peilsignal riss unvermittelt ab. Erst viel später erfuhren wir, warum das geschehen war. Gerade eine Straße weiter lag eine Kaserne der amerikanischen Militärpolizei und die sendete auf derselben Frequenz, nur mit viel größerer Intensität, sodass unser Signal überdeckt wurde. Doch bei dem Einsatz wusste das niemand und bei uns brach die Panik aus, denn all das passierte spätabends, gegen 22 Uhr. Wir rasten wie

verrückt durch Hanau, um unsere Kollegen, das Geld und die Täter zu finden. Aber Fehlanzeige, Herbies Wagen schien wie vom Erdboden verschluckt.

In aller Eile trommelte der Einsatzleiter deshalb alle zu einer Dienstbesprechung zusammen, als über den normalen Polizeifunk die besorgniserregende Brandmeldung eintraf: »Schusswaffengebrauch am Stadtrand von Hanau.« Jetzt lief der Einsatzleiter, ein junger Amtsjurist, kreidebleich an.

Wir rasten zu dem Einsatzort, um den Täter schwer verletzt vorzufinden.

Dort hatte sich Folgendes ereignet: Herbie und der vermeintliche Verkäufer des Stoffs waren auf einen Waldparkplatz gefahren, um das Geschäft abzuwickeln. Als sie ankamen, raunte der türkische Täter Herbie an: »Gib mir die Kohle.«

Woraufhin Herbie mit einer erstaunlichen Kaltschnäuzigkeit entgegnete: »Kohle gibt's nur gegen Ware.«

Im nächsten Moment rannte der Verkäufer in den Wald. Diese Zeit nutzte Herbie geistesgegenwärtig, um den Kofferraum aufzumachen, und die beiden Kollegen liefen unbemerkt ins Unterholz.

Schon kam der Türke mit einer Plastiktüte zurück und sagte: »Kohle her.«

Herbie Ludwig antwortete wieder sehr cool: »Nur, wenn ich den Stoff probieren darf.« Daraufhin griff der Türke in die Plastiktüte, zog einen entsicherten Revolver heraus und drückte aus einer Entfernung von nur 50 Zentimetern ab.

Herbie stöhnte nur noch: »Nein, nein.«

Doch der Schlagbolzen des Revolvers klemmte und der Täter drückte ein zweites Mal ab. Das Gleiche wiederholte sich. Herbie rief in Panik: »Nein, nein!«

Das hörte Eisi, der sich hinter der Parkplatzhecke versteckt hatte. Er machte daraufhin eine Hechtrolle und schoss im Flug dem

Türken von unten ins Gesäß, sodass die Kugel zum Bauch wieder austrat. Dazu gehört Mut. Es war stockdunkel. Eisi hätte seinen Kollegen Herbie treffen oder auch das »Nein, nein« falsch deuten können. Trotzdem hatte er diesmal Glück. Denn wie sich bald herausstellte, hatte der Türke einen »Ripp-Deal« geplant, wie das in der BKA-Sprache heißt – ein versuchter Betrug unter Ganoven. In der Tüte hatte sich nur Erde befunden und die Täter wollten an das Geld kommen, ohne Heroin zu besitzen.
Zum Glück hatte der Schlagbolzen seiner Waffe geklemmt. Eisi hatte praktisch auf Verdacht geschossen. Aber diesmal konnte man ihm schlecht einen Vorwurf daraus machen.

Perfekte Legenden

Das übliche hausinterne Ermittlungsverfahren, das jetzt wie nach jedem Schusswaffengebrauch aufgenommen werden musste, gab Eisi natürlich recht. Was gar nicht zur Sprache kam, war aber der eigentliche Skandal bei der ganzen Geschichte. Denn der eingesetzte türkische V-Mann, der bei diesem Einsatz als verdeckter Ermittler fungierte, war kein erfahrener Kriminalkommissar, sondern unser Dolmetscher Aslan gewesen. Wäre ihm etwas passiert, dann hätte das eine ganze Menge Köpfe in Wiesbaden gekostet. Aslan als »Sprachmittler« zu solch gefährlichen Einsätzen mitzunehmen, dazu noch mit Waffe, war mehr als fahrlässig und durch keine Dienstanweisung abgedeckt.
Dabei war Aslan nur einer von zwei Dolmetschern in dem Referat, die als »Hobby-Ermittler« eingesetzt wurden. Der zweite, Mustafa, war nur 1,60 Meter groß, kräftig und untersetzt, beschäftigte sich in jeder freien Minute mit Karatetraining und lechzte geradezu nach »Action«. Zusammen mit Sugar bildete er ein Traumteam der Drogenbekämpfung im BKA. Nur legal war die

ganze Sache natürlich nicht. Ein Dolmetscher kann nicht als verdeckter Ermittler arbeiten. Aber der Erfolg hielt diese Mannschaft lange zusammen. Denn dem kleinen Türken Mustafa und seinem großen deutschen Freund gelang es, mit den Tätern regelrecht zu spielen und sie nach Strich und Faden an der Nase herumzuführen.

Teil des Erfolgs war zweifellos Sugars fantastischer Legende zuzuschreiben. Er war, richtig genommen, selbst Teil der Unterwelt geworden. In Hamburg aufgewachsen, hatte er sich dort als Polizist seine ersten Sporen verdient und aus irgendeinem Grund in Bad Salzgitter eine Bordellbetreiberin kennengelernt. Diese Dame hatte den Kriminalhauptkommissar offenbar so in ihr Herz geschlossen, dass Sugar als Teil der Bordellfamilie galt.

Immer, wenn jetzt jemand bei einem Scheingeschäft oder sonst einem Dreh in der Unterwelt misstrauisch wurde oder Mustafa gefragt wurde: »Wo haste denn den Deutschen aufgegabelt und was macht der überhaupt«, dann sagte Sugar: »Ich hab 'nen Puff in Salzgitter.«

Mehrmals hatten Ganoven das nicht geglaubt und in dem Puff angerufen, aber die Legende funktionierte perfekt. Die Mädels, die in dem befragten Bordell in Salzgitter arbeiteten, antworteten dann stets und brav: »Klar, Sugar, der arbeitet bei uns.«

Die BKA-Führung durfte von dem Umstand natürlich nie etwas erfahren, sonst wäre ein Riesendonnerwetter die Folge gewesen und hätte vielleicht auch zur Dienstaufsichtsbeschwerde und zum Rauswurf von »Sugar« Sigmund Dreher geführt. Aber was für ihn gut war, das half auch uns, und jeder, selbst Referatsleiter Gert Hinrichs, spielte das Theater vom BKA-Ermittler, der angeblich ein Bordell führte, bis zum Ende mit.

Damit hatte auch ich keine Probleme, denn Sigmund Dreher war es letztlich zu verdanken, dass ich vom Schriftdienst endlich in die richtige Welt des BKA-Drogenkampfes einsteigen durfte. Irgendwann im Frühjahr 1982 war es passiert, da hatte Sugar endlich genug von Eisi. Vielleicht ging ihm das Rumgeballere zu sehr auf die Nerven oder es wurde ihm zu gefährlich. Auf jeden Fall fragte er mich, ob ich nicht sein Teampartner werden wolle. Ich ließ mich nicht zweimal bitten. Endlich konnte ich den öden Schreibdienst verlassen und das tun, worauf ich lange gewartet hatte. Jetzt begannen meine Lehrjahre als Drogen-Cop. Es sollte spannend werden, vor allem auch wegen eines weiteren verrückten Typs, der in unserem Referat sein Unwesen trieb.

Gefahr im Verzug

Es war der junge Kollege Kriminalkommissar Benno Lauschmann, der irgendwann in seiner Karriere den Spitznamen Blaulicht-Benno verpasst bekommen hatte. Er war genauso überdreht wie Eisi und ausgerechnet die beiden sollten jetzt zusammenarbeiten.

Lauschmann kam aus Hannover, sein Vater war ein höherer Beamter gewesen. Das allein sollte aber seine Karriere nicht beflügeln, vielmehr war das die Person, bei der er aufgewachsen war. Er nannte den Mann »Onkel«, obwohl er nicht sein leiblicher Verwandter war. Dieser Ziehvater war der damalige BKA-Präsident. Und so lag ein steter Mantel der Unantastbarkeit über Blaulicht-Benno. Den konnte er auch zu gut gebrauchen, denn er veranstaltete eine ganze Menge Kapriolen, die kein anderer BKA-Kriminalkommissar unbeschadet an Leib und vor allem Karriere überstanden hätte.

Sein größtes Pech sollte es aber sein, dass er ausgerechnet Eisi zugeordnet wurde. Denn Eisi war nicht nur ein schlechter Ausbilder, er hasste auch jeden, der unerfahrener war als er. Gleich in

der ersten Woche, in der die beiden ein Team bildeten, passierte Folgendes:
»Hör mal, Benno, ich schenk dir einen meiner guten Informanten«, sagte Eisi. Das klang wie ein freundliches Angebot, aber warum das passierte, wird sich wohl nie klären lassen. Fakt ist, für Blaulicht-Benno endete das in einem fürchterlichen Desaster. Nun kamen zwei Dinge zusammen, die einfach nicht zusammenpassen im Polizeidienst. Denn der Informant war ein erfahrener V-Mann. Er hatte bereits eine schillernde Polizeikarriere vorzuweisen. Außer mit der amerikanischen Drogenbehörde DEA (Drug Enforcement Administration) hatte er auch mit zahlreichen Kriminaldienststellen und Landeskriminalämtern in Deutschland zusammengearbeitet. Dieser V-Mann sollte jetzt mit solch einem Jungspund wie Benno Lauschmann zusammenarbeiten, der damals gerade 27 Jahre alt war. Das konnte nicht gut gehen.
Dazu muss man wissen, dass V-Leute nicht nach Hinweisen, sondern nur nach ihren Erfolgen bezahlt werden. Aber das ist nur eine Seite der Medaille.
Denn Polizeikontakte, die schon lange im Geschäft sind, wissen, wie man auch ohne Erfolg überleben kann, nämlich indem man seinen V-Mann-Führer immer in Bewegung hält. Denn dafür reist er quer durch die Bundesrepublik oder im Idealfall ins Ausland. Der V-Mann begleitet ihn und bekommt reichlich Reise- und Essensgeld. Und genau das passierte Benno fortan. Sein V-Mann machte ihn auf allerhand angebliche Deals, Banden und Drogenverstecke heiß. Benno war nun rund um die Uhr auf Achse. So viel, dass es irgendwann Referatsleiter Gert Hinrichs zu viel wurde und er mich losschickte, um ihm einmal auf die Finger zu schauen. »Mike, du begleitest Benno bei seinen nächsten Einsätzen«, sagte er, »ich will mal wissen, was der immer so treibt.«

Gesagt, getan. Der erste gemeinsame Einsatz sollte auf der Raststätte Wetterau an der A 5 im Norden von Frankfurt stattfinden. Ich hatte mich aus irgendeinem Grund verspätet und traf etwa zehn Minuten nach Benno auf dem Parkplatz der Raststätte ein. Ausgemacht war, dass wir uns im Restaurant treffen. Auf dem Weg dahin wunderte ich mich schon, warum die Besucher, die mir von dort entgegenkamen, so ein belustigtes Lächeln im Gesicht trugen. Doch als ich die Tür zur Raststätte öffnete, war mir sofort klar, dass Kollege Benno Lauschmann die Ursache für die Heiterkeit war. Denn er stand vor dem Toilettenhäuschen und hatte sich hinter einer *Frankfurter Rundschau* versteckt, in die zwei Schlitze geschnitten waren. Es sah aus wie Charlie Chaplin auf Verbrecherjagd. Ich fragte: »Was machst du?« Seine Antwort: »Ich observiere.« Das war wirklich die hohe Schule des BKA und ich konnte nur mühsam verhindern, dass ich in einen Lachkrampf ausbrach.

Ein paar Wochen später blamierten wir uns erneut. Wir waren auf der Suche nach türkischen Drogendealern nach Augsburg gereist und sollten dort zusammen mit einem SEK eine Wohnung stürmen, in der Drogen vermutet wurden. Nach den gesetzlichen Bestimmungen in Deutschland ist eine Hausdurchsuchung in der Nacht so gut wie unmöglich, es sei denn, es ist wirklich Gefahr in Verzug. In der polizeilichen Praxis wartet man deshalb in der Regel bis sechs Uhr morgens ab.

Es war ein kalter Wintermorgen, als wir mit einem Schlüsseldienst in Augsburg vor einer Wohnungstür im ersten Stock standen. Ich schaute nochmals auf die Uhr und sagte: »Sechs Uhr, los geht's.«

Mühelos betraten wir einen langen Flur. Wir hatten vermutet, dass der Bewohner noch schlief. Doch aus einem Zimmer ganz am Ende des Flurs drangen verdächtige Geräusche. Wir pirschten uns lautlos an. Es war eine Altbauwohnung im ersten Stock, mit schweren, weiß lackierten Holztüren. Ich wollte gerade den Schlüsseltechniker erneut bitten, ganz vorsichtig das Schloss zu knacken, als Benno vorschlug: »Das mache ich.«

Er nahm über den ganzen Flur Anlauf, sprang gegen die Tür, die samt Rahmen ins Zimmer krachte. Jetzt sollte es nur noch peinlich werden. Denn unser aller Augen bot sich nun ein äußerst bizarres Bild.

Benno war unter der Wucht des Aufpralls selbst ins Zimmer geflogen und saß auf der demolierten Tür, die vor einem Sofa lag. Auf diesem aber machte sich ein nackter, offensichtlich türkischer Mann mit dem typischen anatolischen Schnurrbart an seiner gleichsam unbekleideten orientalischen Gattin zu schaffen. Benno nestelte schnell seinen Revolver aus dem Halfter, zielte auf den Mann, der oben lag, und brüllte: »Hände hoch«, was der Angesprochene auch befolgte. Dadurch geriet er aber angesichts seiner Stützlage in eine noch unbequemere Position und krachte auf die unter ihm liegende Frau. Weshalb er erneut die Hände benutzte, um wieder in die Liegestütze zurückzukehren.

Benno wertete das als Widerstand und brüllte erneut: »Hände hoch.« Es dauerte eine Weile, bis wir die Situation unter Kontrolle gebracht hatten. Benno war derweil in das Nachbarzimmer gerannt und johlte frohgemut: »Ich hab den Stoff.« Es stellte sich heraus, dass auf dem Nachttisch ein geöffnetes Paket Henna lag, das der BKA-Beamte für Drogen hielt.

An diesem Mittag fuhr ich ziemlich wütend zurück nach Wiesbaden und bat meinen Vorgesetzten Hinrichs, dass er Benno doch bitte einen anderen Aufpasser mitgeben solle. »Der Mann ist nur bedingt einsatzfähig«, sagte ich. »Wenn er sich selbst im Namen des BKA umbringen will, habe ich nichts dagegen. Aber bitte halte mich raus.« Die einzige Antwort, die ich darauf erhielt, war ein breites Grinsen. Dann erzählte er mir, warum Lauschmann eigentlich den Namen Blaulicht-Benno trug.

Es war ein paar Jahre her gewesen, der Ziehneffe des Präsidenten hatte gerade seine Ausbildung beendet, da sollte er einen V-Mann in Amsterdam treffen. Unterwegs gingen ihm, wie, das weiß bis heute niemand, gleich zwei Dienst-BMWs kaputt. Der Nachschub kam beide Male von der Werkstatt in Wiesbaden. Als der zweite Motor durchgebrannt war, hatte er genug und beorderte über Funk einen Hubschrauber des Bundesgrenzschutzes (BGS) herbei, der in seiner Nähe eingesetzt war. Der Pilot weigert sich zwar, Benno nach Amsterdam zu fliegen, brachte ihn aber bis zur deutsch-holländischen Grenze in der Nähe von Aachen. Benno sprang dort aus zwei Metern Höhe ab, landete aber aus Versehen in einem Schlammloch und fuhr völlig verdreckt im Taxi bis Amsterdam, wo er in das noble Hotel Intercontinental eincheckte.

Das verfestigte meinen Eindruck nur noch. Die BKA-Führung störte das aber nicht. Benno wurde Jahre später als Verbindungsbeamter des BKA und somit in diplomatischer Mission für die deutsche Polizeiführung nach Costa Rica geschickt. Das Letzte, was ich dann von ihm hörte, ereignete sich viele Jahre später. Ich war bereits Sachgebietsleiter für die Entsendung von Verbindungsbeamten geworden. Es war kurz nach der Wende. Benno hatte in Costa Rica ein Büro im achten Stock eines Hochhauses angemietet. Eines Tages landete dann ein »Antrag auf Anschaffung eines Stahlschrankes zur sicheren Unterbringung geheimer Unterlagen« auf meinem Schreibtisch. Der Antragsteller war mein alter Kollege Blaulicht-Benno.

Er führte an, dass er aus den Restbeständen der DDR-Botschaft einen Stahlschrank für nur 500 Dollar erworben hätte und um die Genehmigung bitte, diesen anschaffen zu dürfen. Was mich wunderte, war, dass dem recht knappen Antrag ein ganzer Leitzordner zur Begründung angefügt war. Und der hatte es in sich. Benno erklärte darin nämlich, dass der Stahlschrank so schwer sei, dass er einen Kran brauche, um das Behältnis von außen in sein Büro im achten Stock zu bringen. Zudem sei nun ein Umbau des Büros nötig, weil die Statik des Hauses das Stahlmonster nicht tragen könne. Alles zusammen würde 60 000 D-Mark kosten. Ich lehnte den Antrag natürlich ab, aber nur, um mir eine Rüge meines damaligen Vorgesetzten einzufangen. Er nahm mir den Vorgang ab und genehmigte alles.

Als Nächstes wurde das Geld zwar ausgegeben, aber Bennos Büro nie umgebaut. Erst dachte ich, da hat uns jemand betrogen, um vielleicht private Sexabenteuer zu finanzieren oder in die eigene Tasche zu wirtschaften. Bald kam jedoch heraus, dass Benno das Geld mit Rücksprache seines Vorgesetzten für V-Leute eingesetzt hatte. Was sich da abspielte, war eine Art BKA-Contra-Affäre. Natürlich dauerte es nicht lange, bis alles aufflog. Eine Untersuchungskommission nahm ihre Arbeit auf und kam zu dem Ergebnis, dass man Benno Lauschmann zurückholen müsse, um ihn vom Dienst zu suspendieren. Der Patensohn des Präsidenten weigerte sich jedoch, seinen Posten zu verlassen, und bekam keine Probleme damit. Schließlich beschäftigte sich auch ein Verwaltungsgericht mit dem Fall. Aber auch dort wurde Lauschmann freigesprochen. Sein Vorgesetzter räumte ein, dass er auf dienstliche Weisung gehandelt habe. Benno kam unbeschadet aus der Sache raus und die Presse hat über die »Costa-Rica-Stahlschrankaffäre« des BKA nie berichtet.

Das war allerdings bei Weitem nicht der einzige Skandal, der sich damals im Südamerika-Referat ereignete. Ein weiteres Problem stellte Rainer Scholz dar. Er wurde ebenfalls Ende der Achtzigerjahre für die Entsendung nach Ecuador vorgeschlagen, es bestanden jedoch erhebliche Einwände, weil er nur sehr schlecht Spanisch sprach. Aber die BKA-Leitung hielt das für unerheblich und schickte ihn trotzdem los. Bald verursachte er seinen Vorgesetzten jedoch ziemliches Kopfzerbrechen.

Rainer Scholz begann nicht nur sämtliche Dienstgegenstände im Büro wie Kamera und Schreibmaschine – zum Glück keine Waffen – auf dem Schwarzmarkt zu verkaufen. Er entwickelte auch eine besondere kriminelle Energie, was das Abrechnen von Dienstreisen anlangte. Zunächst ließ Scholz sich nämlich von der Botschaft einen Vorschuss geben und kassierte anschließend in Wiesbaden für die Reise ab, ohne anzugeben, dass er der Botschaft das Geld schuldete.

Irgendwann musste das natürlich auffliegen und eine Sonderinspektion wurde losgeschickt. Wie man die zusammensetzt, war damals noch nicht so klar geregelt wie heute. Letztlich flog der leitende Kriminaldirektor Daniel Riemann los, der zwar als äußerst sprachbegabt galt, im Amt aber nicht zu Unrecht den Spitznamen »Dr. Niemand« trug. Riemann traf nach seiner Ankunft den Botschafter, der berichtete, dass er Scholz seit Wochen nicht mehr zu Gesicht bekommen habe. Als Riemann schließlich am Privathaus von Scholz klingelte, öffnete der die Tür nur einen Spalt.

Riemann sagte: »Herr Scholz, ich bin hier, um Sie zurück nach Wiesbaden zu bringen.«

Darauf hielt Scholz seinem Vorgesetzten die Dienstwaffe an den Kopf und sagte: »Ich glaube nicht, dass daraus etwas wird.«

Dr. Niemand war geschockt und saß am selben Abend in der Maschine zurück nach Frankfurt.

Was man jetzt wissen muss, ist, dass der damalige Leiter des Südamerika-Referats selbst eine ziemlich verkrachte Gestalt war. Kriminaldirektor Thomas Eschner stammte aus Mainz und war dem Karneval und feuchtfröhlichen Festen sehr zugetan. Viele dieser Nächte hatte er mit Rainer Scholz genossen. Jetzt war es an ihm, den Kollegen in Quito zur Räson zu bringen.

Dr. Niemand kam am Dienstag aus Quito zurück und Kriminaldirektor Eschner saß bereits einen Tag später im Flieger nach Ecuador und schaffte es auch tatsächlich, seinen alten Freund mit

nach Hause zu bringen. Dort wurde ihm umgehend die Dienstunfähigkeit bescheinigt. Innerhalb weniger Tage schaffte es Eschner, dass Scholz als BKA-Rentner nach Quito zurückfliegen konnte. Dort eröffnete er zunächst ein Bordell und leitete später eine Fischfabrik.
Die Lehre aus der Affäre: Da hatte sich ein Kollege Geld zur Seite geschafft, um sich eine Existenz an der Sonne zu sichern, und sein Vorgesetzter deckte es noch. So lief das eben im BKA in den Achtzigerjahren. Es sollte nicht der letzte Skandal mit den Verbindungsbeamten gewesen sein und blieb auch nicht auf das Südamerika-Referat beschränkt.

Ausflug nach Budapest

Aber diese Geschichten haben sich erst Jahre später abgespielt. Bei der täglichen Arbeit beim »Rauschgift«, wie die Abteilung im Großraumbüro an der Wiesbadener Straße in Kurzfassung hieß, sollte das alles noch keine Rolle spielen. Wenngleich viele der späteren BKA-Skandale dort ihren Anfang nahmen. Aber das ahnte niemand.
Das Wichtigste war uns damals die »Sicherstellungsliste«. Diese hing hinter jedem Beamten an der Wand seiner Bürowabe und dokumentierte seine Erfolge. Auf der Liste war vermerkt, wie viele Kilo welchen Rauschgifts der Beamte, vielmehr das Team, sichergestellt hatte. Etwas anderes zählte damals nicht. Dass die meisten Deals eigentlich von uns selbst eingefädelt wurden und wenig mit dem aktuellen Marktgeschehen zu tun hatten, schien niemanden zu stören.
Den meisten Beamten unserer Abteilung fehlte ohnehin der Überblick über die aktuelle Großwetterlage. Wir steckten so tief in den BKA-Mühlen, dass wir nur zu den Festnahmen fuhren, den

Stoff einkassierten. Dass der Stoff von V-Leuten eines anderen BKA-Kollegen angeschleppt wurde, wusste keiner. Das BKA war in reinem Kilo-Denken verhaftet. Je mehr Kilo Rauschgift sichergestellt wurden, so lautete die Maßgabe von der Amtsleitung, desto besser.

Einen der Höhepunkte unserer damaligen Arbeit stellte eine Operation in Ungarn dar. Die Aufgabenstellung für den Einsatz lautete, dass in Budapest ein Lkw voll mit Drogen an unseren V-Mann übergeben werden sollte. Die Ladung würde dann observiert und von uns nach Deutschland verfolgt werden, wo wir anschließend den Käufer festsetzen sollten. Doch man darf nicht vergessen, all das passierte lange vor dem Fall des Eisernen Vorhangs. Der Einsatz hatte somit eine besondere politische Brisanz. Sowohl die Polizei in Deutschland wie auch in Ungarn wollte durch diese damals ungewöhnliche Kooperation zeigen, dass, gleichwohl Europa noch politisch getrennt war, man bei Fragen der Rauschgiftkriminalität dennoch zusammenarbeiten konnte. Die Amtsleitung schenkte dem Fall große Bedeutung. 16 Mann wurden von unserer Seite losgeschickt und der Referatsleiter ließ es sich nicht nehmen, die Leitung des Einsatzes selbst zu steuern.

Aber alles war gar nicht so einfach, wie die BKA-Führung sich das vorstellte. Das fing schon mit dem Fahrzeug an. Der Lkw, den wir benutzen wollten, war ein 18-Tonner, mithin gut 40 Meter lang, und es war gar nicht so einfach, einen Beamten zu finden, der das Gefährt als verdeckter Ermittler steuern konnte. Kollege Ulf Fromme, damals etwa 50 Jahre alt, wurde schließlich ausgesucht, doch er galt amtsintern als Volltrottel. Sein größter Vorzug bestand darin, dass er ein Tennispartner des Referatsleiters war. Ansonsten benahm er sich häufig richtig daneben. Einmal etwa hatte ihm eine Kollegin bei einer Dienstbesprechung fast das Nasenbein gebrochen, weil er ihr unvermittelt von hinten in den

Schritt gefasst hatte und sie ihn daraufhin geistesgegenwärtig mit einem gezielten Karateschlag zu Boden gehen ließ. Die Geschichte hinderte die Amtsleitung aber nicht daran, Ulf Fromme später gar zum Ausbilder zu machen.

Nach Budapest fuhren Referatsleiter Gert Hinrichs, der Lkw-Fahrer in spe Ulf Fromme und ich zusammen in einem nagelneuen Dienst-Mercedes. Ulf saß am Steuer. Wir fuhren gegen Mitternacht los und gleich, nachdem er aus der BKA-Tiefgarage kam, überfuhr er die erste rote Ampel. Nach einem kurzen, aber heftigen Dialog stellte sich heraus, dass Ulf nachtblind war. Dennoch kamen wir ohne Unfälle in Budapest an. Dort empfingen uns ein paar nette Geheimdienstler sowie die einheimische Polizeileitung und nach langen Gesprächen durfte Ulf schließlich in den Lkw klettern. Das Erste, was er jetzt sagte, war: »Oh Gott, der Wagen hat ja gar keine Viergangschaltung.«

Es stellte sich schnell heraus, dass Ulf, nachdem er die Fahrschule besucht hatte, niemals mehr ein Lkw-Führerhaus von innen gesehen hatte.

Das sollte aber nicht die einzige Pleite bleiben.

Unser Hotel erwies sich nämlich als der Schmugglertreffpunkt schlechthin in der ungarischen Hauptstadt. Zudem wimmelte es in dem Hotel von Prostituierten. Mit großem Interesse beobachteten die Hotelbewohner jetzt, dass 16 Deutsche in großen Wagen vor dem Hotel vorfuhren und Funkgeräte sowie allerhand technische Gerätschaften auf ihre Zimmer schleppten. Innerhalb kürzester Zeit schien ganz Budapest zu wissen, dass eine Gruppe deutscher Kriminalbeamter in der Stadt war.

Nach zwei Tagen lud uns der ungarische Innenminister zum Abendessen ein. Er begrüßte uns sehr höflich und sprach in wunderschönem Deutschösterreichisch, das nach k. k. Monarchie klang, ein paar Begrüßungsworte: »Ich freue mich, dass Sie alle hier sind, und bin mir sicher, dass wir die Operation gegen inter-

nationale Drogenkartelle zu einem erfolgreichen Abschluss bringen werden.«
Dann schaute er kurz in die Runde, setzte eine sehr strenge Miene auf und fuhr fort: »Ich bitte Sie aber dennoch, mir niemals mehr so etwas zu schreiben.« Wir schauten uns hilflos an, keiner wusste, was er meinen könnte.
Dann stellte sich heraus, dass wir vor der Abfahrt nach Budapest um ein Haar vergessen hatten, die ungarische Polizei über unsere Ankunft zu informieren. Im letzten Moment war dieser Missstand aufgefallen und mein Partner hatte sich daraufhin schnell an das Telex gesetzt, um ein kurzes Fernschreiben nach Ungarn zu kabeln. Der Text lautete:
»In den Morgenstunden des soundsovielten wird eine Gruppe von 16 deutschen Beamten in sechs Fahrzeugen die Grenze zu Ungarn überschreiten.«
Der Innenminister fühlte sich zu Recht an die dunkelsten Tage der deutsch-ungarischen Vergangenheit erinnert und war ziemlich sauer. Indem Referatsleiter Hinrichs sich äußerst umständlich und höflich entschuldigte, konnte er die Situation noch mal retten – nicht aber den Einsatz. Alles, was jetzt schiefgehen konnte, ging auch schief.
Herbie Ludwig war wieder einmal als verdeckter Ermittler »undercover« eingesetzt. Teil seiner Legende war, dass er mit dem Flugzeug aus Frankfurt kam und den aus der Türkei stammenden Täter, der ihm den Stoff verkaufen sollte, am Flughafen von Budapest traf. Wie immer war es Herbie gelungen, dem Täter vorzuspielen, dass sie wirklich gute Freunde seien, und deshalb wollte ihm der Türke etwas wirklich Gutes tun. Er empfing ihn am Flughafen der ungarischen Hauptstadt gleich mit acht Damen aus dem Rotlichtmilieu.
Er sagte: »Herbie, mein Freund, such dir eine aus.«
Herbie überschätzte sich etwas, nahm gleich mehrere Damen mit

und feierte drei Tage lang eine ziemlich wilde Orgie. Als wir ihn wiedersahen, war er nicht nur sturzbesoffen, er konnte sich auch wegen einer unverkennbaren Schwäche in der Lendengegend kaum noch bewegen. Er war eigentlich unbrauchbar geworden.
Da sich die Ungarn überdies als unfähig erwiesen, den Lkw unauffällig zu beschatten, wurde der Einsatz ein paar Tage später abgebrochen. Wie so oft bei derartigen BKA-Einsätzen hatten wir außer Spesen nichts zuwege gebracht. Zum Glück gelang es uns ein paar Wochen später, den Täter unter einem anderen Vorwand nach Deutschland zu locken, wo er dingfest gemacht werden konnte und zu einer langen Haftstrafe verurteilt wurde.
So chaotisch bisweilen unsere Einsätze abliefen, so chaotisch waren auch Teile unserer Arbeit organisiert. Die Erreichbarkeit per Telefon ist dafür nur ein Beispiel. Um den Tätern keinen Hinweis zu geben, dass ein Undercoveragent mit ihnen telefonierte, mussten die Gespräche über verdeckte Telefonanschlüsse geführt werden. Aber diese getarnten Telefone standen ebenfalls im Großraumbüro. Damit die Ganoven keinen Verdacht schöpften, durften sie somit bei Gesprächen mit einem BKA-Beamten, der als verdeckter Ermittler arbeitete, keine Hintergrundgeräusche wahrnehmen. Man kann sich nun lebhaft vorstellen, was passierte, wenn einer dieser Apparate läutete.
»Anruf«, brüllte der entsprechende Beamte aus Leibeskräften durch den Großraum und wieder stand die Arbeit für 20 Minuten still. Es war geradezu absurd, zumal die Personalabteilung des BKA in der Etage über uns in Kleinbüros einen angenehmen Arbeitsalltag genoss.
Nach fünf Jahren hatte ich genug von dem Irrsinn und bewarb mich auf eine Stelle als BKA-Verbindungsbeamter im Ausland. Es dauerte nur drei Monate, dann bestellte mich mein damaliger Gruppenleiter in sein Büro. Er hatte offenbar schon alles arrangiert und saß lächelnd vor einem Globus.

»So, ins Ausland wollen Sie, von Wedel«, sagte er und streckte seinen Zeigefinger aus. »Das machen wir folgendermaßen. Ich drehe den Globus und wo mein Finger drauf deutet, gehen Sie hin. Okay?

Er schob die Kugel an, sein Finger traf Islamabad in Pakistan.

»Verdammt«, dachte ich, sagte aber: »Ich brauche eine Stunde zum Überlegen.«

Unten im Großraum rief ich meine damalige Frau an. Es war schon meine zweite Ehe.

»Gehst du mit nach Pakistan?«, fragte ich.

Sie stimmte zu. Es war November 1984.

3
Ehrlichkeit und Realität
Einsatz in Pakistan

Die Methode, Verbindungsbeamte zu finden, nannten wir damals Handauflegen. Wer sich mit den richtigen Leuten im Amt gut verstand, durfte eben eine Auszeit in fernen Ländern nehmen. Ungefähr zehn Posten standen dafür im Ausland zur Verfügung, ich war Nummer vier. Heute sind es gut 50 und der Kandidat oder die Kandidatin wird durch eine Auswahlkommission im Beisein eines Psychologen ausgesucht und anschließend gut vorbereitet. Damals war das anders. Ich hatte nur knapp drei Monate Sprachkurs als Vorbereitungszeit, zum 1. Februar 1985 sollte es schon losgehen. Das Ganze war folglich nicht sehr professionell organisiert.

Lediglich für eine kurze Wohnungsbesichtigungsreise blieb Zeit. Anfang Januar flog ich nach Islamabad und da tauchten auch schon die ersten Probleme auf. Jeder, der sich im Land etwas auskannte, fragte mich, warum ich partout nach Islamabad gehen wolle. Das sei zwar die Hauptstadt Pakistans, so die Begründung, aber wegen der Überpräsenz der Sicherheitskräfte dort gäbe es keinen Drogenhandel. Pakistan galt als das Lieferland für Heroin schlechthin, aber das Geschäft wurde fast ausschließlich in der Hafenstadt Karachi abgewickelt. Dort befand sich das Hauptquartier der Pakistan National Shipping Cooperation (PNSC), deren Schiffe häufig zum Schmuggeln von Drogen benutzt wurden. Viel später sollte ich einmal eine

Bundestagsdelegation mit einem der Topmanager der Firma zusammenbringen. Ein unbedarfter Parlamentarier aus Bonn fragte: »Für was steht eigentlich PNSC?« Worauf der Manager kichernd antwortete: »Pakistan Narcotic Smuggling Cooperation.« So fern der Wahrheit war das gar nicht.

Nicht nur ich musste für meinen Auslandseinsatz noch viel lernen, sondern auch das BKA und die deutschen Behörden. Was meine Entsendung zudem erschwerte, war der Umstand, dass in Islamabad mit Walther Grundel bereits ein Verbindungsbeamter meiner Behörde installiert war. Und als wäre der Job nicht schon problembehaftet genug, eilte dem Kollegen ein denkbar schlechter Ruf voraus.

Bevor Walther Grundel in der Datenverarbeitung beim BKA angefangen hatte, war er Kriminalbeamter einer Landeskriminaldirektion gewesen. Er maß 1,70 Meter und war untersetzt, dazu redete er gern so viel, dass ihm das Etikett anhing, er sei ein Schwätzer. Grundel war mit einer zierlichen Britin verheiratet, die er regelmäßig verprügelte. Er schien mit sich und der Welt nicht gerade im Reinen. Er war ein Jahr vor mir in Pakistan eingetroffen.

Insgesamt war ich ob der Umstände ziemlich frustriert, als ich von meiner Wohnungsbesichtigungsreise wieder zu Hause in Wiesbaden eintraf, und fasste meine Erkenntnisse und Verbesserungsvorschläge in einem Brief an die Amtsleitung und das Bundesministerium des Innern (BMI) zusammen. Zu meinem Erstaunen erfuhr ich eine positive Resonanz auf mein Schreiben, denn binnen weniger Tage waren die Kriterien für die Entsendung derart geändert, dass ich nicht mehr nach Islamabad, sondern nach Karachi geschickt wurde.

Pakistan gehörte damals zum Referat Naher und Mittlerer Osten, das für alle arabischen Länder zuständig war. Es wurde von Fritz Taschner geleitet. Er war eine der wichtigen Säulen der Rauschgiftbekämpfung im BKA, ein großer, hagerer Typ, dem aber nicht gerade der Nimbus des Menschenfreundes anhing. Berüchtigt und gefürchtet waren seine Wutanfälle. Aus der Entfernung konnte man dann schon deutlich erkennen, wie aus seinem hageren Schädel die Schläfenader hervortrat. Wenn das der Fall war, half nur eines, man musste Deckung suchen. Denn gleich darauf fing er fürchterlich zu toben an. Das war aber nicht das normale Toben, nein, er wurde ausfallend und persönlich beleidigend dabei, nicht gerade der motivierende Chef. Im Referat saßen etwa 30 Mann, doch nur drei oder vier bestimmten die Politik, der Rest war dazu verdonnert, den Mund zu halten. Es ging zu wie auf dem Kasernenhof, damals nicht unüblich für den Umgang im BKA. Zu den engsten Vertrauten von Taschner gehörte der Erste Kriminalhauptkommissar Arnold Schaake, dessen Spitzname »Shakehand« ganz im Gegensatz zu seinem Wesen und Auftreten stand. Auch nach reiflichem Nachdenken lässt sich über Schaake wirklich nichts Gutes sagen. Der eher etwas Nettes verheißende Spitzname war nur zustande gekommen, weil Araber und besonders die Pakistani seinen Familiennamen nicht aussprechen konnten und immer »Mister Shakehand« herausnuschelten. Irgendwann hieß er dann eben auch bei uns nur noch Shakehand.

Zur Crew von Taschners engsten Freunden gehörte zudem der Erste Kriminalhauptkommissar Christian Gärtner, ein großer, blonder Kerl, der später eine kolumbianische Staatsanwältin heiraten sollte. Gärtner war Anfang der Achtzigerjahre ein ganz normaler Beamter, der nie durch zu viel Geld aufgefallen war. Wie wir alle bekam auch er nur das damals übliche Standardgehalt, das um die 3000 D-Mark lag. Dennoch sollte er später einen Mercedes-Geländewagen fahren und eine Dienstwohnung von schätzungsweise 180 Quadratmetern direkt am Tennisplatz von Wiesbaden anmieten, einer Wohngegend, wo normalerweise nur ziemlich begüterte Zeitgenossen zu Hause sind.

Diese Bleibe baute er hernach gar auf eigene Kosten vollkommen um und verfügte über erkennbar sehr viel Geld. Wie er dazu kam, sollte immer im Nebel des BKA verborgen bleiben. Tatsache ist, dass Christian Gärtner und Shakehand über Jahre einen illustren libanesischen V-Mann führten, der später auf Mallorca erschossen wurde. Selbst die Amtsleitung hatte allen Beamten die Zusammenarbeit mit dem Mann, der als gefährlich und betrügerisch galt, strengstens untersagt. Doch die beiden »Spitzenkräfte« Shakehand und Gärtner scherte das nicht. Warum all das möglich war, lässt sich nur mit dem damaligen Denken in der Behörde erklären. Es war die Zeit des Kilo-Denkens und Shakehand war ein richtiger Kilo-König im BKA. Kollege Gärtner galt als sein Kronprinz. Die beiden durften deshalb handeln, wie es ihnen gefiel. Ich kannte die Leute alle nur vom Sehen, hatte davor aber keinen persönlichen Umgang mit ihnen gepflegt. Das sollte sich bald als großer Fehler herausstellen.

Am 1. Februar flog ich los – völlig ahnungslos, was alles auf mich zukommen sollte. Mein Begleiter war Shakehand, denn er galt im Amt als »Mr. Pakistan«, der im Land über die erstaunlichsten Kontakte zur Polizei, den Generälen und vor allem aber zu allerhand Unterweltgestalten verfügte. Er sollte mich in Karachi einarbeiten. Zuerst flogen wir aber nach Islamabad, wo uns Kollege Walther Grundel am Flughafen abholte und mit der Ankündigung begrüßte, dass er heute Abend einen kleinen Empfang für uns im »Niedersachsen-Haus« geben würde. Grundel war Niedersachse und hatte einen Bungalow am Stadtrand von

Islamabad angemietet, an dessen Eingang in großen goldenen Gotiklettern »Das Niedersachsen-Haus« angeschrieben stand.
Dieser Abend und die Art der Begrüßung für mich illustrierten, welche massive Persönlichkeitsstörung diesen Mann nach nur zwölf Monaten im Land befallen hatte. Kaum hatten wir das Haus betreten, bat er mich, in die Küche zu kommen. Dort war ein Tisch für zwei Personen gedeckt und Grundel sagte: »Mike, ich bin wirklich der beste Kumpel, der dich vor anderen in Schutz nimmt. Damit du dich nicht blamierst, testen wir hier erst einmal deine Tischmanieren.«
Ich zeigte ihm den Vogel und ging ins Wohnzimmer zurück. Außer zahlreichen Polizeibeamten im diplomatischen Rang waren auch zwei der insgesamt sieben in Islamabad stationierten BND-Beamten anwesend. Diese, das erfuhr ich erst viel später, waren unter anderem dafür zuständig, in geheimen Operationen im Auftrag der BRD Waffen an den afghanischen Widerstand und die Taliban zu liefern. Denn es herrschte noch Krieg in Afghanistan, und Pakistan war ein Frontstaat im Kampf gegen den Weltkommunismus, damals waren die Islamisten unsere besten Freunde.
Am nächsten Morgen hatten wir einen Termin beim deutschen Botschafter vereinbart. Er war ein klassischer Diplomat alter Schule, groß gewachsen, hager, äußerst korrekt in Umgang, Sprache und Auftreten. Es waren vor allem zwei Dinge, die er mir mitteilen wollte.
»Hören Sie gut zu, Herr von Wedel«, sagte er. »Sie sind zum Kampf gegen Rauschgift und die Auswirkungen der Drogenkriminalität auf die Bundesrepublik Deutschland in dieses Land gekommen. Wie Sie das machen, ist Ihre Sache. Das überlasse ich Ihnen. Worauf ich bestehe, ist, dass Sie mir mitteilen, was Sie tun und wie Sie es tun. Denn solange Sie in Pakistan sind, tragen Sie einen Diplomatenpass meiner Botschaft und ich muss über Ihre Aktivitäten informiert sein.«

Dann machte er eine rhetorische Pause und sah mich an.
»Das Zweite ist«, sagte er, »halten Sie sich von Ihrem Kollegen Grundel fern.«
Letzteres war mir ohnehin schon klar. Wir verabschiedeten uns kühl, aber höflich und ich flog noch am gleichen Mittag nach Karachi.
Die ersten Wochen verbrachte ich mit dem Einrichten meines Büros. Es war im deutschen Konsulat untergebracht, einem einstöckigen Gebäude, das an einem schönen Park lag. Die Immobilie befand sich im Besitz von Benazir Bhutto, der späteren Premierministerin, die nach ihrer Rückkehr nach Pakistan als Oppositionsführerin am 27. Dezember 2007 so tragisch ums Leben kommen sollte. Bhuttos Privathaus, eine großartige Villa, lag genau gegenüber dem Generalkonsulat und ich hatte während meiner Dienstzeit zweimal die Ehre, Benazir Bhutto, die als erste Frau eine muslimische Nation führen sollte, persönlich zu treffen.
Mein Büro war klein, noch nicht einmal 20 Quadratmeter groß, und am Ende eines Flurs gelegen. Vor meinem Einzug hatte der Raum als Aktenablage gedient.
Dass sich Benazir Bhuttos Privathaus direkt gegenüber dem Konsulat befand, wirkte sich enorm vorteilhaft auf unsere Sicherheitslage aus. Denn ihr prächtiges Anwesen wurde ständig von mindestens 50 Sicherheitskräften, Soldaten und Geheimdienstlern bewacht. Nachteilig wirkte sich die hohe Präsenz der Beobachter jedoch auf den lukrativen, aber verbotenen Alkoholhandel aus, mit dem sich einige Konsulatsangehörige ein kräftiges Zubrot verdienten.
Dazu muss man wissen, dass ein deutscher Diplomat das Recht hat, sich im Ausland mit Lebensmitteln und Getränken aus der Heimat beliefern zu lassen. Organisiert wird dies von einem Lebensmittelgroßhändler in Bremen. Dort bestellte sich das Konsulat stets containerweise alkoholische Getränke und verkaufte

Teile der Bestände vor Ort weiter. Der Geheimdienst, der das Konsulatsgelände gut einsehen konnte, schrieb jedes Mal kräftig mit, wenn wieder einmal ein Container eintraf und der Inhalt auf pakistanische Kleinlaster umgeladen wurde. Zwar ist der Ausschank von alkoholischen Getränken in Pakistan an strenge Auflagen geknüpft, aber Proteste der Sicherheitskräfte gegen den für die Deutschen äußerst lukrativen Handel gab es nie.

Einzug ins Konsulat

Mit dem Leiter des Konsulats kam ich ausgezeichnet klar. Der Generalkonsul verstand bald, dass er mit der Anwesenheit eines Polizeibeamten einen Einblick in die pakistanische Gesellschaft bekam, der ihm bisher verwehrt geblieben war. Die Sicherheitskräfte sind eine prägende Kraft in der pakistanischen Gesellschaft. Jede prominente Familie schickt einen Spross in die Politik, einen zur Polizei, einen zum Militär. Mit meinen guten Kontakten zu den höheren Kreisen der Polizisten und damit auch zum Zoll ging vieles fortan auch für das Konsulat schneller vonstatten.

Als Glücksgriff erwies sich zudem meine Sekretärin, sie kam aus Bayern, war etwa 1,80 Meter groß und mit einem pakistanischen Anwalt verheiratet. Sie sprach fließend Urdu und verschaffte mir einen Zugang zur gehobenen Mittelklasse der Stadt, der unbezahlbar war.

Einen meiner wichtigsten Ansprechpartner hatte ich allerdings von Shakehand erhalten. Er lief in meiner Kartei unter S. Khan, ein Oberinspektor beim Zoll, der über ein Monatseinkommen von nur 200 US-Dollar verfügte, aber während meiner Zeit in Pakistan jedes Mal den Preis für die schönste Orchideenzucht in Asien erhielt. Zudem besaß er ein Haus in Wimbledon, und wenn seine Frau einen Arzt aufsuchen musste, flog sie dafür stets nach

München. S. Khan war Multimillionär, der so gut bei Kasse war, dass er für seine Tochter eine Hochzeitsfeier mit fünfeinhalbtausend Gästen ausrichten ließ. Sein Haus lag nicht weit vom Konsulat entfernt. Es war eine gigantische Villa im britischen Stil, mit erlesenem Rasen, vollgestopft mit Antiquitäten, die aus ganz Asien zusammengetragen waren. Dazu verfügte das herrschaftliche Anwesen über einen stattlichen Swimmingpool und eine wohlsortierte Bibliothek. S. Khan war ein äußerst gebildeter, umgänglicher Pakistani. Er war in allen Belangen korrupt, ließ sich aber in Hinsicht auf Rauschgift – zumindest nach meinen Informationen – nie etwas zuschulden kommen. Vielmehr verdiente er sein Geld mit dem Schmuggel von Elektronik. S. Khan stellte meinen vorerst einzigen Kontakt dar, aber allein der Besitz seiner Visitenkarte war so gut wie ein Diplomatenpass.
Das Erstaunliche an seiner ohnehin recht verwunderlichen Existenz war der Umstand, dass er in einem weniger als zehn Quadratmeter großen Büro im Hafen saß. Zunächst dachte ich, er habe seinen stattlichen Reichtum erworben, bevor er in dieses beengte und stinkende Büro versetzt worden war, denn früher hatte er bei der Drogenpolizei gearbeitet. Doch erst nach Jahren verstand ich, dass erst der Schmuggel im Hafen und die daraus resultierende »Commission« ihm Wohlstand und ein angenehmes Leben beschert hatten. Sein Erfolgsgeheimnis war erstaunlich einfach und weitverbreitet. S. Khan kassierte nicht nur für jeden Container, der von großen Schiffen entladen wurde, einen Obolus. Auch die Kapitäne arabischer Segelschiffe, Daus, die aus Dubai und Saudi-Arabien mit geschmuggelten Fernsehern und Hi-Fi-Geräten ankamen, mussten ihm ein Bakschisch über den Tisch schieben. Natürlich konnte S. Khan nicht das ganze Bestechungsgeld für sich allein behalten, sondern musste nach einem ausgehandelten Schlüssel mit allerhand Beamten teilen. S. Khan als Feind zu haben, war äußerst gefährlich, und so musste man

Das angemietete Haus des Verbindungsbeamten in der Nähe des deutschen Generalkonsulates in Karachi

diesen Mann mit äußerstem Respekt behandeln. Leider starb er kurz nach meiner Abreise im Kugelhagel einer Kalaschnikow.
Meine »kriminalistische« Zuständigkeit als Verbindungsbeamter beschränkte sich auf die Provinzen Sindh und Balutschistan, zwei der vier Provinzen Pakistans. Der Rest des Landes fiel in die Zuständigkeit von Walther Grundel in Islamabad.
Die erste Betrügerei, die ich aufdeckte, fand jedoch auf dem Hoheitsgebiet des Konsulats statt. Mein Büro war noch gar nicht lange eingerichtet, als ein Kontaktmann mich fragte, warum er 150 D-Mark für die Ausstellung eines Visums bezahlen müsse, wenn im Warteraum der Visaabteilung nur eine Gebühr von 15 D-Mark für die Dienstleistung vermerkt sei. Ich überprüfte den Vorwurf und fand heraus, dass die entsprechenden Beamten tatsächlich bei den Visagebühren kräftig in die eigene Tasche wirtschafteten.
Bei der nächsten Dienstbesprechung fand sich Gelegenheit, das dreiste Vorgehen anzusprechen, denn der Generalkonsul bat seinen Verwaltungschef Bertram Schilf, im diplomatischen Duktus

»Kanzler« genannt, ihm neue Vorhänge zu beschaffen. Doch Schilf lehnte brüsk ab: »Wir haben kein Geld«, sagte er.
Worauf ich meinte: »Nehmt doch das Geld aus eurer schwarzen Kasse.«
Das führte zunächst zu einem lautstarken Wortwechsel. Schilf leugnete, dass es so etwas gäbe. Aber nachdem ich ihn mit den Fakten konfrontiert hatte, wurde er ziemlich kleinlaut und gestand schließlich, dass sein Büro eine Menge Geld auf die Seite geschafft hatte. Die Praxis wurde umgehend eingestellt, führte aber nur dazu, dass der Kanzler jetzt öfter nach Bombay flog. Dort ging er nämlich einem anderen krummen Geschäft nach.
Im Keller bewahrte Schilf eine Kiste Falschgeld auf. Es war ein offenes Geheimnis im Konsulat, dass es sich dabei um US-Dollar-Blüten handelte. Keiner wusste zwar, wie Schilf daran gekommen war, das hinderte ihn freilich nicht daran, mit schöner Regelmäßigkeit ein Bündel dieser Scheine einzupacken und nach Indien zu fliegen, wo er Luxusuhren damit erwarb. Aber auch dieser Deal flog eines Tages auf und der feine Diplomat saß anschließend zwei Tage in Indien in Haft. Die Geschichte ging danach ihren verschwiegenen, diplomatischen Gang und wurde hinter den Kulissen irgendwie geregelt.
Lange nachdem ich wieder nach Wiesbaden zurückgekehrt war, rief mich eines Tages das Auswärtige Amt aus Bonn an und fragte: »Herr von Wedel, kennen Sie den Herrn Bertram Schilf aus Karachi?«
»Klar«, sagte ich, »das war mein Kanzler.«
Worauf der Kollege meinte: »Können Sie uns helfen, denn er wurde zurückversetzt und angeblich fehlen zehn Notpässe im Konsulat.«
Darauf sagte ich nur: »Das war er.«
Wie sich herausstellte, fehlten nach Schilfs Abreise zehn Notpässe, die niemals mehr gefunden wurden.

Ausflug nach Balutschistan

Manchmal schien es so, als wolle Bertram Schilf wirklich kein Fettnäpfchen auslassen, um mit offenbar großer Lust kräftig hineinzutappen. Richtig gefährlich wurde es, wenn er schlecht gelaunt war. Denn in seinem Schreibtisch hatte er ein Winchester-Repetiergewehr liegen und immer, wenn er ganz schlecht drauf war, zerrte er den Schießprügel unter der Schreibtischplatte hervor und feuerte aus dem Fenster – meistens nur in die Luft, manchmal aber auch auf die Straße. Zum Glück wurde nie jemand dabei verletzt.

Ich war vom BKA ja wirklich viel gewöhnt, Eisi, Blaulicht-Benno und all die anderen illustren Kollegen in Wiesbaden. Aber das deutsche Konsulat stand dem um nichts nach. Da war ein recht bunter Haufen versammelt. Denn obwohl wir nur sieben Entsandte aus Deutschland waren, bestand meine Arbeit nicht selten darin, sie von der lokalen Polizei fernzuhalten. Einmal zum Beispiel musste ich den Wirtschaftsattaché nachts um drei Uhr aus einem Bordell holen, wo er, obwohl verheiratet, beim Geschlechtsverkehr mit einem sechsjährigen Jungen erwischt worden war. Ein anderes Mal ließ ein pakistanischer Warlord seine deutsche Ehefrau nach einem Konsularfest auf Nimmerwiedersehen in seinem Frauenhaus verschwinden.

Aber das sollte alles nur ein kleines Vorgeplänkel zu dem sein, was mich in Quetta, der Hauptstadt von Balutschistan erwartete. In der Provinz leben heute etwa neuneinhalb Millionen Menschen, damals waren es etwa sieben Millionen, aber so genau wusste das niemand. Es war ohnehin nichts Genaues über diese größte Provinz Pakistans zu erfahren. Der Zugang zu der abenteuerlichen Region gestaltete sich damals wie heute äußerst schwierig. Was wir wussten, war, dass ein Großteil der Drogen von dort seinen Weg in den Westen nahm, meistens handelte es sich dabei um

Heroin in allen möglichen Reinheitsgraden, selten um Opium, Haschisch oder Marihuana. Aber dass ein Verbindungsbeamter des BKA dort auch nur das Geringste ausrichten könnte, war nicht nur eine Illusion, es erwies sich bald als regelrechte Vermessenheit. Das musste ich schon bei einer meiner ersten Dienstreisen dorthin feststellen.

Es muss irgendwann im Frühling 1985 gewesen sein, dass ich nach Quetta flog. Die Stadt ist ein beeindruckendes Fort aus Lehmbauten, die in einer großen Senke aus schroffen, kahlen Bergkuppen liegt. Schon aus der Luft sieht alles nicht sehr einladend aus. Ein Eindruck, der sich bald nach der Landung zu bestätigen schien. Mein Kontaktmann, ein sehr großer Pakistani, der in London studiert hatte und als Major die Drogendienststelle der lokalen Polizei leitete, empfing mich am Flughafen und brachte mich in seine Kaserne. Dort wurde ich mit geradezu militärischen Ehren begrüßt. Der Major erklärte, dass man heute etwas zu feiern habe. Denn vor einigen Tagen sei der gerade 20-köpfigen Polizeitruppe im Anschluss an eine versuchte Drogenrazzia ein Gewehr entwendet worden. Nach langen Gesprächen mit dem Stammesältesten des Dorfes, wo der Diebstahl stattgefunden hatte, habe man schließlich die Waffe zurückbekommen. Für das kleine Häuflein Polizisten war das schon ein gewaltiger Erfolg, und auf viel mehr Positives konnten sie nicht hoffen.

Der Major erklärte mir voller Eifer sein »Erfolgsgeheimnis«. Er selbst sei in Karachi geboren und könne nur deshalb in Quetta überleben, weil seine kleine Truppe jeweils einen Vertreter aus jedem Stamm der Region aufgenommen habe. Müsse man sich aus der Kaserne entfernen, dann sei das nur möglich, indem einer seiner Männer zu dem jeweiligen Stammesboss ginge und eine Durchreisegenehmigung für dessen Gebiet erbäte. Balutschistan ist ein sogenanntes Stammesgebiet in Pakistan. Es war damals unregierbar und ist heute unregierbar.

Eigentlich war ich nach Quetta gekommen, um den Major davon zu überzeugen, dass er mit mir die Seehäfen im Süden der Provinz aufsuchen sollte. Westliche Sicherheitsdienste vermuteten nämlich, dass besonders dort ein Großteil der Drogen umgesetzt würde, deren Endziel westliche Länder waren. Der Major schüttelte sich vor Lachen über meinen Vorschlag: »Mike, das kann nicht dein Ernst sein«, sagte er. »Vielleicht kommen wir noch hin, aber niemals lebend zurück.«

Die Gegend entlang der Arabischen See galt nicht nur als militärisches Sperrgebiet, für Weiße war es absolut unmöglich, dorthin zu fahren.

»Mike, lass uns nicht mehr über Rauschgift reden«, sagte er mit einem Seufzer und setzte den Blick eines Stallhasen auf.

»Du kriegst von mir die Infos dazu, schlägst irgendwo in der Welt zu, machst Festnahmen und bekommst einen Orden dafür, aber uns schneidet man dafür den Kopf ab.«

Ich hielt das für die übliche pakistanische Ausrede, sollte aber innerhalb von 24 Stunden eines Besseren belehrt werden.

Aber zunächst war ein Festessen angesagt. Als die Sonne blutrot über der Stadt unterging und die Lehmhäuser in eine Orgie von Rot, Blau und Lila tauchte, lud mich mein Gastgeber in ein Straßenrestaurant im Herzen von Quetta ein. Es gab Hammelbraten und wir tranken – natürlich nur Tee, denn Alkohol war hier draußen ein strenges Tabu. Wir plauschten bis nachts um drei Uhr, dann brachte mich mein neuer Freund zu Fuß ins Hotel zurück. Nicht, weil es nachts sicherer war auf den Straßen, nein, der einzige fahrtüchtige Jeep der Drogendienststelle von Quetta hatte seinen Geist aufgegeben.

Zu diesem Zeitpunkt waren kaum noch Menschen auf den Straßen, nur ein paar zerlumpte Gestalten im Shalwar standen an Straßenkreuzungen herum oder überwachten mit geschulterten Kalaschnikows oder Raketenwerfern im Anschlag die Hauseingänge ihrer finsteren, festungsartigen Gebäude. Umso erstaunter war ich, dass die Tür zu meiner Herberge offen stand. Weder an der Rezeption war eine Menschenseele anzutreffen, noch ließ sich ein Etagenkellner finden, der zu dieser späten Stunde nach dem Rechten gesehen hätte. »So unsicher kann es ja nicht sein hier in der Stadt«, dachte ich mir noch, bevor ich in einen tiefen und traumlosen Schlaf fiel. Doch als ich am nächsten Morgen zum Frühstück den Speisesaal betrat, war mir klar, warum ich nachts keine Menschenseele im Hotel getroffen hatte.

Das Restaurant glich einem Heerlager. An zwei getrennten Tischen saß jeweils ein Stammesführer, stolze, große Männer, die krampfhaft versuchten, die Existenz des anderen zu ignorieren. Sie aßen still vor sich hin und waren sich offenbar nicht sehr freundlich gesinnt, denn zu ihrem Schutz hatten sich an den beiden Stirnwänden des Restaurants gut 20 schwer bewaffnete Leibwächter aufgebaut. Keiner der Bodyguards war kleiner als 1,85 Meter, alles kräftige Männer mit blauen oder tiefbraunen Augen, aus denen eine Bereitschaft zum Töten leuchtete. Während der Nacht musste wohl hinter jeder Hoteltür einer dieser Männer mit einem Schießeisen Wache gestanden haben. Kein Wunder, dass die Gänge wie leer gefegt waren.

Einer der Stammesführer hatte mich gerade an seinen Tisch gebeten, aber erst nachdem er sichergestellt hatte, dass ich Deutscher und nicht Amerikaner war, als auch schon der Major hereinplatzte.

»Mike, du musst sofort weg«, befahl er. In seinen Augen stand die Angst und er ließ keine Widerrede zu. Ich hatte nur wenige Minuten zum Kofferpacken. Erst auf dem Weg zum Flughafen erzählte er mir, dass in der vergangenen Nacht eine Kaserne überfallen und dabei sieben seiner Polizisten getötet worden waren. Im Morgengrauen lagen ihre abgeschnittenen Köpfe vor der Einfahrt der Polizeidienststelle. Man hatte ihnen ihre Genitalien in den Mund gesteckt. Als Grund für den abscheulichen Überfall vermutete der Major die Tatsache, dass die Zentralregierung in Islamabad die Demonstration einer religiösen Sekte verboten hatte, die in Quetta zu Hause war. Jetzt hatten sie grausame Rache dafür genommen.

In Zukunft reiste ich zwar noch mehrmals nach Quetta, aber mehr um meinen Vorgesetzten in Wiesbaden zu beweisen, dass ich auch die Provinz Balutschistan weiter im Blick behielt. Dort ernsthaft zu arbeiten, schlug ich mir aber nach dem ersten Besuch aus dem Kopf, es wäre reiner Selbstmord gewesen.

Lehrbeispiele für Agenten

Nach ein paar Monaten ließ mir Shakehand noch eine weitere Adresse eines Kontaktmannes zukommen. Dieser arbeitete im Frachtbereich der Lufthansa und fungierte bisweilen als Tippgeber für die Drogenabteilung des BKA in Wiesbaden – aber nur, wenn man wusste, wie man das anzustellen hatte. Und das war gar nicht so einfach.

Mein erstes Treffen mit ihm erwies sich deshalb gleich als Reinfall. Ich traf ihn in einem Restaurant des Holiday Inn, bat ihn um Mitarbeit und erhielt prompt eine Abfuhr. »Ich kann Ihnen bei Drogengeschichten nicht weiterhelfen«, wies er mich schroff zurück. »Da kenne ich mich nicht aus.«

Als ich das Shakehand am Telefon erzählte, brach er zunächst in einen Wutanfall aus. Dann sagte er: »Den Halunken kauf ich mir. Sag ihm nur, Seeheim-Jugenheim steht bald wieder an.«

Ich traf ihn deshalb erneut, richtete ihm aus, was Shakehand mir aufgetragen hatte, und es verfehlte seine Wirkung nicht. Der Mann schien trotz seines dunklen Teints deutlich an Gesichtsfarbe zu verlieren.

Erst nach Wochen verstand ich, was sich da zugetragen hatte. In Seeheim-Jugenheim bei Darmstadt befindet sich das Aus- und Fortbildungszentrum der Lufthansa. Dort wurde der Mann einmal im Jahr hingeschickt. Shakehand wusste das und hatte sich einen fingierten Haftbefehl auf den pakistanischen Angestellten ausstellen lassen. Irgendwie war es ihm offenbar gelungen, bei einem Besuch eines Staatsanwaltes zwei Stempel auf ein Blanko-Formular zu drücken. Anschließend hatte er den Namen des Informanten da reingeflickt und eine fingierte Anschuldigung dazugedichtet, die er ihm bei einem Besuch in Pakistan jedes Mal unter die Nase hielt. Wenn die Lufthansa den Mann jetzt nach Deutschland schicken wollte, was eigentlich als Belohnung gedacht war, befiel ihn die panische Angst, dass er in einem deutschen Knast enden würde, und war daher vom BKA erpressbar. Dies war einer dieser Momente, als ich zu verstehen begann, dass man nicht gleichzeitig BKA-Drogenfahnder und ein anständiger Kerl sein kann. Soweit es mir gelang, versuchte ich dem Mann keine Angst mehr einzujagen. Shakehand konnte ich davon allerdings nicht abhalten.

Zentrum meiner Aktivitäten sollte aber der Flughafen bleiben. Am 5. September 1986 stürmte ein palästinensisches Abu-Nidal-Kommando in Uniformen der pakistanischen Einwanderungsbeamten eine Boeing 747. Der Pan-Am-Flug 73 hatte 379 Passagiere an Bord und sollte von Karachi über Bombay nach Frankfurt und New York fliegen. Es war ein Freitag, somit arbeitsfrei und muslimischer Ruhetag, als ein befreundeter DEA-Beamter mich aus dem Bett klingelte: »Mike, steh auf, es ist ein Flugzeug entführt worden.« Als ich eine Stunde später am Flughafen eintraf, brauchte ich nicht lange, bis ich von einem befreundeten Zollbeamten eine Passagierliste zugesteckt bekam und zu meinem Entsetzen feststellen musste, dass sich sieben Deutsche an Bord der Maschine befanden. Es waren zwei Siemens-Angestellte

dabei, ein junges Pärchen, das von einer Himalaja-Bergtour zurückkam, ein weiteres Ehepaar und eine alleinstehende deutsche Frau.
Die Entführung zog sich über 76 Stunden ergebnislos hin, bis plötzlich am dritten Tag der Strom im Flughafengebäude ausfiel. Das deuteten die Terroristen als Auftakt zum Stürmen der Maschine. Bis heute ist nicht klar, ob das wirklich so geplant oder nur zufällig der Strom ausgefallen war. Die Entführer gerieten in Panik, warfen mehrere Handgranaten und schossen wild um sich. Nur der Geistesgegenwart eines Afghanen, der in Köln lebte, verdanken die meisten Passagiere ihr Leben. Er eröffnete in dem Chaos eine Flugzeugtür, sodass viele ins Freie springen konnten. Die Knochenbrüche, die sie sich dabei zuzogen, waren das geringste Übel. Einen Deutschen, den ich zusammen mit meiner Sekretärin nach langer Suche in einem Stadtkrankenhaus auffand, hatte es wesentlich schlimmer getroffen. Der Ärmste war von Kopf bis Fuß mit Handgranatensplittern übersät. Dass er die Tortur überlebte, verdankt er der Tatsache, dass er zusammen mit amerikanischen Opfern bald in das US-Militärkrankenhaus in Landstuhl in der Pfalz ausgeflogen werden konnte. Insgesamt forderte der Terrorangriff 20 Todesopfer und 120 Menschen wurden zum Teil sehr schwer verletzt.
Ungewöhnlich, wenn auch auf eine ganz andere Art, war auch der Anruf, der mich kurze Zeit später erreichte. Es war in den letzten Herbsttagen, die mörderische Hitze war endlich aus der Stadt gewichen und hatte angenehmen Abendtemperaturen Platz gemacht, als ein Kontaktmann am Flughafen ganz aufgeregt in meiner Privatwohnung anrief und mich aus dem Schlaf klingelte: »Mister Mike, die Maschine des deutschen Bundeskanzlers ist in Karachi gelandet«, brüllte er im eigenartigen Singsang der Pakistanis in den Hörer. »Warum ist von euch niemand am Flughafen?«

Es war klar, dass da jemand etwas vollkommen missverstanden haben musste, aber der Ernst der Lage gebot trotzdem, sofort aus dem Bett zu springen, in meinen Jeep zu steigen und schleunigst zum Flughafen zu rasen. Tagsüber brauchte man normalerweise zweieinhalb Stunden, um sich durch Staus und Verkehrschaos hupend seinen Weg zum Flughafen zu bahnen. Jetzt war es aber vier Uhr in der Früh und nach 20 Minuten stand mein Mitsubishi Landcruiser vor der Haupthalle.

Mit einem Flughafenausweis erhielt ich schnell Zugang zum Rollfeld, wo ein Airbus aus Deutschland parkte, der aber, was sehr ungewöhnlich war, keine Beschriftungen oder Hoheitskennzeichen auf dem Flugzeugrumpf trug. Mit meinem BKA-Ausweis ließ man mich schnell ins Cockpit, wo ich mehrere Bundeswehrsoldaten und drei Beamte des Bundesnachrichtendienstes (BND) vorfand, die etwas durcheinander wirkten und angespannt um eine Problemlösung rangen. Was ihnen widerfahren war, klang nach dem typischen Lehrbeispiel aus dem Leitfaden für Geheimagenten, aber einem von der Sorte: Was auf keinen Fall passieren darf.

Der BND-Flieger, und um solch einen handelte es sich bei diesem Frachttransporter ohne Zweifel, hatte sich schon im Landeanflug auf die pakistanische Hauptstadt Islamabad befunden, als man feststellte, dass man keine Landegenehmigung für just diesen Tag besaß. Es passierte das, was Flughafen-Tower in so einem Fall meistens tun, zudem bei einem Flugzeug, von dem nicht klar ist, wo es herkommt, man verweigerte die Landegenehmigung. Auf dem Weiterflug wurde dann das Kerosin knapp, und nur angesichts der dreist aufgetischten Notlüge, der deutsche Bundeskanzler befände sich in geheimer Mission an Bord, durfte die Maschine zum Tankstopp in Karachi runtergehen.

Nach einigen Verhandlungen erreichten wir, dass der Pilot mit seiner privaten Kreditkarte den Flieger wieder auftanken konnte.

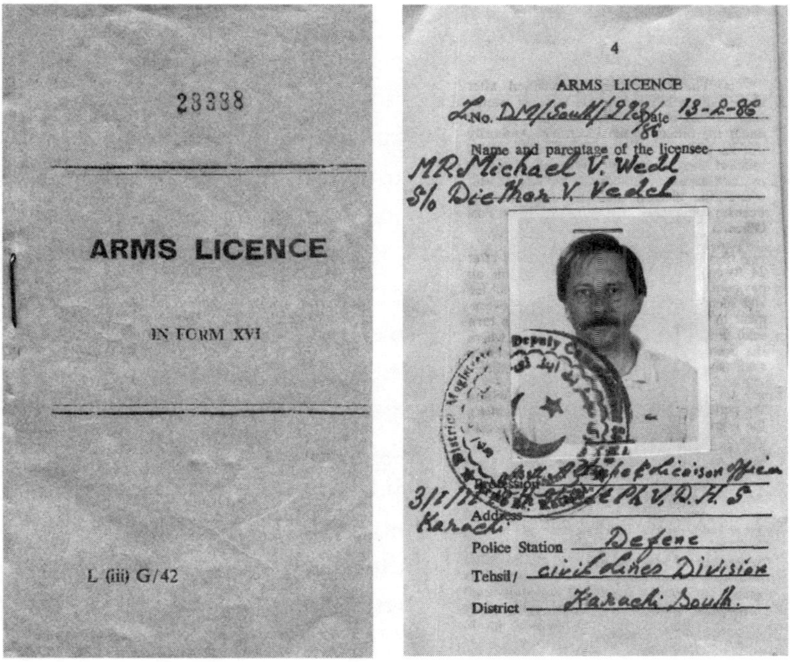

Mein pakistanischer Waffenschein

Derweilen frühstückte ich mit den drei Pullachern. Anfänglich waren sie sogar recht redselig, doch als ich nachfragte, was sich denn in den Containern im Frachtraum befände, wurden sie plötzlich ganz still und schauten sich grinsend an. »Fahrräder«, sagte einer schließlich und alle grinsten sie wieder wortlos in die Frühstücksrunde. Erst Monate später erfuhr ich, dass es eine Ladung Waffen für die Taliban oder andere muslimische Einheiten gewesen war, die in Afghanistan gegen die Sowjetarmee kämpften und somit vom BND als unterstützungswürdig angesehen wurden.

Aber ich sollte mich vor allem um den Kampf gegen Drogen kümmern und dazu wurde ich zum Treffen der ausländischen Drogenbeamten eingeladen.

Diese Organisation war ein weltweiter Zusammenschluss aller derjenigen Polizeibeamten, die zur Drogenbekämpfung ins Ausland geschickt worden waren. Die amerikanische DEA gab natürlich mehr oder minder den Ton an in diesem Verein, aber es gehörten auch BKA-Leute dazu, Briten, Franzosen, Italiener und Australier. Die Leute aus Canberra hatten die Ausrichtung des Treffens im Sommer 1986 übernommen und es sollte in Murree stattfinden. Das pakistanische Berchtesgaden ist eine der größten »Hill Stations« des Landes, das sind Ferienorte, die während der britischen Kolonialzeit im Gebirge als Sommerfrische eingerichtet wurden. Die Stadt liegt 2300 Meter hoch an der Überlandstraße von Islamabad nach Rawalpindi. Jede reiche pakistanische Familie, die etwas auf sich hält, besitzt in Murree ein Haus. Als Tagungsort war ein altes britisches Kolonialhaus ausgewählt worden, das sich im Besitz der australischen Botschaft befand.

Es war ein buntes Häuflein Männer, das sich am ersten Nachmittag des Treffens im Garten der Australier eingefunden hatte. Einigen, muskelbepackt und breitbeiniger Stand, sah man die Einzelkämpfer- oder Polizeiausbildung schon auf hundert Meter an. Aber es waren auch die typischen Schreibtischtypen mit dicker Wampe und Analystenblick dabei. Als ich mit einem britischen Kollegen eintraf, standen die meisten schon im Vorgarten herum, hielten sich an ihren Bierflaschen fest, nippten an ihren Whiskeygläsern und rissen ein paar blöde Witze. Meine Stimmung war ganz gelöst, bis jemand fragte: »Mike, wo ist eigentlich dein Kollege?«

Ich hatte wirklich keine Ahnung, wo der Kerl steckte, und zuckte wahrheitsgemäß mit den Schultern. Aber fünf Minuten später sollte sich die Frage schon selbst beantworten. Dann rollte nämlich ein offener Geländewagen die Straße herauf, eigentlich mehr ein Pick-up. Auf der Ladefläche standen zwei mannsgroße Lautsprecherboxen. Erst wollte ich meinen Augen nicht trauen, aber es gab keinen Zweifel. Zwischen den Lautsprechern hatte sich Grundel aufgebaut. Er trug eine kurze Adidas-Turnhose, was bei seiner Figur schon recht lustig aussah. Aber auf den Kopf hatte er sich eine Pickelhaube, die Kopfbedeckung der Polizei im Deutschen Reich, gestülpt und dazu die Hand zum »deutschen Gruß« erhoben. Ich wollte sofort vor Schande im Boden versinken. Aber das Schauspiel hatte ja noch gar nicht richtig begonnen.

Denn Walther Grundel sorgte für die richtige musikalische Untermalung seines bizarren Auftritts. Aus den Boxen schmetterte das Horst-Wessel-Lied, die Parteihymne der Nationalsozialisten, und Grundel sang kräftig mit, als er vor dem Ferienhotel ankam: »Die Fahne hoch! Die Reihen fest geschlossen! SA marschiert mit mutig-festem Schritt. Kameraden, die Rotfront und Reaktion erschossen, marschieren im Geist in unseren Reihen mit.« Als sein Wagen zum Stehen kam, schaute er einen Moment in die erstaunte Menge. Als keiner etwas sagte, sprang er von dem Geländewagen ab, grüßte nochmals alle Anwesenden mit Hitlergruß und marschierte im Stechschritt durch das Spalier der Kollegen auf sein Zimmer. Sein Fahrer musste ihm eine Kühltasche hinterhertragen, die er bei jeder Dienstreise mit sich führte. Das Behältnis war randvoll mit Bierdosen gefüllt. Der einzige Trost bei diesem peinlichen Auftritt: Der Supercop aus Wiesbaden ließ sich fortan so volllaufen, dass er während der dreitägigen Veranstaltung nicht mehr gesehen ward.

Unter Drogenbekämpfern aus anderen Staaten diente Grundels bizarres Verhalten nicht gerade dazu, den Ruf unserer Wiesbadener Polizeibehörde zu stärken, und es war kein Wunder, dass der BKA-Beamte bald zur Witzfigur aus der BRD mutierte, die man gern mal vorführte. Eine der schrulligsten Begebenheiten, die zudem bis Deutschland berichtet wurden, erlebte ich bei einer anderen Tagung. Da saß ich neben einem Kollegen, der Grundel gerade erzählte, dass es in Balutschistan eine neue, »besonders infame« Art des Drogenschmuggels gäbe. Einigen Stämmen an der Grenze zu Afghanistan sei es nämlich gelungen, »Kamele heroinsüchtig zu machen«. Das diente dem Zweck, dass sie, immer ihrem Suchtinstinkt folgend – und natürlich mit Drogen beladen –, wie ferngesteuert und ohne Kamelführer ihren Weg durch die Wüste zum nächsten Versteck der Schmugglerbanden fänden, wo sie dann ihren nächsten Heroinschuss erhielten. Das alles klang nach Aprilscherz. Grundel glaubte es aber tatsächlich und meldete die Sache nach Wiesbaden. Auch dort nahm man das erst sehr ernst, ließ gar vom kriminaltechnischen Dienst prüfen, ob dies möglich sei. Erst dort benutzte einer der angestellten Wissenschaftler seinen gesunden Menschenverstand und Grundel bekam eine kräftige Rüge für den Unsinn, den er wieder verzapft hatte. Der Versuch, ihn wegen dieser und anderer Geschichten vorzeitig abzuberufen, scheiterte aber am Widerstand seiner Gönner und man ließ ihn bis zum Ablauf seiner regulären Dienstzeit Anfang 1987 sein Unwesen in Islamabad treiben. Erst gut zehn Jahre später schied der Kollege frühzeitig aus dem Dienst des BKA aus – wenn auch auf äußerst tragische Art und Weise. Er wurde nämlich tot in einem Hotelzimmer in Belgrad aufgefunden. Die Todesursache und die Umstände, die zu seinem Tod im Dienst führten, sind bis heute nicht restlos geklärt.

Als Nachfolger von Walther Grundel kam Kollege Eisi nach Islamabad. Niemand sprach mehr die wilde Zeit beim Rauschgift an und so gelang es uns, sogar eine Art Freundschaft zu entwickeln. Aber Eisi verfolgte die alte BKA-Kilo-Ideologie, die mir ziemlich suspekt erschien, denn letztlich machten wir uns damit ja selbst zu Drogenschmugglern und verkauften die Sicherstellung in den Medien als Erfolg. Aber das schien damals niemanden zu stören.

Der herausragende Apologet dieser Ideologie war Shakehand. Und was er dabei anstellte und wie hart am Rande der Kriminalität das BKA dabei agierte, illustriert ein Fall, der eingefädelt wurde, als ich in Urlaub ging.

Unlautere Mittel

Es war Mitte Juni 1986. Ich war gut gelaunt, denn mein erster Heimaturlaub stand bevor. Ich wollte nach Alicante an der Costa Blanca in Spanien fahren. Vielleicht war das eine Schnapsidee, von der Hitze in die Hitze zu fahren. Aber erstens war es im Sommer in Karachi so unvorstellbar heiß und schwül, dass selbst Alicante dagegen wie ein Nordseestrandbad wirkte, und außerdem musste meine Familie einmal dringend raus aus dem Chaos von Pakistan.

Die BKA-Führung hatte beschlossen, dass ich eine Urlaubsvertretung bräuchte, und bald kam auch Kollege Karl Ihlfeld angereist, ein zwei Meter großer Hüne, der in der Regel alles recht gelassen anging. Das Problem war nur, dass Shakehand es sich in den Kopf gesetzt hatte, Ihlfeld nicht nur nach Pakistan zu begleiten, sondern ihn auch selbst einzuarbeiten. Eigentlich absurd, denn ich wollte nicht viel länger als einen Monat wegbleiben. Aber Shakehand war nicht nur mein Vorgesetzter und damit jeder Widerstand zwecklos, er hatte sich auf die Reise wohl auch so sehr gefreut, dass er im volltrunkenen Zustand am Flughafen ankam, seine Einreisepapiere mit »007« ausfüllte und es eines ziemlich peinlichen Aufwandes bedurfte, ihn aus dem Gewahrsam der Immigrationsbehörden zu befreien.

Dass Shakehand eintreffen würde, hatte sich indes schon im Generalkonsulat herumgesprochen. Eine Woche vor seiner Ankunft kam Kanzler Bertram Schilf auf mich zu, wie immer auf der

Suche nach einer neuen Geldquelle. Er wolle mich in sein Haus einladen, weil es etwas Wichtiges zu besprechen gebe, druckste er zunächst herum. Doch als wir uns eines Abends in seiner Villa trafen, kam er schnell zur Sache. Er berichtete mir von einem »alten Freund«, der in der Vergangenheit mit Shakehand »gedealt« hätte, wie er mit einem breiten Grinsen erklärte. »Und, na, du weißt schon«, man wolle jetzt wieder mit dem BKA ins Geschäft kommen. Das war schon ungewöhnlich, ein Diplomat und ein Krimineller, die an einer kontrollierten Heroinlieferung Geld verdienen wollten.

Jetzt erklärte ich dem Kanzler zwar lang und breit, dass ich nichts von sogenannten kontrollierten Lieferungen hielt, weil meistens Unschuldige dafür eingesperrt würden, dass das BKA einen vermeintlichen Erfolg in der Presse verkaufen könnte. Aber irgendwie ließ er nicht locker und so kam es doch zu einem Treffen mit dem Freund von Schilf.

Im ersten Moment war ich angenehm überrascht. Denn er war gar nicht einer der schmierigen Informantentypen, die sich einem immer wieder aufdrängten, sondern ein recht zivilisierter Pakistani mit sehr gepflegten Manieren. Er besaß ein kleines Handelsbüro und hatte sogar in Oxford studiert. Erst unterhielten wir uns über Nebensächliches, wie das in Pakistan bei jedem Gespräch üblich ist, über die Familie, dann kamen wir auf Franz Josef Strauß und endeten bei Adolf Hitler. Es war geradezu eine Obsession der Pakistanis damals, dass sie mit Deutschen immer über Strauß und Hitler reden wollten. Ich sah zwischen den beiden Personen keinen erkennbaren Zusammenhang, deshalb versuchte ich stets, wenn das Thema dorthin abdriftete, wieder zu dienstlichen Fragen zurückzukommen. Das verstand auch der Kontaktmann recht bald und öffnete deshalb mehrmals so auffällig, dass es mir nicht entgehen konnte, seinen mitgebrachten schwarzen Aktenkoffer mit goldfarbenem Zahlenschloss, den er vor sich auf den Tisch gestellt hatte. Darin, auch das war deutlich sichtbar, lag eine ziemlich große Menge Dollarbündel. Als Strauß, Hitler und seine Familie abgehakt waren, kam er deshalb endlich auf Heroin zu sprechen.

Er komme aus Balutschistan, sagte er, und betreibe dort ein kleines Import-Export-Büro. Einer seiner Neffen hätte drei Kilo Heroin vorrätig, ob wir oder ich das nicht »wie mit Mr. Shakehand immer wieder praktiziert« nach Frankfurt liefern wollten. Ohne meine Antwort abzuwarten, stand er plötzlich auf und sagte: »Der Mann wartet im Auto, ich gehe jetzt raus und kaufe das Zeug. Wenn du einverstanden bist? Einen Kurier habe ich schon.« Ich war ziemlich aufgebracht und schleuderte ihm nur ein »Nein, bist du verrückt« entgegen. Im ersten Moment war er etwas fassungslos und schaute mich hilflos aus seinen großen braunen Kulleraugen wie ein Kind an, dem man sein Lieblingsspielzeug geklaut hat.

Dann fing er an zu erzählen. Wie ich jetzt erfuhr, hatte er derartige Geschäfte schon mehrmals mit dem BKA durchgezogen. Das lief immer gleich ab. Da der Unternehmer Zugang zu billigem Heroin hatte, kaufte er maximal sechs Kilo. Mehr ließen die lokalen Behörden nicht zu, um Pakistans Image in der westlichen Presse nicht vollkommen zu ruinieren. Dann fand er einen ahnungslosen Kurier, der mit wenigen Hundert Dollar davon überzeugt wurde, eine Tasche nach Frankfurt zu fliegen. Was der arme Teufel nicht wusste: Alles war ein abgekartetes Spiel. Der Drogenkurier flog immer mit der Lufthansa. Wenn er in Frankfurt eintraf, schnappten die Handschellen zu und man konnte alles wieder der Presse als Erfolg verkaufen. Kleines Problem bei der Geschichte: Ein Unschuldiger landete im Gefängnis. Das konnte lange gut gehen, weil es sich bei den vermeintlichen »Schmugglern« immer um irgendwelche armen Teufel handelte, die noch nicht einmal richtig Englisch sprachen. Man hatte ihnen irgendeine Geschichte erzählt, womöglich ihre Familie bedroht, und wenn sie verhaftet wurden, wussten sie gar nicht, was ihnen geschah.

Bisweilen griffen die erfolgreichen Kriminalbeamten der Abteilung Rauschgift des BKA aber zu noch bedenklicheren Methoden. Einer der dreistesten Fälle, die man sich damals im BKA erzählte, war die Festnahme der sogenannten Heroin-Königin von Pakistan, die Mitte der Achtzigerjahre im Sheraton in Frankfurt mit einem 70-jährigen Mann im Zimmer festgesetzt und anschließend zu einer langen Haftstrafe in Deutschland verdonnert wurde. Sicherlich war die Dame nicht unschuldig und hatte die Finger im Drogengeschäft, aber was man von ihrer Festnahme im BKA erfuhr, hatte wenig mit rechtsstaatlichen Methoden zu tun.

Irgendwie hatte ein BKA-Kommando davon Wind bekommen, dass die Frau wieder einmal im Anflug nach Deutschland war. Es wurde beschlossen, ihr eine Falle zu stellen und sie dingfest zu machen. Kaum hatte sich das ungleiche Pärchen in dem Fünfsternehotel einquartiert, klopfte der Etagenkeller an ihre Zimmertür und tat erstaunt, als sie die Tür aufmachte.

»Sorry, Madame«, sagte der vermeintliche Hotelangestellte in holprigem Englisch. »Ich habe mich wohl in der Tür geirrt, das ist nicht Ihr Koffer, oder?«

»Nein«, sagte die Frau.

»Kann ich den Koffer trotzdem einen Moment hier stehen lassen und herausfinden, wem der gehört?«, fragte der Page.

»Nur zu«, erwiderte sie höflich.

Der Etagenkellner verschwand so schnell, wie er gekommen war. Doch es verging weniger als eine Minute, bis das Zimmer von einem Sondereinsatzkommando des BKA gestürmt wurde. In dem Koffer stellten die Beamten sofort gut 15 Kilo Heroin sicher.

Was auch der Anwalt bei der späteren Verhandlung nicht wusste: Der Etagenkellner war Shakehand persönlich gewesen. Umso erstaunlicher war es, dass sein Adlatus Christian Gärtner in dem anschließenden Verfahren als Zeuge gegen die Frau aussagte. Denn Gärtner hatte im Kollegenkreis nicht nur damit geprotzt, ein sexuelles Verhältnis mit der Heroin-Königin unterhalten zu haben, sondern ausgiebig ihre körperlichen Vorzüge und ihre Leidenschaft gepriesen.

Mit alledem im Hinterkopf lehnte ich deshalb den Kauf der drei Kilo Heroin des Handelsunternehmers aus Balutschistan ab. Was man dazu wissen muss: All das tat der Mann natürlich nicht aus reiner Menschenfreundlichkeit oder weil er sich dem weltweiten Kampf gegen Drogen und dem BKA verpflichtet fühlte. Nein, er wollte nur eine saftige Belohnung vom BKA kassieren, die natürlich um ein Vielfaches über dem Preis lag, den er in Pakistan für den Stoff sowie den Kurierlohn hätte berappen müssen – Bestechungsgeld für die Polizei eingerechnet.

»Ohne mich«, sagte ich dem Freund des Kanzlers und verabschiedete mich. Dass er vollkommen unpakistanisch antwortete: »Es geht auch ohne dich«, hätte mich nachdenklich stimmen sollen.

Auf der schwarzen Liste

Aber da war ich vielleicht zu naiv. All das erschien mir als zynisches und menschenverachtendes Spiel, mit dem ich nichts zu tun haben wollte. Ich war ja nicht Polizist geworden, um Unschuldige ins Gefängnis zu bringen. Shakehand sah das anders. Sowieso hatte der altgediente und hochgelobte BKAler eine andere Auffassung von Recht und Gesetz.

Er schien noch nicht ganz ausgenüchtert und wirkte entsprechend verschnupft, als wir uns zu einer gleich morgens um acht

Uhr angesetzten Dienstbesprechung in meinem Büro trafen. Es war unerträglich heiß in der Stadt und meine Klimaanlage schnarrte so laut wie ein Dieselaggregat. Als ich meinem Vorgesetzten von dem Handelsunternehmer und seinem mir angetragenen Drogengeschäft erzählte, verfinsterte sich seine Miene noch mehr.

»Du kapierst aber wirklich nichts, Mike«, meinte er.

Die Urlaubsvertretung Karl Ihlfeld saß wortlos daneben.

Doch plötzlich kam ein erkennbares Leuchten in Shakehands Augen und er sagte unvermittelt: »So was hätte ich auch gern.«

Erst verstand ich gar nicht, was er damit meinte, bemerkte dann aber, dass er in meinem offen stehenden Bürostahlschrank eine komplette Leica-Ausrüstung erspäht hatte. Sie bestand aus einem Kameragehäuse, Winder und mehreren Objektiven. Ab und zu machte ich während meiner Dienstreisen Aufnahmen von Dingen, die für die Zentrale wissenswert waren. Am Ende meines Aufenthaltes sollte die teure Ausrüstung der pakistanischen Polizei als Gastgeschenk überlassen werden, so war das von der Amtsleitung genehmigt worden.

Weil ich ahnte, was kommen würde, ließ ich mir von meiner Urlaubsvertretung vor meinem Abflug eine genaue Inventarliste meiner Büroausstattung gegenzeichnen. Die mehrere Tausend D-Mark teure Leica-Ausrüstung war dabei natürlich präzise aufgelistet. Ich sah die optischen Geräte nie wieder. Sie seien bei einem Überfall in Balutschistan auf die Herren Ihlfeld und Shakehand entwendet worden, sollte es später in einem Vermerk meiner Urlaubsvertretung Ihlfeld heißen. Die Grenzen zwischen Gut und Böse sind bei Deutschlands Bundespolizei bisweilen sehr fließend.

Ein paar Tage später flog ich nach Frankfurt, um meinen Urlaub anzutreten. Was die beiden Kollegen bis dahin in Karachi trieben, konnte ich nicht nachvollziehen, vielleicht wollte ich es auch nicht. Das sollte sich bald als ungeschickt erweisen. Denn kaum war ich in Frankfurt gelandet, kam ausgerechnet der pakistanische Unternehmer auf mich zu, der mir vor vier Wochen drei Kilo Heroin hatte andrehen wollen.

»Mein Kurier war mit Ihnen auf dem Flieger, Mister Mike«, sagte er mit fast kindlichem Stolz. Schlagartig wurde mir klar, dass Ihlfeld und Shakehand den Deal trotz meiner Bedenken eingefädelt hatten und jetzt wieder irgendein armes Schwein in deutschen Gefängnissen landen würde.

Aber das wollte ich gar nicht mehr wissen. Ich wollte jetzt nur noch Urlaub machen und das tat gut. Pakistan machte genauso irre wie das BKA. Doch am Strand der Costa Blanca gab es eine Menge Zeit, um nachzudenken, und allmählich dämmerte mir, dass irgendetwas schiefzulaufen schien mit meiner Karriere. Gut zehn Jahre war ich jetzt schon bei dem deutschen FBI, aber so gut wie am Anfang alles gelaufen war, schien jetzt die Wahrscheinlichkeit ziemlich groß zu sein, dass ich durch meine ständige Weigerung, kontrollierte Lieferungen abzuwickeln, schon auf einer internen schwarzen Liste vermerkt war oder bald darauf stehen würde. Die daraus resultierenden Konsequenzen standen mir ziemlich klar vor Augen. Man würde mir meine Verlängerung als Verbindungsbeamter verweigern und eine Beförderung möglichst lange hinausschieben. Ich hatte keine Lust, als Alkoholiker, Nazi oder Zyniker zu enden. Meine Ehe schien ohnehin an der Unzufriedenheit mit der Arbeit zugrunde zu gehen. Zum Michael Kohlhaas des deutschen FBI zu werden, hatte ich auch weder Begabung noch Lust. Deshalb nahm ich mir vor, fortan das Räuber- und Gendarmspielchen, das damals gang und gäbe war, eben mitzumachen. »Ein kleiner Kompromiss kann ja nicht so wehtun«, dachte ich mir. »Machste eben, was sie wollen.«

Die Gelegenheit bot sich dann auch gleich nach meiner Rückkehr. Es war Mitte August und ich hatte noch nicht richtig die Koffer ausgepackt, geschweige denn die Akten im Büro gelesen, da meldete sich ein Informant aus dem Drogenmilieu bei mir. »Bei mir ist eine Bestellung für sechs Kilo Heroin eingegangen«, ließ er mich über einen Mittelsmann wissen. Wiesbaden ließ die vermeintlichen Käufer in Deutschland prüfen, diese schienen tatsächlich den Stoff bestellt zu haben und wir beschlossen, eine kontrollierte Lieferung ablaufen zu lassen. Ich schöpfte keinen Verdacht, das war ein Fehler. Dann was mich hätte misstrauisch stimmen müssen, war, dass es sich genau um die Menge von sechs Kilo handelte. Sechs Kilo waren genau das, was die pakistanische Polizei noch als »kontrollierte Menge« durchgehen ließ. Das lernte jeder Drogenverbindungsbeamte in seiner ersten Dienstwoche.

Auch bei mir war das so gewesen. Kaum hatte ich im Frühjahr 1985 in Karachi meine Zelte aufgeschlagen, zitierte mich der »Chairman« der pakistanischen Drogenpolizei (Pakistan Narcotics Control Board, PNCB), Dilshand Najmuddin, zum Gespräch. Er war der typische nordpakistanische Aristokrat, groß, hager. Er war knapp über 50 Jahre alt, hatte schon ziemlich schütteres Haar, das an den Schläfen ergraut war, und prahlte gern mit seiner westlichen Bildung. Doch dass er den Westen gut kannte, hatte den Vorteil, dass er sich ziemlich direkt ausdrückte und jedem Verbindungsbeamten glasklar mitteilte, was der Rahmen war, in dem wir uns bewegen konnten.

Als strenges Tabu galt es, etwas über die Verwicklungen des Militärs und des Geheimdienstes in das Drogengeschäft zu eruieren. »Außerdem wollen wir in Pakistan nicht ständig als das Herkunftsland von Heroin dastehen«, schnarrte Najmuddin.

Tatsache war, dass sich zwar ein Großteil der Opiumfelder auf dem Staatsgebiet von Afghanistan befanden, aber Pakistan dennoch nicht nur Transitland war. In den Nordwestprovinzen wie in den Stammesgebieten wurde ebenso Opium, der Rohstoff für Heroin, angebaut, wie sich in den kargen Gebirgsregionen auch zahlreiche Heroinküchen befanden. Aber Pakistan war damals wie heute ein enger Verbündeter des Westens und Maxime jeder Arbeit der ausländischen Sicherheitskräfte war es, dass man Islamabad nicht allzu sehr zu schaden suchte.

So gab es folglich auch eine Richtgröße für kontrollierte Lieferungen. Als eiserne Regel der PNCB galt: Sechs Kilo sind erlaubt und können auch für Ermittlungszwecke ausgeführt werden. Bei mehr gab es Ärger. Zumindest für die meisten Länder. Es war gleichwohl ein offenes Geheimnis im Land, dass die DEA immer mehrere Hundert Kilo Heroin im Keller ihrer Botschaft gelagert hatte, um schnell und ohne Rücksprache mit der PNCB überwachte Lieferungen durchführen zu können. Aber die Amerikaner verfügten ohnehin immer über Sonderrechte.

Also sechs Kilo. Der Informant kannte sein Geschäft gut und deshalb erzählte er mir gleich, dass ein Käufer bereitstünde, ein Pakistani, der in Süddeutschland mit Drogen handelte. Wiesbaden überprüfte die Identität des Mannes und alles konnte losgehen. Schließlich brauchte ich dringend einen Erfolg.

Wie abgesprochen, trafen wir uns eines Nachts in einem heruntergekommenen Hotel etwa 60 Kilometer außerhalb von Islamabad. Das war nicht mein Einsatzgebiet, aber wer das Angebot hatte, so die BKA-Regel, durfte den Handel durchziehen. Der Informant war ein kleiner, dicklicher Südpakistani von dunklem Teint. Nicht unbedingt der Typ Mensch, von dem man einen Gebrauchtwagen kaufen würde oder mit dem man nachts allein in einem schäbigen Hotelzimmer voller Kakerlaken sitzen wollte. Was die Sache etwas schwierig machte, war, dass er sich weigerte, den Stoff innerhalb Pakistans zu transportieren. Ihm war klar, wenn er mit sechs Kilo Heroin erwischt würde, drohte ihm die Todesstrafe. Der Transport nach Karachi fiel deshalb mir zu. Das ging einfacher als erwartet.

»Euer Zucker im Norden ist besser als im Süden«, sagte ich pflichtschuldig dem Beamten am Flughafen, der an der Gepäckkontrolle saß und auf seinem Monitor eine weiße Masse in meinem Gepäck erspäht hatte. Außer zu einem müden Lächeln war er zu keiner Gemütsregung zu bewegen. Offensichtlich war ihm klar, was da gerade ablief.

In Karachi bekam ich wie erwartet die Genehmigung, sechs Kilo Heroin in einer Lufthansa-Maschine mit Billigung der pakistanischen Anti-Drogen-Polizei nach Frankfurt auszuführen. Ein bisschen wunderte ich mich zwar, warum ich nichts vom »Chairman« hörte, dachte mir aber, dass er vielleicht beschäftigt wäre. Dass es während meiner Abwesenheit zu einem handfesten Streit zwischen dem BKA und dem PNCB gekommen war, wusste ich nicht, denn ich ahnte nicht, welch brisantes Material auf meinem Schreibtisch lag.

Die Lieferung ging scheinbar glatt. Der Stoff flog mit der Lufthansa, wurde in Wiesbaden von einem BKA-Beamten an meinen Dealer ausgeliefert und der marschierte los, um das Geschäft zu machen. Was wir zu diesem Zeitpunkt nicht wussten, war, dass der vermeintliche Endkäufer sein Cousin war und natürlich nichts mit dem Geschäft zu tun haben wollte. Mein Informant begann jetzt in Deutschland einen Käufer zu suchen. Alles wurde ziemlich lächerlich, denn er sprach noch nicht einmal Deutsch. Nach vier Wochen kam er nach Pakistan zurück, um 1500 D-Mark Informantenlohn reicher. Die Spesen, die er für Übernachtung und Essen in Deutschland erhalten hatte, waren da nicht eingerechnet. Beides reichte auf jeden Fall, um für eine Weile in Pakistan wieder gut zu leben.

Dass das BKA wieder einmal betrogen worden war, kümmerte niemanden. Wir hatten uns ja selbst hart an der Grenze deutscher Gesetze bewegt, sie sogar überschritten, aber dass das in Wiesbaden niemand so genau nahm, wurde mir klar, als ich begann, die Akten im Büro aufzuarbeiten. Ich fiel aus allen Wolken und jetzt wurde mir klar, warum Najmuddin mich nicht hatte sehen wollen.

Amtsduktus

Kollege Ihlfeld war während meines Urlaubs offenbar zusammen mit Shakehand äußerst rührig gewesen, hatte allerhand Akten angelegt und versucht, zwei kontrollierte Lieferungen von Heroin nach Deutschland durchzuführen.
Dafür hatte sich Kriminalhauptkommissar Ihlfeld schon wenige Tage nach meiner Abreise, am 25. Juni 1986, in Wiesbaden mit einem Fernschreiben gemeldet. Unter der Tagebuchnummer PAK RG 28/86 K schickte er folgenden Brief:

> Betr: Bekämpfung der international organisierten Rauschgiftkriminalität; hier: Kontrollierte Lieferung einer größeren Menge Heroin in den Raum Aachen
> 1. Vermerk:
> Der hier geführte Informant
> [redacted]
> teilte mit, daß seine früheren Heroinabnehmer aus der Gruppe um
> Albert [redacted]
> im Augenblick durch Albert [redacted] Bruder
> Hank [redacted]
> w. P. u.
> geführt, Kontakte mit dem hier bekannten Rauschgifthändler

Saleem MALIK

aufgenommen hätten, und über die Lieferung von größeren Mengen Heroin verhandelten.

Man habe ihn gefragt, ob er nicht den Transport der Ware übernehmen wolle.

Weisungsgemäß erklärte er, nur nach Deutschland liefern zu können, da er in den Niederlanden zur Festnahme ausgeschrieben sei.

Hank [redacted] habe sich damit einverstanden geklärt, da das Heroin sowieso zum größeren Teil für deutsche Abnehmer bestimmt sei.

Er bat aber darum, die Übergabe des Heroins in den Raum Aachen zu verlegen. Dort könne er die grüne Grenze problemlos passieren.

In welchen Dimensionen das Heroingeschäft durchgeführt werden soll ist noch unbekannt.

Der Informant hat den Auftrag erhalten, weiter Kontakt mit der Gruppe zu halten.

Schon am 9. Juli meldete Ihlfeld einen Fortgang der Dinge. Jetzt war klar, dass 14 Kilo Heroin nach Aachen geliefert werden sollen. Kriminalhauptkommissar Ihlfeld fasste Folgendes in unverwechselbarem BKA-Amtsduktus zusammen.

Betr: Bekämpfung der international organisierten Rauschgiftkriminalität; hier: Kontrollierte Lieferung von 14 kg Heroin in den Raum Aachen

1. Vermerk:

Am 08.07.1986 gegen 18.00 h teilte der Informant

[redacted]

mit, daß das für

Hank [redacted]

bestimmte Heroin nunmehr in Karachi eingetroffen sei. Es befinde sich laut Mitteilung der Lieferanten in einem PKW, der auf Wunsch des Informanten in Karachi, Clifton, abgestellt worden sei.* Der PKW

---

* Unweit des Generalkonsulats – Anm. d. Autoren.

wurde durch den Uz** observiert. Es handelte sich um einen Subaru, kleineres Modell. Der PKW stand in einer Seitenstraße vor einem verlassenen Haus geparkt. Die Türen waren nicht abgeschlossen. Statt Kennzeichen hatte der Wagen ein Schild »Applied For«.
Der Informant ging dann zu dem PKW, entnahm das auf dem Beifahrersitz liegende Heroin, das sich in einem Leinensack für Hühnerfutter befand, und übergab es in der Hauptstraße dem Uz.
Das Heroin wurde durch den Uz entgegengenommen und in einem Stahlschrank des Büros der RgVb*** verwahrt.
Eine Verwiegung des Heroins am 09.07.1986 ergab folgendes:
Das Heroin befindet sich in 13 weißen Leinenbeuteln. Jeder Beutel wiegt ca. 1,1 kg. Es handelt sich also um brutto 14,3 kg.
7 Beutel sind mit einem fünfzackigen Stern gekennzeichnet; 3 Beutel mit einer stilisierten Schere; 2 Beutel mit zwei übereinanderliegenden Dreiecken und ein Beutel mit einem stilisierten Schmetterling.
Das Heroin war im Merck-Test positiv. Beim Abbrennen wurden starke Rückstände sichtbar. Es dürfte sich um Heroin mittlerer Qualität handeln.

Ich kam aus dem Staunen nicht mehr raus. Der Vorgang war nicht nur außergewöhnlich, weil er deutlich die Menge überstieg, die von den Pakistanis zugelassen wurde, aber offenbar hatten Shakehand und Ihlfeld einen Weg gefunden, das Zeug nach Deutschland zu schaffen. Was mich besonders wunderte, war, dass die Brüder in das Geschäft einbezogen waren. Das ließ sich, vorsichtig formuliert, als wagemutig bezeichnen. Die beiden waren nämlich äußerst gefährliche Drogenhändler, die im Mit-EU-Land Niederlande auf der Fahndungsliste standen. Sie wissentlich mit Drogen im Gepäck zur Einreise in Holland zu bewegen, stellte einen schwerwiegenden Rechtsbruch dar.

** Uz: der Unterzeichner – Anm. d. Autoren.
*** RgVb: der Rauschgiftverbindungsbeamte – Anm. d. Autoren.

Doch offenbar lief nicht alles glatt. So jedenfalls interpretierte ich die Akten. Wahrscheinlich hatte die pakistanische Polizei von der Geschichte Wind bekommen und das sorgte für erhebliche Missstimmung. Diesen Schluss ließ ein weiteres Schriftstück zu, das ich kurze Zeit später fand. Am 24. Juli wickelte meine Urlaubsvertretung nämlich eine weitere kontrollierte Lieferung, diesmal nach Holland, ab. Um die Pakistanis nicht noch mehr zu verärgern, wurde jetzt »Chairman« Najmuddin mit einbezogen. Ihm wurde vorgegaukelt, dass die übliche Menge Heroin über einen holländischen Kurier nach Frankfurt geschickt werden sollte.

Betr: Bekämpfung der international organisierten Rauschgiftkriminalität; hier: Durchführung einer kontrollierten Lieferung von 19 kg Heroin von Karachi nach Frankfurt
1. Vermerk:
Ein hier geführter Informant teilte mit, daß er den Auftrag erhalten habe, eine größere Menge Heroin an Abnehmer in der Bundesrepublik Deutschland zu überbringen.
Der Lieferant des Heroins ist ein gewisser

SHEIKH MASOOD NADEEM

wh. Karachi, Seaview Apartments Nr. 47.
Das Heroin soll bisher noch nicht ermittelten Personen in Deutschland übergeben werden.
Kontaktpersonen des Informanten sind der niederländische Staatsangehörige

[redacted], Hank

und der niederländische Staatsangehörige

[redacted]

Am 23.07.1986 teilte der Informant mit, daß SHEIKH das Heroin nunmehr erhalten habe und an ihn übergeben habe.
Das Heroin befand sich in einem PKW in einer Seitenstraße in Clif-

ton/Karachi. Der PKW, Typ Subaru, hatte kein Kennzeichen, sondern ein Schild »Applied For«, d. h. Kennzeichen beantragt.
Das Heroin lag in einem Sack auf dem Beifahrersitz. Die Türen waren unverschlossen.
Die Übernahme des Heroins wurde durch den Uz und pakistanische Beamte observiert. Eine Anwesenheit der Täterseite war nicht feststellbar.
Das Heroin, es handelt sich um ca. 19 kg, Merck Test positiv, befindet sich hier in Gewahrsam.
Der Chairman des PNCB hat einer kontrollierten Lieferung zugestimmt.
Es wird gebeten, bei der StA Frankfurt die Zustimmung zur kontrollierten Einfuhr nach Deutschland zu beantragen.
Der Informant ist darüber informiert, daß die Aktion erst stattfindet, wenn die Abnehmer in Deutschland identifiziert sind.
2. RG 23 zur weiteren Veranlassung

Was der »Chairman« nicht ahnte, war, dass es sich bei der Lieferung um 19 Kilogramm handelte, also weit mehr als das, was er gewillt war zu dulden. Auch wusste Najmuddin nichts davon, dass ein gesuchter holländischer Rauschgifthändler mit von der Partie war. Nicht einfacher wurde die Sache dadurch, dass Shakehand mehrmals im volltrunkenen Zustand bei Najmuddin angerufen hatte und den führenden Rauschgiftfahnder einer Nation von damals schon mehr als 100 Millionen stolzer Muslime am Telefon beschimpft und ausgeführt hatte, er sei »mit dem US-Präsidenten eng befreundet«. Wenn Najmuddin nicht tue, was »er, Mr. Shakehand« verlange, könne er für die Folgen nicht mehr garantieren.
Erschwert wurde die Lage zudem dadurch, dass sowohl der deutsche Botschafter in Islamabad als auch der Generalkonsul in Karachi äußerst verschnupft reagierten, dass sie nichts davon gewusst hatten, dass in ihren Büros über Tage derart große Mengen Heroin gelagert worden waren, die ausgereicht hätten, um

sämtliche Bewohner einer deutschen Kleinstadt schwer drogensüchtig zu machen. Nach näherer Überprüfung stellte sich heraus, dass die zwei Wiesbadener den Stoff zwar gekauft hatten, der Weitertransport aber aus irgendwelchen Gründen, die sich nicht mehr nachvollziehen ließen, gescheitert war. Wir hatten jetzt 19 Kilogramm Heroin im Generalkonsulat liegen und wussten nicht, wie wir das Zeug halbwegs sicher wieder loskriegen konnten.

Drogenschmuggel mit Diplomatenpass

Die ganze Sache war äußerst dreist gelaufen und dazu angetan, das über Jahre aufgebaute Verhältnis mit meinem Gastgeberland vollkommen zu ruinieren. Die Pakistanis beschwerten sich nun in angemessenem Ton und drohten, Eisi und mich nach Hause zu schicken. Es dauerte Wochen, bis sich die Wogen wieder geglättet hatten. Im Herbst 1986 erhielt ich schließlich die Anweisung, den Stoff an die pakistanische Drogenpolizei zu übergeben. Alles war nur noch peinlich, zumal sich am Schluss herausgestellt hatte, dass die Kollegen unbrauchbaren Stoff gekauft hatten, der mit allerhand Wüstenerde vermischt war. Unschön war zudem, dass Ihlfeld den vermeintlichen Stoff in meinem Dienstwagen transportiert hatte.

Auch in Deutschland hatte die Sache mit den 19 Kilogramm Heroin in Karachi für ziemlich viel Wirbel gesorgt. Die pakistanische Botschaft beschwerte sich diskret, aber bestimmt beim Auswärtigen Amt (AA) in Bonn. Das AA wurde anschließend beim BKA vorstellig. Dazu hatten Gerichte und Staatsanwaltschaften von der Sache Wind bekommen und grundsätzlich die Frage gestellt, ob kontrollierte Drogenlieferungen rechtlich zulässig seien. Wiesbaden brauchte fast ein Jahr, um die Frage zu klären, und ließ den beiden deutschen Drogenverbindungsbeamten in Islamabad und Karachi, Eisi und mir, am 15. Mai 1987 folgendes vierseitiges Schreiben zukommen. Eigentlich stellte der Inhalt einen regelrechten Offenbarungseid des bisherigen Anti-Drogen-Kampfes der deutschen Bundespolizei dar, aber ändern sollte sich trotzdem nichts.

RG 23
Betr.: Rechtsproblematik bei verdeckten Fahndungsmaßnahmen
hier: kontrollierte Rauschgifttransporte in/durch die BRD
Bezug: Verfügung RG 23 vom 08.10.86 und 19.01.87 bezüglich der Verfahrensweise bei kontrollierten Transporten aus Pakistan
1. Vermerk:
Aufgrund der Meinungsvielfalt über Fragen der Recht- und Zweckmäßigkeit »Verdeckter Fahndungsmaßnahmen« generell, der unterschiedlichen Einstellung einzelner Staatsanwaltschaften zu diesem Problemkreis und der teilweise auch widersprüchlichen Praxis der Gerichte kam es in den ersten Monaten des Jahres 1987 auf Gruppen- und Abteilungsebene zu mehrfachen Erörterungen bezüglich der künftigen Verfahrensweise durch die Abteilung RG.
Dabei spielten insbesondere auch die Fragen bezüglich kontrollierter Rauschgifttransporte aus Pakistan (eingeleitet/betreut/bearbeitet u.a. durch die in Pakistan tätigen RgVb) eine Rolle.
Die durch die Umstände bei der Übernahme von ca. 19 kg Heroin im Juli 1986 durch den RgVb [redacted] in Karachi beim PNCB, dem BMI und dem AA entstandene Verstimmung/Verwirrung konnte durch persönliche Vorsprachen bzw. durch Schriftverkehr der Amtsleitung mit dem PNCB, dem BMI und dem AA zwischenzeitlich bereinigt werden.
Die Leitung des PNCB hat sich bereit erklärt, bei Vorliegen der Voraussetzungen auch künftig kontrollierten Rauschgifttransporten zuzustimmen und dazu ein formelles (3-Phasen-)Verfahren entwickelt.
In Anbetracht der sowohl vom BGH als auch von BverfG vertretenen Auffassung
»daß Strafverfolgungsbehörden bei der Bekämpfung besonderer Formen der organisierten Kriminalität – so u.a. auch bei der Bekämp-

fung des international organisierten Rauschgifthandels – ohne den Einsatz verdeckter Fahndungsmaßnahmen (wozu auch kontrollierte Rauschgifttransporte gehören) nicht auskommen, sofern sie ihrem Auftrag zur rechtsstaatlich gebotenen Verfolgung von Straftaten überhaupt gerecht werden sollen«
ist mit dem L/RG 2 und AL/RG folgende grundsätzliche Verfahrensweise abgesprochen:
1.1 Das taktische Einsatzmittel eines »kontrollierten Rauschgifttransportes« darf unsererseits weder im Hinblick auf die grundsätzliche Haltung der Behörden des Erzeuger-/Transitlandes bzw. auf deren Belastbarkeit noch im Hinblick auf die Problematik im späteren Gerichtsverfahren überstrapaziert werden.
1.2 Ein »kontrollierter Transport« von Rauschgift kann als »ultima ratio« nur dann geboten sein, wenn nur auf diese Weise die Hinterleute eines beabsichtigten Schmuggels identifiziert und überführt werden können.
1.3 Es ist in jedem Fall zu prüfen, ob der erstrebte Zweck auch dann erreicht werden kann, wenn das Rauschgift gegen Scheinware ausgetauscht wird.
1.4 Im Zuge der Vorbereitung eines »kontrollierten Transportes« ist es oftmals nicht zu vermeiden, daß die RgVb von Informanten Rauschgift übernehmen müssen.
Eine derartige Übernahme ist nur dann gestattet, wenn die örtlich zuständigen Behörden den RgVb um entsprechende Unterstützung gebeten haben bzw. deren Einverständnis vorliegt (in Pakistan Phase 1).
1.5 Eventuell von dem RgVb übernommenes Rauschgift darf in den Diensträumen einer deutschen Auslandsvertretung nur dann eingelagert werden, wenn der Leiter der Vertretung vorher sein Einverständnis erteilt hat.
1.6 Um die Genehmigung zur kontrollierten Ausfuhr des Rauschgiftes aus einem Erzeuger-/Transitland (= Beginn des »kontrollierten Transportes«) ist erst dann nachzusuchen, wenn in der BRD die Voraussetzungen geprüft sind und die Zustimmung der zuständigen Staatsanwaltschaft zu den beabsichtigten Maßnahmen eingeholt wurde.

1.7 RgVb selbst dürfen »kontrollierte Transporte« nicht durchführen.
2. Allen RgVb RG 23 z.Kts. Die beiden Bezugsschreiben sind insoweit überholt.

Ich hatte mit so etwas schon lange gerechnet, zumal diese Praxis auch nicht ganz ungefährlich war. Nein, nicht für die involvierten BKA-Beamten, wir reisten mit Diplomatenpass. Das Schlimmste, was uns passieren konnte, wenn wir als Drogenschmuggler erwischt wurden, wären maximal ein paar Tage Haft gewesen, nebst anschließender Ausweisung. Aber wenn einheimische V-Leute und Informanten an diesen halblegalen, nach pakistanischen Gesetzen formal gar kriminellen Deals beteiligt waren, setzten sie jedes Mal ihr Leben und das Wohlergehen ihrer Familie aufs Spiel. Eindrücklich belegt das der Fall des britischen Kollegen David Waterman und seines Informanten.
Die Geschichte trug sich irgendwann im Sommer 1987 zu. Die Hitze lag wieder tonnenschwer über Karachi und lähmte jedes gesellschaftliche Leben. Ein Wetter, das wahrlich nicht für einen an Nieselregen gewöhnten Bürger Großbritanniens geschaffen war. Waterman war Mitte der Achtzigerjahre als Drogenbeamter des Scotland Yard nach Pakistan geschickt worden. Ein hagerer, schlaksiger Bursche. Wenn Waterman sagte, er sei der Registrator der Botschaft seiner Königin, was er manchmal zum Spaß auch tat, dann hätte man ihm das auch ungefragt abgenommen. Aber insgeheim bewunderten alle Kollegen den Briten, denn er war für eine gewisse Zeit der erfolgreichste ausländische Drogenjäger in Pakistan, so erfolgreich, dass er später von der Queen für seine Arbeit mit dem Hosenbandorden bedacht wurde. Immer wieder tauchte er sogar namentlich in der englischsprachigen Presse auf, wenn ein Drogenschmugglerring im Königreich bzw. in Pakistan ausgehoben wurde.

Waterman verdankte seine Erfolge vor allem einem V-Mann, der im Gegensatz zu den klassischen Kontakten, die wir alle pflegten, nicht aus dem Drogenhändlermilieu kam, irgendeine Spelunke betrieb oder ein Polizist war, den man bestochen hatte. Waterman, der bald ein guter Freund von mir wurde, hatte durch viel Glück einen normalen Beamten in der Hafenverwaltung von Karachi kennengelernt. Dieser hatte täglich einen äußerst langweiligen Job zu erledigen, aber es sprach für das kriminalistische Geschick des Briten, dass er darin ein hochwichtiges Recherchewerkzeug erkannt hatte.

Die schlichte dienstliche Aufgabe des V-Mannes bestand darin, täglich die Liste der Matrosen zu überprüfen, die den Hafen verließen. Nach einer Weile hatte er festgestellt, dass sich die Zusammensetzung der Mannschaft oft wenige Stunden vor dem Auslaufen änderte. Hinzu kam, dass diese vermeintlichen Neumatrosen selten aus dem Süden des Landes kamen, sondern sich für einen Pakistani unschwer von ihrem Namen her als Bewohner der Stammesregion im Norden oder der nordwestlichen Grenzregionen ausmachen ließen. Wenn das der Fall war und das Schiff nach Europa auslief, erging ein diskreter Hinweis an Waterman, und meist war der Tipp erfolgreich. Drei Wochen später liefen die Neumitglieder der Crew nämlich meist in London, Hamburg oder Rotterdam mit einem Sack voller Drogen von Bord und konnten festgenommen worden.

Bei aller Freundschaft hüllte Waterman sich auch mir gegenüber lange in Schweigen, woher seine Hinweise kamen. Erstens, weil jeder der Drogenjäger egoistisch genug war, um seine Erfolge selbst einheimsen zu wollen. Die Vorstellung, dass alle westlichen Drogenbeamten vor Ort zusammenarbeiten würden, um die Heroin-Geißel von der Jugend des Westens abzuwenden, wie unsere Politiker immer wieder behaupten, ist geradezu naiv. Ein Beamter wurde nur befördert, wenn sein »Kilo-Konto« voll genug war, und das Gleiche galt für seinen Boss. Teilen war in unseren Kreisen nicht angesagt. Außerdem hielt Waterman den Mund, um seinen Informanten nicht zu gefährden. Dass ich letztlich trotzdem erfuhr, um wen es sich handelte, hatte nur einen Grund: Der Mann war nicht billig und bei den Briten gab es immer wieder Probleme, seine vielen Tipps abzurechnen.

Irgendwann einigten wir uns, die Kosten zu teilen. Dadurch kannte ich auch den richtigen Namen des V-Mannes. Treffen durfte ich ihn trotzdem nie, er war ja Watermans Kontakt. Bei gemeinsamen Gesprächen lief der Mann nur unter »the crew-checker«, der »Matrosen-Überprüfer«. Uns war klar, dass der Mann in ständiger Todesgefahr schwebte. Denn Heroin wurde nicht in handlichen Sechs-Kilo-Paketen aus dem Hafen geschmuggelt, sondern zentnerweise, und niemand, schon gar nicht die Drogenbarone oder das Militär, das an den Lieferungen sehr gut verdiente, war daran interessiert, dass in einer britischen Zeitung wieder über einen Heroinfund aus Pakistan berichtet wurde.

Das lief lange gut. Doch eines Morgens unternahm ich wieder einen meiner turnusgemäßen Besuche bei meinem Freund S. Khan im Hafen. Das muss irgendwann im Herbst 1987 gewesen sein. Der Hafen-Oberinspektor mit der exquisiten Orchideensammlung fühlte sich in seinem schäbigen Büro geradezu gefoltert, dazu die Hitze und der Gestank von Dieselabgasen, Abfall und Fäkalien, der über dem ganzen Areal lag, all das war eine schwere Zumutung für einen Herrn seines Schlages. Aber er ließ sich ja alles fürstlich bezahlen – indirekt zumindest. Dennoch freute er sich jedes Mal über meinen Besuch und ließ von seinen Lakaien Tee und Süßigkeiten auffahren. Bei allem handelte es sich natürlich um erlesene Importware. Manchmal, das war eine besondere Ehrerbietung, legte er beim Auftischen selbst Hand an. Dann platzierte er geradezu huldvoll einen deutschen Spekulatius-Keks auf die Untertasse. Und das alles mit diesem treuen Blick in den Augen, der sagen sollte: »Extra für dich, Mike – eingeflogen aus München, wo meine Frau wieder beim Zahnarzt war.«

Das waren die Momente, in denen ich wusste, dass ich ihm nicht trauen konnte, und immer wieder, wenn er den Raum verließ, wurde mein Oberkommissarblick besonders scharf, bisweilen griff ich mal schnell in die Schreibtischschublade oder wollte sehen, was auf den Zettelchen stand, die er mit dem Telefon beschwert hatte, damit sie vom ständigen Windschwenk des Ventilators nicht in die Ecke des Raums geweht wurden. Kurz, ich durchwühlte seinen Schreibtisch, wenn er rausging.

So tat ich das auch an diesem Morgen und konnte kaum glauben, was ich sah. Denn auf dem Schreibtisch von S. Khan, von dem ich nie einen Hinweis gefunden hatte, dass er irgendetwas mit der Drogenmafia zu tun gehabt hätte, lag ein Zettel mit Namen und Telefonnummer von »Crew-Checker«. Offenbar hatte Khan sich die Nummer gerade aufgeschrieben, denn sie stand noch ganz oben auf einem Abreißblock. Als der Oberinspektor zurückkam, hatte ich es ziemlich eilig, mich zu verabschieden. Denn mir war klar, wenn sich die beiden nicht den V-Mann-Lohn teilten, was ich nicht glaubte, weil der Oberinspektor in einer wesentlich höheren Korruptionsliga spielte, dann hatte unser kleiner Hafenangestellter nur noch wenige Stunden zu leben.

Handys gab es damals noch nicht, womit ich Waterman hätte anrufen können, und so verging die Stunde quälend langsam, in der sich mein Fahrer fluchend durch den Verkehr bis zur britischen Botschaft gehupt hatte.

»Crew-Checker ist aufgeflogen«, waren die ersten Worte, die ich dem Briten in seinem Büro entgegenschleuderte. Er ließ sich nur kurz erklären, was ich erfahren hatte, dann saß auch er wieder in seinem Dienstwagen.

Damit war die Akte »Crew-Checker« geschlossen. Waterman erwähnte den Namen seines Kontaktmannes mir gegenüber nie-

mals mehr. Wenn ich ihn darauf ansprach, zuckte er nur mit den Schultern. Der Brite war Profi genug, sich nichts anmerken zu lassen, wie das Abwiegeln zu deuten war. Die Anfragen meiner Mitarbeiter im Büro des Hafenangestellten verliefen fortan im Sande. Das Einzige, was wir herausfinden konnten, war, dass er seit jenem Tag nicht mehr an seinem Arbeitsplatz erschienen war. Ob »Crew-Checkers« Leiche auf dem Boden des Hafenbeckens von Karachi lag, verpackt in einen Plastiksack, oder sein Dasein samt Familie im Zeugenschutzprogramm irgendwo in Birmingham oder Southend an der Kanalküste verbringt, konnte das BKA nie erfahren. So richtig interessierte das auch niemanden. Tote V-Leute sind kein Ermittlungsgrund, es ist peinlich und bringt nur Ärger. Deshalb schweigt man die Toten einfach tot.
Das Schweigen erstreckte sich in diesen Tagen leider auch auf mich. Dass ich den Ärger mit den pakistanischen Behörden im Sommer 1986 nicht unter den Teppich gekehrt hatte, hängte man indirekt mir an, ebenso die Verstimmungen mit dem Auswärtigen Amt. Mein Ansinnen, die Entsendung nach Pakistan um ein Jahr zu verlängern, wurde mit der Begründung abgelehnt, ich habe mich um Beförderung in den höheren Dienst beworben und ein weiterer Aufenthalt im Ausland wäre dieser Beförderung abträglich. Die Wahrheit war, dass die Abteilungsleitung sämtliche Kollegen anwies, den Kontakt mit mir auf ein Minimalmaß zu reduzieren. Das war nichts Ungewöhnliches beim BKA. Wenn eine Ermittlung schiefgegangen war, dazu noch mit so brisanten politischen Folgen, musste man dafür stets einen Schuldigen finden. Schließlich sind wir ja Polizisten. In diesem Falle flog mir der Schwarze Peter zu.
Von Frühjahr 1988 an erteilte Wiesbaden dem Drogenverbindungsbeamten in Karachi keinen einzigen Auftrag mehr. Eisiges Schweigen herrschte zwischen dem BKA und mir. Kriminaloberkommissar (KOK) von Wedel, hieß es in meiner dienstlichen

Abschlussbewertung, »schien ob der Vielzahl der tatsächlichen oder vermeintlichen Probleme phasenweise zu resignieren«. Ein schöner Euphemismus der Amtsleitung dafür, dass die deutsche Bundespolizei im Kernland der Drogenbekämpfung eine schmerzhafte Bauchlandung hingelegt hatte, von der sie sich lange nicht mehr erholen sollte.

Der Abschied des Drogenverbindungsbeamten Paul Michael von Zittwitz genannt von Wedel im Dezember 1988 aus Karachi verlief denn auch alles andere als glamourös. Es gab keine netten Abschiedsworte, kein Fest. Im Januar 1989 trat ich meinen Dienst in Wiesbaden wieder an.

4
Rückkehr und Frust
Im Lügenstab

Wenn Unbedarfte an Polizeiarbeit denken, schwingen da ziemlich viele Illusionen und Fantasien mit. Hört und liest der Bundesbürger die Abkürzung BKA, denkt er ans FBI, der Gutinformierte vielleicht noch an die verpfuschte Festnahme der RAF-Terroristen in Bad Kleinen. Bilder aus den Fernsehserien »Miami Vice« und »Tatort« stehen vor Augen, wenn über Polizei diskutiert wird. Mit der Realität hat all das wenig zu tun. Wie es zu den Trugbildern kommt, hängt unter anderem mit der Geheimniskrämerei zusammen, die das BKA um sich selbst betreibt.

Im Kopf vieler Beobachter rangiert das BKA in einer Reihe mit den drei deutschen Geheimdiensten, dem Bundesnachrichtendienst (BND), der für Auslandsaufklärung zuständig ist, dem Verfassungsschutz (VS), der Abwehr im Innern betreibt, und dem Militärischen Abschirmdienst (MAD). Neben der gebotenen Geheimhaltung, die die Beamten des BKA vor Gefährdungen schützt und ihre Ermittlungen vor Kriminellen und Straftätern aus ganz ersichtlichen Gründen verborgen halten muss, hat das vor allem damit zu tun, dass gerade das BKA immer öffentlichkeitsscheu war und sich schlecht nach außen verkauft hat.

Gerade nach dem fehlgeschlagenen Einsatz in Bad Kleinen und der anschließenden – wie das BKA meinte »verfälschten« –

Berichterstattung in den deutschen Medien haben große Teile des operativen Bereichs, wie Ermittler, Zielfahnder, verdeckte Ermittler, Staatsschutzagenten und alle Mitarbeiter der verschiedenen Einsatzkommandos, eine tiefe Abneigung, um nicht zu sagen einen Hass auf alle Journalisten entwickelt. Was die Verbindungsbeamten im Ausland anlangt, waren wir gehalten, keinen Kontakt mit Journalisten zu pflegen. Viele Kollegen entwickelten eine regelrechte Angst vor der schreibenden Zunft. Ein Grund dafür ist auch, dass sie nie im Umgang mit Journalisten geschult wurden. Aber das ist im Ausland geradezu ein Unding, wo BKA-Beamte und entsandte Verbindungsbeamte ja von Journalisten umgeben sind, die oft über eine viel intimere Landeskenntnis verfügen als die Frischlinge aus Wiesbaden. All das ist beklagenswert und ein Grund, warum so viele Trugbilder von meiner ehemaligen Behörde existieren. Was mich aber geradezu schockiert hat, nachdem ich im Februar 1988 zu meinem Dienstgeber zurückgekehrt war, war die Tatsache, dass viele Beamte des BKA, mich eingeschlossen, diese übermächtige Polizeikrake, für die sie arbeiten, gleichfalls nicht kannten und viel zu wenig darüber Bescheid wussten, wie sie funktioniert und regiert wird.

Mein größter Frust, als ich wieder in Wiesbaden am Schreibtisch saß, war, zu erkennen, dass das BKA in erster Linie eine Behörde wie jede andere auch ist, langweilig, schwerfällig, unflexibel und kritikresistent. Vom Abenteuer der Polizeiarbeit, die in Pakistan besonders, aber auch im Türkei-Referat und in der Abteilung Rauschgift mitschwang, war nichts mehr zu spüren. Ich musste erst begreifen, dass ich dieses BKA gar nicht kannte, und hatte die nächsten fünf Jahre selbst viel zu lernen.

Auf dem lahmen Dampfer BKA

Ich saß wieder im selben Gebäude an der Mainzer Straße, wo ich auch zuvor gearbeitet hatte, wenn auch nicht mehr im Großraumbüro, sondern deutlich höher, im elften Stock, eine Etage unter dem damaligen Abteilungsleiter Jochen Kunz. Meine Berufsbezeichnung lautete: »Sachgebietsleiter für Verbindungsbeamte«. Ich sollte die Kollegen des BKA und aus den Landespolizeidienststellen auf genau den Einsatz vorbereiten, bei dem ich nach Ansicht meiner direkten Vorgesetzten so schändlich versagt hatte. Bald stieg ich sogar zum stellvertretenden Ausbildungsleiter der Abteilung Rauschgift auf. Eigentlich absurd, nach all dem, was in Karachi passiert war, aber genau so war es. Und mit coolen Cops, schnellen Autos und harten Einsätzen gegen das »Böse« hatte der Job gar nichts mehr zu tun. Vielleicht lag das an meinen Vorgesetzten, die wie ich auch, tagein, tagaus nur am Schreibtisch saßen – auf dem lahmen Dampfer BKA.

In meinem Büro, das eigentlich nicht mehr als ein Vorzimmer war, standen vier Schreibtische so exakt aufgereiht, als hätte sie jemand mit Lineal und Winkeleisen ausgerichtet. Dahinter, in einem kleinen Raum, residierte unser Vorgesetzter, »Referent« Dieter Teichner, ein großer, gertenschlanker Mann, der Vorschriften und Ordnung liebte. Teichner war der Spross eines Hauptkommissars, der sich in früher Jugend eigentlich geschworen hatte, nie »ein Bulle« werden zu wollen. Aber wie das Leben so spielt, am Ende seines Jurastudiums entschied er sich doch für einen bequemen Beamtensessel bei der Verwaltung des BKA, wo er eine gewisse Zeit zwischengeparkt wurde. Schließlich sollte Teichner zu den Blaulicht-Rotlicht-Cops des »Rauschgift« wechseln, ohne freilich jemals bei einem aktiven Einsatz dabei gewesen zu sein. Er kannte die Polizeiarbeit aus den Akten, das reichte für eine erfolgreiche Karriere beim deutschen FBI vollauf.

Als ehemaliger Verwaltungsmann war Teichner recht steif im Auftreten und Umgang mit Kollegen und Untergebenen. Das stand seiner Leidenschaft, dem Tennisspiel, entgegen, denn mitunter lud er seine Mitarbeiter zu einem Match ein. Irgendwann im Sommer 1988 entspann sich in den Umkleidekabinen des Bierstädter Tennisclubs folgender absurder Dialog. Da ich ein ganz passabler Tennisspieler war, hatte er mich als Doppelpartner auserkoren. Als Gegenüber fungierten zwei Verbindungsbeamte, die demnächst für das BKA ins Ausland entsendet werden sollten.

Teichner sagte: »Kollegen, Sie kennen ja die freche Klappe von von Wedel. Der wird ja jetzt sicher gleich sagen, Herr Oberregierungsrat ans Netz. Diese Blöße möchte ich mir nicht geben. Auf dem Tennisplatz sind wir ja Sportskameraden. Ich ordne hiermit das ›Du‹ an. Aber im Bundeskriminalamt gilt weiterhin das ›Sie‹. Verstanden?«

Aus drei Polizistenkehlen erklang ein leicht amüsiertes: »Jawohl, Dieter.«

Das ging ein paar Wochen gut, bis eines Nachmittags Abteilungsleiter Jochen Kunz bei Teichner im Zimmer saß, sie hatten irgendetwas zu bereden. Ich steckte den Kopf zur Tür herein und fragte: »Dieter, bleibt es bei morgen?«

Teichner lief rot an und sagte: »Wie kommen Sie darauf, mich zu duzen?«

Ich erwiderte: »Es geht um einen Termin auf dem Tennisplatz und da sind wir ja per Du.« Der Abteilungsleiter stand grinsend auf und verließ wortlos den Raum. Fortan hatte er wohl den Eindruck, dass er unser Referat OA 21 nicht mehr besonders erst nehmen müsse.

Das war nicht gut, denn das Referat beschäftigte sich ja nur nebensächlich mit Fragen der Etikette. Die wirklich wichtigen Fragen, die im Raum standen und dringend gelöst werden mussten, waren erstens, wie die Umstände der Entsendung von BKA-Beamten ins Ausland neu geregelt werden konnten, und zweitens, wieweit in Zukunft »kontrollierte Rauschgiftlieferungen« noch erlaubt waren. Die Sache mit Karachi war noch nicht ausgestanden und bedurfte einer eindeutigen Klärung.

In der nächsten Zeit war viel von der »Drei-Säulen-Theorie« im BKA die Rede, wenn es um die Entsendung von Verbindungsbeamten ins Ausland ging. Die erste Säule umschrieb grundsätzlich die Polizeizusammenarbeit der BRD mit Sicherheitskräften anderer Länder. Damit die Kooperation des Bundesinnenministeriums und deutscher Polizeikräfte im Ausland harmonischer vonstatten gehe, so die Idee, vergab Bonn, heute Berlin, zahlreiche Ausrüstungsgegenstände in aller Herren Länder.

Da wurde etwa eine Staffel von Drogenschnüffelhunden zur Gepäckkontrolle nach Pakistan verschickt, Funkgeräte gingen nach Ecuador und die Anti-Drogen-Einheit der bolivianischen Polizei erhielt neue Geländewagen. Eiserner Grundsatz war stets, dass keine Waffen geliefert werden dürfen – ein weitreichendes Verbot, das sehr streng ausgelegt wurde und sich selbst auf Handschellen und Schlagstöcke erstreckte.

Die zweite Säule hieß Ausbildung: Afrikanische Kriminale wurden in Wiesbaden ausgebildet, die Landespolizeidirektion Baden-Württemberg schulte kolumbianische Mafia-Jäger und die GSG 9, der Exportschlager deutscher Polizeizusammenarbeit schlechthin, gab Anti-Terror-Einheiten in Indonesien Ratschläge zur Taktik bei Flugzeugentführungen und Geiselbefreiungen.

All das war dazu konzipiert, der dritten Säule, dem Verbindungsmann, die Arbeit leichter zu machen und seinen Ruf im Ausland zu verbessern. Ein wenig orientierte sich das BKA dabei an der Arbeit der amerikanischen Anti-Drogen-Einheit »Drug Enforcement Administration« (DEA). Doch während die DEA eigenständig Entwicklungshilfe geben konnte, etwa Bürgermeister in Peru ausbildete und Konzepte zur Umstrukturierung der Verwaltung in Ecuador entwickelte, verfügte das BKA über ein viel bescheideneres finanzielles Budget als das amerikanische Vorbild und hatte im Gegensatz zur DEA auch keinen eigenen politischen Spielraum – die Vorgaben bestimmte nur das Bundesinnenministerium.
Auch aus den Pannen bei der Entsendung von Verbindungsbeamten hatte die BKA-Führung gelernt. In Zukunft, so zumindest die Theorie, sollten die Beamten wesentlich besser vorbereitet ins Ausland gehen. Der Anfang war mit der Einrichtung meines Jobs gemacht. Viele der Kandidaten für die Auslandsverwendung kamen aus den Landespolizeidienststellen, sie waren blutjung und hatten noch nie im Ausland gelebt. Ich sollte ihnen Sprachkurse organisieren, es galt Wohnungsbesichtigungsreisen vorzubereiten und Ratschläge für die Schulwahl der Kinder zu geben. Auch wurde eine Auswahlkommission eingerichtet, die prüfen sollte, ob der Kandidat überhaupt befähigt war, im Ausland zu leben und zu arbeiten.
Das Problem war freilich, dass die Kommission selbst nicht dazu befähigt war. Denn mit einem Vertreter der Personalabteilung, einem aus der Verwaltung und meinem Gruppenleiter saßen drei Prüfer in dem Gremium, die selbst keine Ahnung von der Arbeit hatten. Anstatt ihnen einen ehemaligen Verbindungsbeamten beizuordnen, wurde ihnen der Amtspsychologe als Berater zugewiesen. Dieser hatte normalerweise zu begutachten, ob Polizisten seelisch fit für die bisweilen recht harten und gefährlichen Ein-

sätze in einem Sondereinsatzkommando oder Mobilen Einsatzkommando sind. Mein Vorschlag, den BKA-Seelendoktor einmal für ein paar Wochen in das Büro eines Drogenverbindungsbeamten zu entsenden, damit er überhaupt versteht, worüber er befindet, wurde von der Amtsleitung abgelehnt. So ist die Kommission bis heute lediglich ein Feigenblatt geblieben. Sie funktionierte nach der BKA-Maxime, wenn etwas schiefgeht, haben wir zumindest jemanden, dem wir die Fehler in die Schuhe schieben können.

In den ersten Monaten in meiner neuen Funktion verfasste ich eine Analyse, wie der Job des BKA-Verbindungsbeamten in den Auslandsvertretungen der Bundesrepublik Deutschland besser zu gestalten sei. Ich schlug vor, Länderprofile anzulegen, die beschrieben, welche Einsätze die jeweiligen Länder erforderten. Nicht nur welche Sprache der Beamte sprechen müsse, sondern wer etwa unsere Ansprechpartner vor Ort sind. Wie alt sind die Generäle dort und akzeptieren sie einen jungen Beamten aus Deutschland überhaupt als Gesprächspartner, war eine der gestellten Fragen. Muss es ein Technik- oder Rauschgiftexperte sein? Brauchen wir einen erfahrenen Ermittler, Zielfahnder oder einen Kenner der Kfz-Diebstahlszene? Es war ein viele Seiten langes Konvolut, das an die Abteilungsleitung ging.

»Gute Arbeit«, lobte Abteilungsleiter Kunz und schickte die Akten wieder an mich zurück. In einem persönlichen Gespräch erklärte er dann, was aus den Vorschlägen werden sollte.

»Ich bin doch nicht verrückt und lege mich fest«, sagte er.

»Dann habe ich ja keinen Spielraum mehr, Leute zu entsenden, die ich promovieren will.«

So blieb denn alles beim Alten. Manchmal konnte man noch darüber schmunzeln, wer die deutsche Bundespolizei im Ausland vertrat. Da war etwa der Kollege Eberhard Sommer, der Anfang der Neunzigerjahre nach Marokko geschickt wurde. Sein Amtsantritt fiel auf den 1. April und so schickte er als Erstes ein Fernschreiben nach Wiesbaden, in dem er mitteilte, dass er zum Islam übergetreten sei. Deshalb wolle er gleich anfragen, falls er drei Frauen eheliche und diese Kinder bekämen, ob er dann auch für alle Kinder das deutsche Kindergeld beantragen könne? Da man das Datum des Schreibens nicht beachtet hatte, wurde daraus eine förmliche behördeninterne Anfrage formuliert, die ihren Weg bis in die BKA-Rechtsabteilung fand.
Geradezu kriminell falsch lief es im Frühjahr 1993 aber bei der Entsendung eines weiteren Hauptkommissars in ein südamerikanisches Land. Der Mann kam aus Baden-Württemberg und hatte jahrelang mit viel politischem Druck aus Stuttgart darauf gedrungen, dass er ins BKA versetzt wurde und dann ins Ausland kam. Auf dem Weg dorthin hatte er mehrere Urlaubsvertretungen in Südamerika absolviert. Als er für die Übergangszeit vor seiner endgültigen Abreise und Entsendung seinen Schreibtisch in unserem Minibüro aufschlug, stellte er deutlich sichtbar das Bild einer jungen südamerikanischen Schönheit neben sein Telefon.
Nach kurzer Zeit stellte sich heraus, dass sie die Tochter eines Generals in seinem zukünftigen Entsendungsland war und angeblich von ihm schwanger. Das Problem bei der ganzen Geschichte war nicht nur, dass es sich um ein streng katholisches Land handelte, in das er gehen sollte, sondern dass der schwäbische Beamte auch mit Frau und zwei Kindern ausreisen wollte.
Ich ging also zum Abteilungsleiter und sagte: »Da könnten wir ein ziemliches Problem kriegen.«

Seine Antwort war knapp, aber deutlich: »Das geht Sie nichts an. Machen Sie den Beamten fertig zur Entsendung.«

Aber das sollte sich als großer Fehler herausstellen. Kaum war er nämlich in seinem Entsendungsland eingetroffen, schickte er ein Fax an den Leiter des Hauptzollamtes im Frankfurter Flughafen. Darin schlug er diesem vor, die Zusammenarbeit zwischen dem Zoll und dem BKA in Wiesbaden bezüglich seines Landes einzustellen und fortan alles nur noch über ihn persönlich laufen zu lassen. Er begründete das damit, dass, wie er meinte, in Wiesbaden weder ein Landeskenner für »sein« Land beschäftigt, noch Fachwissen zum Thema Rauschgift vorhanden sei. Der Zollamtsleiter leitete das Schreiben zwar deutlich irritiert an das BKA weiter, doch hatte das weder die Abberufung des Mannes zur Folge, noch wurde er für das äußerst ungewöhnliche Vorgehen gerüffelt. Was dem schwäbischen Kollegen in seiner einzigartigen Selbstüberschätzung den Kopf rettete, war der Umstand, dass die Behörde damals vor allem mit sich selbst beschäftigt war.

Der Abteilungsleiter Rauschgift, Jochen Kunz, ging nach Berlin. Ihm folgte Friedrich Keller, der davor im BKA-Dienstort Hiltrup für die Ausbildung des gesamten höheren Dienstes der deutschen Polizei zuständig gewesen war. Keller ist ein großer eleganter Mann, der mit einem bestechenden, gentlemanhaften Auftreten gesegnet ist, wobei ihm aber seine übergroße Arroganz und ein mehr als gesundes Maß an Selbstüberschätzung bisweilen in die Quere kommen. Ferner hasste er Ermittlungen und jedweden Ermittler.

Jetzt wurden im ganzen Haus Umorganisationspläne geschmiedet. Das BKA sollte in eine völlig neue Form gegossen werden. In der Vergangenheit existierten im BKA zwei getrennte operative Abteilungen. Das war zum einen die Abteilung »EA«, das stand für »Ermittlungs- und Auftragszuständigkeit«. Dort kümmerte man sich um Menschenhandel, Computerkriminalität, Waffen-

schmuggel und vieles mehr. Bei der anderen Abteilung handelte es sich um die Rauschgiftabteilung.
Um die Bedeutung von Keller und der Umstrukturierung zu verstehen, muss man wissen, dass das BKA nur bei Rauschgiftdelikten eine sogenannte »originäre Ermittlungszuständigkeit« besaß. Bei Straftaten, die Drogen betrafen, konnte die deutsche Bundespolizei auf eigene Initiative ermitteln. Bei allen anderen Straftatbereichen, wie Wirtschaftsdelikten, Menschenhandel, Betrug oder Waffenschmuggel, bestand nur eine »Auftragszuständigkeit« des BKA. Das heißt, ein Staatsanwalt konnte Wiesbaden damit beauftragen, in seinem Auftrag in den jeweiligen Bereichen die Strafverfolgung aufzunehmen. Das BKA durfte den Fall jedoch auch ablehnen – wenn dieser zu klein und nicht prestigeträchtig genug erschien, was oft vorkam. Die Abteilung Rauschgift spielte folglich eine zentrale Rolle in Wiesbaden. Das sollte sich nach der Strukturreform jedoch erheblich ändern.
Ferner sollte die Auswertung und Ermittlung in den Referaten getrennt werden. Das kam einer Revolution gleich.
Denn bisher bestand jedes BKA-Referat grundsätzlich aus den Bereichen »Auswertung und Schriftverkehr«, ein weiterer Bereich konzentrierte sich auf die »Ermittlung«. Dazu kümmerten sich noch zwei oder drei Beamte um Urlaubsplanung oder Personalfragen. Grundsätzlich war die Arbeit folgendermaßen geregelt: Wenn zum Beispiel irgendwo in Deutschland ein pakistanischer Drogenschmuggler festgenommen worden war, dann erging von der jeweiligen Dienststelle eine Meldung an den übergeordneten »Dauerdienst«, der 24 Stunden im Einsatz war. Aufgabe des Dauerdienstes war es jetzt, ein Fernschreiben nach Pakistan zu schicken, die Festnahme eines pakistanischen Staatsbürgers zu melden und eventuelle Daten abzufragen. Anschließend wanderte die Akte an die Abteilung Rauschgift und dort weiter an das Referat Naher und Mittlerer Osten.

Sollte jemals eine Antwort aus Islamabad eintreffen, was fast einem Sechser im Lotto gleichkam, beschäftigte sich fortan die Abteilung Rauschgift (getrennt nach Referaten: Türkei, Südamerika etc.) damit. Dort waren die »Beamten im Schriftverkehr« zunächst gefragt, die grundsätzlich nur »Auswertung« betrieben. Sie sahen sich Täterprofile an, überprüften Muster von Straftaten, studierten Schmuggelrouten, in der Hoffnung, daraus eine Erkenntnis für die Strafverfolgung gewinnen zu können. Beim Rest eines Referates, ungefähr einem Drittel der eingesetzten Leute, handelte es sich um reine »Ermittlungsbeamte«.

Diese Struktur besaß einen sehr großen Vorteil, dass nämlich die Auswerter und Schriftverkehrsbeamten häufig bei Einsätzen auch mit Hand anlegen mussten, zu Razzien »rausgeschickt« wurden und so immer am operativen Geschehen beteiligt waren. Stand ein Einsatz bevor, suchte man sich in der Vergangenheit beim BKA einfach ein paar Beamte auf dem Flur zusammen, ging zu deren Chefs, jeder Beteiligte schnallte sich eine Waffe um und dann ging es los. Das war ein unkompliziertes, aber auch effizientes Verfahren, denn man brauchte die »Schriftverkehrler« bei jedem Einsatz dringend.

Warum? Das leuchtet ein, wenn man sich etwa anschaut, wie selbst ein hochkalibriger Einsatz vonstatten ging – zum Beispiel eine Festnahme von gefährlichen Mafiagangstern oder bis an die Zähne bewaffneten kolumbianischen Drogenschmugglern, ganz zu schweigen von Ex-KGB-Agenten, die jetzt überall in Europa für die Unterwelt arbeiteten. Dazu konnte man beim Bundesinnenministerium die Hilfe der GSG 9 erbitten und bekam sie in der Regel auch innerhalb von 24 Stunden gewährt. Der Ermittler des BKA saß jetzt auf der Rückbank im zur Einsatzzentrale umfunktionierten VW-Bus der GSG 9 und sah oder hörte zu, wie sich die »deutschen Ledernacken« an die Täter oder deren Unterkunft heranpirschten. Dann drehte der GSG-9-Einsatzleiter, der

vorne saß, irgendwann seinen Kopf herum und fragte: »Festnehmen?«
Wir nickten: »Ja, plattmachen« und zehn Minuten später legten die Jungs von der GSG 9 einem die Täter vor die Füße. Sobald die Handschellen zuschnappten, war deren Einsatz abgeschlossen.
Aber danach ging die Ermittlungsarbeit für uns ja erst richtig los. Die Verdächtigen mussten vernommen, einem Richter zum Hafttermin vorgeführt werden und dann wurden noch wochenlang Akten angelegt. Das war alles Aufgabe der Ermittlungsbeamten. Diese beiden Bereiche zu separieren, sollte sich als großer Fehler erweisen. Mit der Trennung der Arbeitsfelder »Schriftverkehr« und »Ermittlung« wurde das BKA noch schwerfälliger, als es bisher schon war. Die Praxisnähe der Beamten im Schriftverkehr ging verloren und sie agierten fortan alleine, losgelöst und ohne Rückhalt der Ermittler.

Eine gesichtslose Veranstaltung

Unter Friedrich Keller wurde jetzt das ganze »operative Geschäft« des BKA in der Abteilung »Organisierte Auftragskriminalität« (OA) verrührt, die sich in fünf Gruppen gliederte. OA 1 beschäftigte sich mit Wirtschaftsdelikten, OA 2 war Rauschgift, OA 3 beinhaltete Waffen- und Sprengstoffverbrechen, in OA 4 saßen die Ermittler und bei OA 5 war die Verwaltung zu finden. Wollte Rauschgift (OA 2) jetzt den Schmuggel von Kokain oder Heroin verfolgen, musste sie die Gruppe OA 4, die Ermittler, beauftragen. Ein absurdes Konzept, das irgendwo in den USA ausgeheckt worden war. Fortan wimmelte es von englischen Fachworten im BKA-Amtsjargon. Ein »Sachgebiet« wurde jetzt zur »Task Force«. Doch im Gegensatz zu den Deutschen hatten die Amerikaner schnell die Schwächen des Systems erkannt und es bald wieder zu den Akten gelegt. Nicht so in Wiesbaden.

Mit dem Weggang von Jochen Kunz war die Ermittlungsabteilung Rauschgift im BKA tot. Fortan jagte nur noch eine von fünf Ermittlungsgruppen bei der deutschen Bundespolizei Rauschgifttätern hinterher. Effektiv sind heute in OA 4 nicht mehr als gut 200 Beamte für weltweite Ermittlungen zuständig. Doch nur ein Bruchteil dieser Ermittler beschäftigt sich noch mit Rauschgiftdelikten. Zielfahnder und Ermittler des Staatsschutzes sind in diese Zahlen allerdings nicht eingeschlossen.

Das BKA wurde damit eine gesichtslose Veranstaltung. So wussten Landeskriminalämter in der Vergangenheit genau, wenn sie zum Beispiel einen kolumbianischen Täter verfolgten, an welches Länderreferat sie sich im BKA zu wenden hatten, nämlich an das Südamerika-Referat, und wer der Fachmann in Wiesbaden dafür war. Nach der Strukturreform galt das nicht mehr. Ein Anruf bei OA 2 (Rauschgift) konnte den Beamten aus den Landeskriminalämtern keine operative (Ermittlungs-)Hilfe mehr anbieten. Bei OA 4 (Ermittlung) trafen sie jedes Mal einen anderen Zuständigen, denn einmal beschäftigte sich der Beamte mit Menschenschmuggel, dann mit Computerdelikten und eine Woche später mit Rauschgift.

Aber das war wohl die ganze Absicht von Kellers Reform gewesen. Das BKA wollte sich in Zukunft nur auf die großen Fälle konzentrieren. Kein Wunder, dass sich die Landeskriminalämter im Stich gelassen fühlten. All das sollte ich freilich erst auf meinem nächsten Posten richtig erfahren.

Denn bevor Jochen Kunz das Amt verließ, fragte er mich, ob ich nicht wieder Interesse an einem Job im Ausland hätte. Zuerst sollte ich nach Neu-Delhi geschickt werden. Damit wäre ich jedoch wieder in den Zuständigkeitsbereich von Shakehand gefallen.

Ende 1992 wurde deshalb ein Treffen in dem zuständigen Referat Naher und Mittlerer Osten anberaumt.
Als ich den Raum betrat, saßen dort schon Shakehand, Referatsleiter Gunter Gerstner und ein weiterer Kollege. Es herrschte eine überaus feindliche Stimmung und mir wurde schlagartig klar, dass die Veranstaltung nur angesetzt war, um mich abzulehnen.
»Warum wollen Sie nach Neu-Delhi?«, fragte Gerstner.
Ich erläuterte mein Interesse, wieder nach Asien zurückzukehren, fügte aber hinzu, dass ich starke Bedenken hegte, ob mit diesem Referat nach den Geschehnissen von Karachi überhaupt noch eine gütliche Zusammenarbeit möglich sei.
Da platzte Shakehand dazwischen und sagte: »Außerdem ist der Beamte erkennbar schwachsinnig.«
Damit war die Sitzung beendet.
»Zurück an die Arbeit«, sagte Gerstner.
Als ich an meinen Schreibtisch kam, schrieb ich eine Hausmitteilung an Kunz. Sie war nur einen Satz lang und lautete:
»Hiermit ziehe ich meine Bewerbung für die Entsendung als Verbindungsbeamter nach Neu-Delhi zurück.«
Erst Jahre später sollte sich Gerstner für die Vorgänge in Pakistan entschuldigen. »Wir verfolgten damals eine falsche Strategie«, sagte er kleinlaut.
Ein paar ereignislose Wochen zogen ins Land, bis sich im Mai 1993 mehrere Referatsleiter in Kunz' Büro trafen. Irgendwie war er schon in Abschiedslaune. Die Abteilung war inzwischen aus der Mainzer Straße in eine ehemalige Kaserne nach Wiesbaden-Biebrich umgezogen und residierte jetzt in der Äppelallee. Kunz wollte noch ein paar grundsätzliche Dinge regeln, bevor er das Amt verließ, und so ging es noch einmal um die Entsendung von Verbindungsbeamten ins Ausland.
Doch es ließ sich partout kein Kandidat finden, der bereit war, in die kolumbianische Hauptstadt Bogotá zu ziehen. Denn der

Leiter des BKA-Büros dort galt als schwierig und der Einsatzort hatte den Ruf, extrem gefährlich zu sein. Es waren die Hochzeiten der Kokskartelle und der FARC-Guerilla.
»Warum gehen Sie nicht?«, sagte Kunz ganz unvermittelt an mich gerichtet. Ich dachte einen Moment nach und mir schoss der Leitsatz von Folien-Fred durch den Kopf: »Ein Polizeibeamter muss immer auf das Unvorhersehbare vorbereitet sein.«
Ich hatte fünf Jahre im Stab verbracht, es war höchste Zeit zu gehen. Aber weder sprach ich Spanisch, noch hatte ich mich jemals mit Südamerika beschäftigt. Ich war genau so ein Fall, wie ich ihn als »Sachgebietsleiter für Verbindungsbeamte« nie hätte ins Ausland schicken dürfen. Aber wie hatte Kunz damals auf mein Strategiepapier geantwortet: »Ich bin doch nicht verrückt und lasse mich festlegen.« Ich musste grinsen und sagte: »Ja, Herr Kunz, warum nicht. Ich nehme die Stelle an.«
In den Wochen danach wurde ich zum Hauptkommissar befördert, das verschaffte mir immerhin noch eine Gehaltserhöhung von gut 300 D-Mark im Monat. Den Spanischkurs brach ich schon nach zwei Monaten ab, weil ich die erste Urlaubsvertretung in Bogotá antreten musste. Ich war jetzt 43 Jahre alt. Im Sommer 1993 saß ich dann endgültig im Flieger nach Bogotá. Meine Familie kam nicht mehr mit nach Kolumbien, wir hatten uns getrennt. Es sollte trotzdem eine spannende Zeit werden.

5
Koks und Kartelle
Einsatz in Kolumbien

Ende März 1993 reiste ich zur Urlaubsvertretung meines BKA-Kollegen nach Santafé de Bogotá. Es war nicht nur das erste Mal, dass ich kolumbianischen Boden betrat, sondern auch mein allererster Tag in Südamerika. Ich hatte wenig bis gar keine Ahnung von diesem Halbkontinent, seinen Sitten, Gebräuchen und sprach nur leidlich Spanisch. Kolumbien hatte Pakistan und sein afghanisches Hinterland zwar noch nicht ganz als Hauptexportland von Drogen in die Bundesrepublik Deutschland abgelöst, aber Kokain war drauf und dran, die Modedroge in Europa zu werden. Koks, der Stoff, aus dem die Träume von immerwährender Kreativität und guter Laune sind, drang in immer breitere Bevölkerungsschichten vor. Und es wurde nicht nur von einer sozialen Randgruppe konsumiert wie Heroin und Opiate, vielmehr zogen sich die Reichen, Mächtigen und Aktiven unserer Gesellschaften das schneeweiße Pulver mit immer größerer Obsession in die Nase. In Wiesbaden standen alle Alarmlampen auf Rot. Doch mit wenig Hintergrundwissen und gar keiner Landeserfahrung sollte ich ziemlich viel leisten in diesem Land. Das bestätigte, dass sich im BKA in den letzten fünf Jahren doch nicht so viel geändert hatte und mein Einsatz als Sachgebietsleiter ziemlich sinnlos gewesen war.

Die Hauptstadt Kolumbiens ist ein Moloch von acht Millionen Menschen. Aber so genau weiß das niemand, es gibt kein funktionierendes Melderegister. Eine zuverlässige Polizeiarbeit, das sollte ich in den nächsten viereinhalb Jahren lernen, ist dadurch unmöglich. Zudem wirkt die auf einem urzeitlichen Salzsee gebaute Stadt als Magnet für die gut 44 Millionen Kolumbianer, täglich strömen Tausende verarmte Bauern, Tagelöhner, Gangster und Verzweifelte hierher auf der Suche nach Glück. Meist enden sie in den Armutsquartieren im Süden der Metropole. Diese Slums sind »No-go-Zone« für alle Ausländer, unregierbar, chaotisch, brutal – ein rechtsfreier Raum, regiert von Banden und bis an die Zähne bewaffneten Pistoleros. Aber auch der historische Altstadtkern mit der Kathedrale und den Regierungsgebäuden war nicht gerade ungefährlich. Auch hier konnte man am helllichten Tag von Straßenkindern überfallen und ausgeraubt werden. Die Reichen wohnen deshalb im Norden der Stadt, zum Beispiel in Santa Barbara, einem Villenviertel.

Kokain und das Verbrechen, das sich damit entwickelt hatte, war zur Plage und zum Krebsgeschwür des Landes geworden. Es lähmte alle Strukturen, zersetzte alle wirtschaftlichen Prozesse und korrumpierte die allermeisten Menschen. Denn mit Schnee, wie das süchtig machende Pulver in der einschlägigen Szene genannt wird, war einfach zu viel Geld zu machen. Ein Gramm des 99-Prozent-reinen »pharmazeutischen Kokains« kostete bei meinem Eintreffen in Kolumbien nur 4 US-Dollar. Doch im Straßenverkauf von Miami, Los Angeles oder New York konnten dafür bis zu 130 Dollar erzielt werden. Und alle Versuche, den Kokastrauch, dessen Blätter die pflanzliche Grundlage des Rauschmittels darstellen, anderswo anzupflanzen, waren fehlgeschlagen. Er wächst nur in der dünnen Luft der Anden. Sehr zum Nutzen der berüchtigten Drogensyndikate, die in Kolumbien und den angrenzenden Ländern ihr Unwesen trieben.

Allein das Medellin-Kartell, das aus Kolumbiens zweitgrößter Stadt operierte und aus mehreren Familien um den steckbrieflich gesuchten Kokainboss Pablo Escobar bestand, hatte mit Caquetá, Guaviare, Putumayo und Meta alle vier wichtigen Koka-Anbauregionen und damit allein vier von 33 Provinzen (Departamentos) des Landes vollständig unter seine Kontrolle gebracht. Eine Privatarmee von mehr als 15 000 Soldaten bewachte Felder und Laboratorien mit schweren Waffen und Flugabwehrraketen vor Angriffen der DEA und konkurrierender Kartelle, wie etwa der Cali-Banden um die nicht minder gefährlichen Orejuela-Brüder und ihren brutalen Kompagnon José Santacruz Londono.

Neben den großen Organisationen aus Kolumbiens zweit- und drittgrößter Stadt entstand auch eine Menge kleinere Banden, die angesichts der wahnsinnigen Gewinnspannen ihr Glück suchten. Noch 1965 hatte die kubanische Mafia das Geschäft in Miami, der Hauptdrehscheibe des Kokainschmuggels, vollständig kontrolliert. Doch 1978 eliminierten Killer des Medellin-Kartells dort mehr als 250 kubanische Dealer und Zwischenhändler. Gekämpft wurde um Territorien und Marktanteile. Es kam zu regelrechten Massakern in der amerikanischen Hauptstadt der Latinokultur. Am Ende der blutigen Schlacht hatten sich die Kolumbianer die vollständige Kontrolle des Kokainmarktes von Miami und die Kontrolle der von dort ausgehenden Schmuggelrouten gesichert.

Der Absatz expandierte von Gramm auf Kilogramm und später wurde der Stoff tonnenweise in Kleinflugzeugen außer Landes gebracht. Kolumbien war aber selbst nicht nur Anbaugebiet, das Land entwickelte sich auch zum Transitkorridor. Aus Peru und Bolivien schmuggelten die Kartelle das Kokain-Vorprodukt »pasta básica« (weiße Paste) ins Land, um es in geheimen Laboratorien zu verarbeiten und exportfertig zu machen.

Brutalste, sinnlose Gewalt diente als Mittel der Machtdemonstration der einzelnen Banden und Kartelle. Sie hatten sich klar zum Staat im Staate entwickelt. Das Motto des Medellin-Kartells etwa lautete: »Sich von niemandem drangsalieren lassen« (»No dejársela montar«). An der Spitze des Kartells stand Pablo Escobar. Aber eine Handvoll anderer Gangster und Familien, teils mit klarer Aufgabenverteilung, mischten in dem brutalen Geschäft mit. Mord und Folter waren Mittel, um Gegner, Polizei und zahlungsunwillige Schuldner abzuschrecken. »Entweder man zahlt, oder der Mann mit der Kettensäge kommt«, war ein Spruch, der einem Geldeintreiber des Medellin-Kartells während der Massaker von Miami zugeschrieben wurde. Miami galt als Vertriebsgebiet der Leute aus Medellin, während New York, der weltgrößte Kokainmarkt, Houston und Los Angeles vom Cali-Kartell beliefert wurden.

Es war keine Übertreibung, in Kolumbien selbst vom Drogenkrieg um Kokain zu sprechen. Eine Studie der DEA war schon 1979 zu dem Ergebnis gekommen, dass in einigen Landesteilen die Drogenbarone die Kontrolle der Regierung übernommen hatten. In den Achtzigerjahren wurden über 30 Journalisten, 50 kolumbianische Richter und Staatsanwälte sowie mehr als 3000 Soldaten und Polizisten im Auftrag des Kartells ermordet. 1985 registrierten die Sicherheitsbehörden allein in Medellin knapp 1700 Morde, schon ein Jahr später hatte sich die Zahl mehr als verdoppelt. Auftragskiller, die sich ihrem Opfer auf Motorrädern näherten, die »Sicarios«, waren wie in keiner anderen Stadt der Welt für nur zehn Dollar zu haben. Sie wurden von insgesamt 45 Vermittlungsbüros wie Fensterputzer oder Gärtner für Aufträge vermittelt. Es entstand eine regelrechte Tötungsindustrie. »Geld, Knarre, Motorrad und danach das Leben« war ein geflügeltes Wort. Die Lebenserwartung eines »Sicario« betrug selten mehr als 20 Jahre. Und niemand war unschuldig in diesem Krieg – auch die Sicherheitskräfte nicht. Als Grundregel galt: Das Heer operiert zusammen mit dem Medellin-Kartell und die kolumbianische Polizei wird vom Cali-Kartell gesteuert.

In der kolumbianischen Hauptstadt Bogotá kamen Minister und sogar ein Präsidentschaftskandidat bei Anschlägen ums Leben. Einmal versuchte das Medellin-Kartell, einen Widersacher aus Cali bei einer Sportveranstaltung mittels Maschinenpistolen auszuradieren. 19 Menschen kamen dabei ums Leben. Der grausame Gonzalo Rodriguez Gacha etwa, Chef einer Sektion der Medellin-Mafia, auch »El Méjicano« genannt, befehligte in der straff organisierten Privatarmee (»Medio Magdalena«) 15 000 Mann, die bis zur Halskrause bewaffnet waren. Im fruchtbaren Magdalena-Tal kam es bei Massakern an den dortigen Bauern, denen Tausende zum Opfer fielen, zur vollkommenen Vernichtung des linken Widerstandes. Zusammen mit Oberst Faruk Yanine Diaz, dem Kommandeur der 14. Armeebrigade, vernichteten Gachas Milizionäre die »bäuerlichen Selbstverteidigungstruppen« der Region. Später massakrierten seine Paramilitärs im Auftrag der Großgrundbesitzer den linken Widerstand in weiteren Landesteilen, zum Beispiel in den Provinzen Llanos, Córdoba und Urabá. Die Stadt Barrancabermeja im Nordosten Kolumbiens litt besonders stark an den bewaffneten Auseinandersetzungen und gehört bis heute zu den gewalttätigsten Orten der Welt. In der Hafenstadt Puerto Berrio, 190 Kilometer von Medellin entfernt, ging es so brutal zu, dass die Straßenbeleuchtung nachts ausgeschaltet wurde, um das Morden zu erleichtern. Morgens fand man dann Dutzende Leichen am Straßenrand.

Wenige Wochen bevor ich zu meiner Urlaubsvertretung eintraf, am 30. Januar 1993, explodierte eine Autobombe in der Innenstadt von Bogotá und tötete 20 Menschen. Am 15. April kamen bei einem ähnlichen Anschlag in einem Einkaufszentrum im Norden der Hauptstadt 15 Menschen ums Leben und mehr als 100 wurden zum Teil schwer verletzt. Doch während das Medellin-Kartell vor allem auf brutale Gewalt und direkte Konfrontation mit dem Staat setzte, schlugen die Spitzen des Cali-Kartells einen »sanfteren« Weg ein. Sie setzten auf Korruption und die Unterwanderung der staatlichen Instanzen, indem sie vom einfachen Beamten bis zum Präsidenten alle Vertreter des Staates zu ihren Geldempfängern machten. Diese Methode erwies sich letztlich als erfolgreicher, denn Anfang der Neunzigerjahre kontrollierte das Cali-Kartell 80 Prozent des weltweiten Drogenhandels mit Kokain. Zuverlässige Zahlen über das Einkommen der Kokainkartelle gibt es natürlich nicht. Aber Schätzungen besagen, dass allein das halbe Dutzend Familien und Großbosse aus Medellin Ende der Achtzigerjahre zwischen 25 bis 35 Milliarden US-Dollar erwirtschaftet haben soll.

Die Auswirkungen dieser gefährlichen Entwicklungen machten natürlich auch den deutschen Strafverfolgungsbehörden erheblich zu schaffen. Die Bundesrepublik wurde mit Tonnen von Kokain überschwemmt. Und wenn man den alten kriminalistischen Lehrsatz bedenkt, dass nur etwa ein Zehntel aller geschmuggelten Drogen sichergestellt wird, ist zu verstehen, warum das BKA fortan zwei Verbindungsbeamte in die Drogenkampfzone Bogotá entsenden wollte.

Doch was dem Neuankömmling in Bogotá zuerst zu schaffen macht, ist die Höhe. Die kolumbianische Hauptstadt liegt mit 2640 Metern über dem Meeresspiegel wesentlich höher als etwa Kathmandu (1336 Meter), die Hauptstadt Nepals. Es dauert eine Weile, bis man sich an die dünne Luft gewöhnt hat. Bevor das eintritt, raubt einem die Gefahrenlage aber schon den Atem.

Uwe Bachmann, mein BKA-Kollege, der bereits seit zwei Jahren als Verbindungsbeamter in Kolumbien stationiert war und den ich zur Eingewöhnung sechs Wochen vertreten sollte, hatte mich in einem kleinen, gemütlichen Dreisternehotel einquartiert, in dem auch die amerikanischen Drogenbekämpfer von der DEA untergebracht waren. Zur Sicherheit der amerikanischen Agenten werden die Daten jedes Neuankömmlings sofort, nachdem man eingecheckt ist, durch den Computer der Behörde in Arlington im US-Bundesstaat Virginia gejagt. Alles geschieht natürlich ganz diskret und der Besucher bekommt davon nichts mit. Was die Amerikaner aber wiederum nicht ahnten: Der Betrieb gehörte einer Familie aus Cali, der man ausgezeichnete Verbindungen zum Kartell nachsagte.

Das Hotel lag etwa 500 Meter von der Zona Rosa entfernt, dem Vergnügungsviertel von Metro-Bogotá, das im Gegensatz zur Assoziation, die der Name (»Rotes Viertel«) weckt, nicht Zentrum der Prostitution und der Unterwelt ist. In die Zona Rosa geht man abends zum Essen. Dort liegen die guten Speiselokale ebenso wie Fastfoodbuden, hier sind Kinos und Bowling-Arkaden zu Hause. Kollege Uwe Bachmann hatte einen Tisch in einem mexikanischen Restaurant bestellt, das etwa 800 Meter von meinem Hotel entfernt lag. Es war keine Frage, dass ich dorthin laufen wollte. Der Weg führte an zwei Straßenecken vorbei, die unbeleuchtet waren. Kein Problem, dachte ich mir.

»Sind Sie wahnsinnig«, sagte der Bell-Boy des Hotels unumwunden, nachdem er mich gefragt hatte, wo ich hinwolle, und ich seinen Rat, ein Taxi zu nehmen, abgelehnt hatte. Mein etwas zu selbstsicheres Grinsen quittierte er damit, dass er mit dem Zeigefinger auf eine unbeleuchtete Straßenkreuzung in der Ferne deutete und sagte: »Dort vorne verlieren Sie vielleicht nur Ihre Uhr. Wenn Sie Glück haben. Wenn Sie Pech haben, aber vielleicht Ihr Leben.«

Jedenfalls verstand ich das. Vielleicht hatte er auch etwas noch Unfreundlicheres gesagt, denn mein Spanisch war alles andere als gut. Trotzig lief ich los. Und wie der Hotelangestellte prophezeit hatte, trat nach etwa 300 Metern ein Halbwüchsiger aus dem

Halbdunkel der Straßenflucht heraus und fragte: »Señor, wie spät ist es?« Normalerweise ist man dann 20 Sekunden später seine Uhr los. Aber ganz so unbeleckt war ich ja nicht und schlug sofort meine Lederjacke zurück. Zur Sicherheit hatte ich diesmal ein Holster angeschnallt und darin stak deutlich sichtbar ein 38-Millimeter-Revolver.

Dann sagte ich: »Genau acht Uhr 30, mein kleiner Freund.«

Der Kleine schluckte, er hatte verstanden. Dies hatte zur Folge, dass ich auch die nächsten unbeleuchteten Straßenabschnitte mühelos passieren konnte. Dennoch hatte auch ich meine Lektion gelernt, ließ mich auf solch unnütze Abenteuer nicht mehr ein und vermied es in Zukunft, Django im Großstadtdschungel spielen zu wollen. Es sollte auch nicht mehr nötig sein, da ich am nächsten Morgen ohnehin den Dienstwagen von Bachmann, einen weißen Nissan-Jeep, übernehmen konnte.

Arbeitskontakte in Bogotá

Der BKA-Mann hatte eine schöne, gepflegte Villa in einem bewachten Villenviertel gleich neben dem Einkaufszentrum Hacienda Santa Barbara angemietet, die gleichzeitig als Büro und Wohnhaus diente. Alles war nicht besonders üppig gehalten, ohne Swimmingpool, doch im Finca-Stil gebaut und mit einem schönen, gepflegten Garten, sodass man sich nicht nur wohl, sondern auch sicher fühlen konnte. Der Besitzer des Anwesens war ein kolumbianischer Diplomat, der gerade auf einem gemütlichen UNO-Posten in Wien Europa genoss. Uwe Bachmann hatte den Ruf, ein erfahrener, wenn auch im Umgang äußerst schrulliger, gar schwieriger Kriminalbeamter zu sein. Das lag wohl auch daran, dass er als eingefleischter Junggeselle der Sorte galt, die Socken und T-Shirts mit dem Lineal in den Kleiderschrank legen.

Sein Hobby, das Programmieren von Computern, beschäftigte ihn oft nächtelang und allmählich quoll sein Büro über mit immer mehr Elektronik, die er häufig auf eigene Kosten beschafft hatte. Bevor Bachmann nach Kolumbien gekommen war, hatte er zwei Jahre für das BKA äußerst erfolgreich in Ecuador als Drogenverbindungsbeamter gearbeitet.

Als Sekretärin oder »Schreibkraft«, wie das im BKA-Jargon hieß, hatte er mit Rosa Sommer eine kleine, zierliche Deutsch-Kolumbianerin gefunden, deren jüdische Familie in den Dreißigerjahren vor den Nazis nach Südamerika geflüchtet war. Da Rosas Mann als einer der führenden Gynäkologen des Landes galt und im amerikanischen Boston studiert hatte, verschaffte die Frau uns immer wieder einen vorzüglichen Zugang zur gehobenen Mittelklasse und dem Bildungsbürgertum des Landes. Im Vergleich zu ihrer zierlichen Statur von nur 1,55 Metern Größe war ihr Mann mit knapp 1,90 Meter für südamerikanische Verhältnisse geradezu ein Hüne. Rosa hatte zwei Jungs, die die deutsche Schule in Bogotá besuchten, und sie war mit ihrer Mischung aus deutscher Präzision und kolumbianischem Temperament immer wieder eine Bereicherung für unsere Arbeit. Auch deswegen, weil wir viele angenehme Wochenenden auf ihrer wunderschönen Finca, einem kolumbianischen Bauern- und Wochenendhaus außerhalb der Stadt, verbringen durften.

Das hat Bachmann zwar nie bestätigt, aber wahrscheinlich war es auch dort gewesen, wo er einen seiner wichtigsten Arbeitskontakte gefunden hatte, den er seitdem vorzüglich pflegte. Einmal im Monat kam General Montenegro, der Leiter der »Dijin«, der kolumbianischen Kriminalpolizei, zum Mittagessen in der BKA-Villa vorbei. Montenegro hatte sich in ganz Südamerika einen Ruf wie Donnerhall erworben. Jahrelang hatte das Cali-Kartell auf den Kopf des fähigen und unerschrockenen Polizisten eine Prämie von sagenhaften zehn Millionen Dollar ausgesetzt.

Montenegro war sicher nicht in Drogengeschäfte involviert – auf jeden Fall hatten wir nie einen Anhaltspunkt dafür gefunden oder auch nur den geringsten Verdacht, dass es so sein könnte. Aber sein Immobilienbesitz überstieg dennoch erheblich das, was sich ein General mit seinem doch recht mageren südamerikanischen Gehalt hätte leisten können. Er besaß nicht nur eine wunderschöne Luxuswohnung im Norden der kolumbianischen Hauptstadt, sondern auch zahlreiche Fincas und Häuser, die quer über das Land verteilt waren. Auch sein Fuhrpark umfasste mehrere ansehnliche Geländewagen und hochzylindrige Limousinen. Es wurde gemunkelt, dass der »integre« General mit Schutzgeldern für Prostitution reich geworden sei. Beweisbar war auch das nicht.
Ich war in Bachmanns Büro gekommen, um die Büroübergabe abzuwickeln, ein Routinevorgang, der immer nötig war, wenn ein Kollege in Urlaub ging. Wie wichtig Unterschriften auf Inventarlisten sind, hatte sich ja in Karachi gezeigt. Nach zwei Stunden waren wir durch und in der Küche brutzelten schon saftige Steaks, als der Assistent von Montenegro an der Tür klingelte. Aus Sicherheitsgründen warf er kurz einen Blick in das Haus, bevor sein Chef eintrat. Zwei Stunden sollte dieser jetzt spannende Geschichten erzählen und mit Bachmann allerhand Informationen austauschen. Es ging um neue Drogenrouten, Analysen über das Cali- und das Medellin-Kartell, ein bisschen Tratsch über die DEA und das diplomatische Korps Bogotás war auch dabei.
Doch der Frust für mich war groß. Denn mein Spanisch erwies sich als so schlecht, dass ich nicht nur wenig verstand, es war auch relativ sinnlos, den General in seiner Muttersprache anzusprechen. Er verstand schlichtweg mein Spanisch nicht und als er das merkte, stellte er auf Englisch um. Aber die nächsten Tage sollte ich eine Menge Zeit zum Üben haben. Denn kaum war Bachmann in Urlaub geflogen, meldete sich schon der deutsche Botschafter.

Ich hatte ihn ein paar Tage vorher kurz kennengelernt. Der Umgangston zwischen uns war nicht unfreundlich. Aber allein die Tatsache, dass wir außerhalb der Botschaft ein Büro bezogen hatten, beschreibt das Verhältnis nur zu gut, das nicht nur in Bogotá, sondern überall auf der Welt den Kontakt zwischen BKA und dem Auswärtigen Amt kennzeichnete – zumindest damals noch. Seit das BKA 1983 in Bangkok erstmals einen Beamten in eine diplomatische Vertretung Deutschlands im Ausland geschickt hatte, war das Verhältnis stets von Berührungsängsten geprägt. Auf der einen Seite fühlten sich die Polizisten in der steifen und förmlichen Welt der Diplomaten nicht wohl, ja richtig fehl am Platz. Auf der anderen Seite ist man dort auch nicht unglücklich, wenn sich die »Schmuddelkinder« von der Polizei wenig in den heiligen Hallen ihrer Botschaften tummeln. Einzig zu den Militärattachés in den Botschaften ist das Verhältnis der Männer und Frauen aus Wiesbaden stets unkompliziert. Der Rest der diplomatischen Vertreter der BRD in fernen Ländern sieht die BKA-Abgesandten lieber aus der Ferne. Es sei denn, sie brauchen uns.

Und so ein Fall war gleich in der ersten Woche meiner Urlaubsvertretung eingetreten. In Mainz sei ein Drogenkurier des Cali-Kartells festgenommen worden, ließ mich der Botschafter im Vieraugengespräch wissen. Dieser hätte sich bereit erklärt auszupacken – unter einer Bedingung allerdings. Seine Familie müsse zuerst nach Deutschland gebracht werden und dort eine Aufenthaltsgenehmigung erhalten. Das Auswärtige Amt, die Polizei und die Innenministerien in Mainz und Bonn hatten bereits zugestimmt, den Forderungen zu entsprechen. »Sie müssen die Frau und die zwei Kinder rausholen«, befahl der Botschafter. Zwar wollte der deutsche Missionschef mir noch seinen Kanzler, den Verwaltungschef der Botschaft, mitgeben. Aber das lehnte ich dankend ab. Nach meinen Erfahrungen in Karachi hielt ich es für sinnvoll, mich gegenüber dem Kanzler einer Botschaft in Zukunft vornehm, aber bestimmt zurückzuhalten.

Der erste Fall in Cali

Als ich in das BKA-Büro zurückkam, legte ich eine Akte an und nur eine halbe Stunde später ließ ich unsere Schreibkraft Rosa Sommer bei General Montenegro anrufen. Er konnte erst mit meinem Namen nichts anfangen, aber als ich sagte: »Ich bin der neue Deutsche, dessen Spanisch Sie nicht verstehen«, klickte es bei ihm.

»Ich brauche dringend Ihre Hilfe«, sagte ich.

»Okay, um was geht's«, erwiderte er und hörte sich dann die ganze Geschichte an. Als ich zu Ende erzählt hatte, legte er den Hörer kurz zur Seite. Ich hörte, wie er ein paar Befehle in sein Vorzimmer bellte, dann war er an einem anderen Telefon zu hören, doch schon nach fünf Minuten meldete er sich zurück.

»Mike?«

»Ja, richtig, Mike von Wedel.«

»Was auch immer. Mike, kommen Sie bitte um drei Uhr zum Flughafen. Im Coffeeshop warten meine Leute auf Sie. Stellen Sie sich darauf ein, dass Sie ein oder zwei Nächte unterwegs sein werden.« Er wollte schon auflegen, da sagte er noch: »Und lassen Sie sich nicht gleich im ersten Monat hier umbringen, der Einsatz ist sehr gefährlich.«

Zur angegebenen Zeit warteten ein Major, ein Feldwebel und ein Beamter der kolumbianischen Polizei am Flughafen auf mich. Sie stellten sich mit ihren Dienstgraden und Namen vor. Alle trugen sie Zivil. Ich stellte mich gleich als »Mike« vor – von Wedel konnte ohnehin keiner aussprechen – und erklärte dem Major noch einmal den ganzen Vorgang, den wir gemeinsam ausführen mussten. Dann fügte ich hinzu, was der Kurier in Mainz gesagt hatte, nämlich: »Wenn bekannt wird, dass ich kooperiere, ist meine Familie tot.«

»Du weißt, was das für uns heißt«, fragte der Major. Ich tat ziemlich ahnungslos, was ich ja auch war: »Nicht ganz, ich bin neu hier.«

»Wir können alle dabei ums Leben kommen«, meinte er.

Schon eine Stunde später saßen wir im Flugzeug nach Cali. Meine drei Begleiter hatten eine Segeltuchtasche von etwa 150 auf 40 Zentimeter mit an Bord gebracht, die ziemlich schwer aussah. Ich wunderte mich schon, was darin sein könnte. Aber das Rätsel löste sich, noch bevor der Bordservice mit Getränken kam. Seelenruhig und als wäre das die normalste Sache der Welt, zog der niedrigrangige Beamte den Reißverschluss der Tasche auf, nahm einen Revolver heraus und begann diesen zu reinigen, als sei es sein Spielzeug.

Kaum blinkte das Ding wieder wie eine frisch geölte Fahrradkette, kam eine Maschinenpistole dran. Jetzt stellte sich heraus, dass die Tasche voll mit Schieß- und Kampfgerät war: Pistolen, Revolver, vier Maschinenpistolen, allerhand Munition, dazu Blend- und Handgranaten. Irgendwie beunruhigte mich das schon. Schließlich hätte sich ja auch ein Schuss lösen können. Aber da war ich wohl der Einzige, der sich Sorgen machte. Die anderen Passagiere schien das gar nicht zu interessieren. Sie schauten zum Fenster hinaus oder an die Flugzeugdecke. Auf jeden Fall vermieden sie es ganz offensichtlich, jeden von uns vier direkt anzuschauen.

Als die Maschine in Cali landete, ging die Sonne gerade hinter den Bergen unter. Wir fuhren in ein Hotel, ohne dort aber einzuchecken. Der Schuppen war total verdreckt. Zum Glück warteten wir nur in der Lobby, während der Major in einem Nebenzimmer Dutzende Telefongespräche führte. Er versuchte, das erfuhr ich

von den anderen, einen seiner Lehrgangskollegen aus der Polizeischule ausfindig zu machen. Irgendwann kriegte er ihn auch an die Leitung und sie flüsterten lange miteinander. Es war schon acht Uhr abends, als er plötzlich zum Aufbruch trieb. Draußen regnete es in Strömen, umso überraschter war ich, als das Taxi, mit dem wir aufgebrochen waren, uns nach nur fünf Minuten in einem ziemlich heruntergekommenen Stadtpark absetzte.
Wie ich bald verstand, wusste die Drogenmafia der Stadt bereits, was in Mainz passiert war, und wir mussten jetzt mit beinahe geheimdienstlichen Methoden vorgehen. Eine normale Fahrzeugübergabe durch die lokale Polizei war ohnehin nicht denkbar, dafür waren die Verbindungen der lokalen Verwaltung mit der Unterwelt zu eng. Unter einer Parkbank sollten wir jetzt einen Autoschlüssel finden, den der Lehrgangskollege des Majors dort hinterlegt hatte. Der Feldwebel und der Polizist legten sich ins nasse Gras, während wir beide hinter einem Baum versteckt blieben. Sinn der Übung war es, herauszufinden, ob die Gegend »sauber« sei. Es galt, die Parkbank und einen Geländewagen im Auge zu behalten, der auf der gegenüberliegenden Straßenseite abgestellt war.
Nach einer Stunde pirschte der Soldat aus seinem Versteck heraus, zog einen Schlüssel unter der Parkbank hervor, wo er in einer Zigarettenschachtel versteckt war, und bewegte sich dann langsam auf das Auto zu. Immer wieder drehte er sich um. Er war ganz offensichtlich immer noch sehr nervös. Der Rest unserer Gruppe wartete in sicherem Abstand, bis der Motor angesprungen war. Offenbar hatte der Major nicht ausgeschlossen, dass sich in dem Wagen eine Sprengladung befinden könnte. Es regnete immer noch in Strömen, als wir losfuhren, und man konnte nicht erkennen, wohin die Reise ging. Der Major saß am Steuer, ich machte es mir so gut es ging auf dem Beifahrersitz bequem und der Rest unseres Teams schaute von der harten Rückbank ständig nervös

zum Fenster hinaus. Sie hielten dabei ihre entsicherten Waffen im Anschlag.
Irgendwann kamen wir in einer Kleinstadt mit unübersichtlichen Straßen an. Es war stockdunkel, zweistöckige Betonhäuser lagen wie abgewetzte Bauklötze am Wegesrand. Alles wirkte heruntergekommen und marode. Nach langer Suche parkte der Major das Auto vor einem dreistöckigen Haus, er raunte seinen Männern zu aufzupassen und verschwand dann in einem Hauseingang mit geweißter Fassade. Jetzt machte sich eine besorgniserregende Stille in unserem Wagen breit. An eine Unterhaltung war nicht zu denken. Dazu war mein Spanisch zu schlecht und die Männer waren zu nervös. Mir ging eine Menge dummer Geschichten durch den Kopf und dem Begleitteam erging es wohl nicht besser. Als der Major nach einer Stunde noch immer nicht aufgetaucht war, wurden die beiden auf dem Rücksitz sichtlich nervöser. Dafür hatten sie einen guten Grund: Auf den umliegenden Flachdächern hatte inzwischen überall Bewegung eingesetzt. Pistoleros gingen in Stellung, ein halbes Dutzend Bewaffnete, die erkennbar mit großkalibrigen Pistolen, Gewehren und Maschinenpistolen hantierten. Einer hatte sogar einen Raketenwerfer im Anschlag.
Jetzt verging noch einmal eine halbe Stunde, dann kam der Major mit einem ziemlich frustrierten Gesichtsausdruck ins Auto zurück: »Tut mir leid, Mike, die Frau will nicht mit«, sagte er. »Sie hat Angst.«
»Und jetzt?«, fragte ich.
»Wenn du sie haben willst«, sagte er auf Englisch, »musst du selbst mit reingehen.«
»Okay«, sagte ich widerwillig und öffnete die Autotür.
Wir liefen zusammen in das Haus zurück. Dort tagte unverkennbar der Familienrat einer südamerikanischen Großsippe. Der Großvater, etwa 1,70 Meter groß und weit über 70 Jahre alt, führte das Wort. Mit am Tisch saßen der Vater der Frau, die ausreisen

Bei einer Einsatzfahrt in Ecuador

sollte. Sie selbst war höchstens 22 Jahre alt, klein, etwas mollig und hatte lockiges Haar. Sie schaute dem Treiben nur zu und sagte fast nichts. Zahlreiche Brüder, Schwager und Neffen waren gekommen. Es gab keinen unter ihnen, der keine Waffen trug, und jeder wollte seine Meinung sagen. Es war schwierig, sich einen Überblick zu verschaffen, was das Problem war. Wie sich allmählich herausstellte, herrschte nicht nur großes Misstrauen gegenüber der Polizei, die Frau hatte zudem fürchterliche Angst, ihre Stadt zu verlassen, und als wäre das nicht schon genug, war eines der beiden Kinder des Drogenkuriers erkrankt und lag mit hohem Fieber im Bett. Es wurde lange palavert, mit unerkennbarem Fortschritt. Allmählich verlor ich die Geduld und bat um das Wort. Der Major übersetzte.

»Ich kann ja verstehen, dass Sie Angst um das Leben Ihrer Enkeltochter, Tochter und Schwester haben«, sagte ich langsam. »Aber ich bin ein deutscher Diplomat.«

Dann legte ich meinen Dienstpass auf den Tisch und ließ mir einen Zettel geben, auf den ich meine Adresse in Bogotá schrieb.

»Ich garantiere für das Leben dieser Frau und wenn etwas schiefgeht, dann können Sie mich hier finden.« Ich tippte auf den Zettel und schaute in die Runde. Das hatte offenbar Eindruck gemacht.

Noch einmal zog sich der Familienrat zurück, aber nach wenigen Minuten konnte es endlich losgehen. Wir schafften es gerade noch, eine kleine Herberge in den Außenbezirken von Cali zu erreichen, bevor die Sonne aufging, und checkten in zwei Zimmer ein. Die Frau und ihre Kinder bezogen den größeren Raum, als Personenschutz legten sich der Feldwebel und sein Begleiter vor die Tür. Der Major und ich zogen uns in das kleinere der beiden Gästezimmer zurück. Doch an Schlaf war gar nicht zu denken und so versuchten wir das zu viel ausgeschüttete Adrenalin in unserem Blutkreislauf mit meinem Lieblingsrum Viejo de Caldas zu bändigen. Darüber war es zehn Uhr geworden. Dann sagte der Major: »Lasst uns zurück nach Bogotá fahren.«

»Was?«, fragte ich erstaunt, »das dauert doch mindestens acht Stunden.«

»Um genauer zu sein, mindestens zwölf«, lächelte er mich an.

Das lehnte ich ab. Denn hätte das Cali-Kartell von unserer Aktion erfahren, wovon man ausgehen konnte, wäre es ein Leichtes gewesen, irgendein Kommando auf dem Weg dorthin anzurufen und uns auf der Autobahn abzuschießen.

»Wir fliegen«, sagte ich. »Das geht auf meine Kosten.«

Ein Ticket für die Frau und die Kinder hatten wir aber noch nicht gekauft. Der Major nickte, verließ das Zimmer, stieg in den Geländewagen und fuhr los. Sein wortloser Abschied hatte schon etwas gespenstische Züge gehabt, zumal sich jetzt der Feldwebel und sein Kollege ebenso wortlos in der Rezeption hinter eine Mauer legten, zwei Maschinenpistolen aus ihrer Segeltuchtasche kramten und die Gewehrläufe auf den Hoteleingang richteten. Jetzt verstand ich gar nichts mehr.

»Was soll das?«, fragte ich.

»Seid ihr alle so blöd in Deutschland«, sagte daraufhin der Feldwebel ungeduldig. »Wir wissen nicht, mit wem der Herr Major zurückkommt und ob er zurückkommt. Wir wollen einfach vorbereitet sein.«

»Ich dachte, ihr seid seit fünf Jahren ein Team«, konnte ich nur ein bisschen kleinlaut entgegnen.

»Das heißt in Kolumbien gar nichts«, meinte er lakonisch.

»Ich weiß ja noch nicht einmal, warum wir hier sind. Ich weiß nur, wenn der Major uns verrät und verkauft, dann sterben wir hier alle.« Er gab zu verstehen, dass für ihn die Diskussion abgeschlossen war.

Aber der Major kam zurück und wir fuhren sofort los. In einer knappen Stunde erreichten wir den Flughafen von Cali, wo sich noch einmal eine ungewöhnliche Prozedur abspielte.

Zuerst mussten die beiden Begleiter auf dem Rücksitz aus dem Wagen steigen. Mit dem Rücken zum Auto boten sie Feuerschutz, ihre Maschinenpistolen im Anschlag. Jetzt kam die junge Mutter dran, nahm ihre beiden Kinder auf den Arm. Zu guter Letzt stiegen wir zwei »Offiziere« aus. Zu viert umstellten wir unsere kostbare menschliche Fracht, entsicherten unsere Waffen und liefen so bis ins Flugzeug. Bei der Ankunft in Bogotá wiederholten wir die gleiche Übung, bis die Frau und ihre Kinder sicher in einem kugelsicheren Polizeifahrzeug verstaut waren.

Zwei Tage später saßen die drei bereits in einer Lufthansa-Maschine nach Frankfurt. Erst lange Zeit später erfuhr ich, dass sich das Cali-Kartell nur wenige Tage, nachdem ihr Mann in Deutschland ausgesagt hatte, nach dem Verbleib seiner Familie erkundigt hatte. Zum Glück leben sie noch heute an einem sicheren Ort in

Deutschland. Einige Drogenkuriere konnten mithilfe des Kronzeugen aus Mainz festgenommen werden.

Kolumbianische Schneekönige

Mitte Juni fuhr ich noch einmal nach Deutschland. Ein letzter »Durchlauf« im Fachreferat Südamerika stand noch an, das dauerte nicht länger als drei Wochen, und dann wurde mein Umzugscontainer auch schon beladen. Am 8. September 1993 trat ich offiziell meinen Dienst als BKA-Verbindungsbeamter in Kolumbien an. Die Entsendungszeit war auf vier Jahre bemessen. Es sollte noch um einiges spannender werden, als es die sechs Wochen der Urlaubsvertretung ohnehin schon gewesen waren.

Damit die beiden Verbindungsbeamten in Bogotá gut und vor allem sicher ausgestattet sind, hatte mir das Mutterhaus eine umfangreiche Sammlung von Waffen mitgegeben. In meinem unbegleiteten Fluggepäck schlummerten fünf Waffen und mehreren Tausend Schuss Munition. Es war eine Maschinenpistole darunter, die in einen Schießkoffer eingebaut war. Damit ließen sich aus einem Aktenkoffer mittels eines verborgenen Griffs jeweils 16 Schuss aus einer 9-Millimeter-Maschinenpistole abfeuern. Dazu hatte ich noch zwei kleine fünfschüssige Smith& Wesson-38-Millimeter-Revolver eingepackt und zwei Sig&Sauer-Pistolen, die normale BKA-Dienstwaffe mit jeweils einem Zehnschussmagazin. Ein Revolver und eine Pistole waren für meinen Kollegen Bachmann vorgesehen. Dass sich das Auswärtige Amt geweigert hatte, die Ausrüstung über den Botschaftskurier transportieren zu lassen, zeigte gleich zu Anfang, wie schwierig das Verhältnis zwischen deutschen Diplomaten und deutschen Polizeibeamten im Ausland noch immer war. Aber das störte uns erst mal nicht, das war ja nichts Neues.

Denn mit Uwe Bachmann stellte sich schnell ein vernünftiges und meist auch recht angenehmes Arbeitsverhältnis ein. Wir sagten immer, er sei der »Außenminister«, ich hingegen war der »Arbeitsminister«. Als gelernter Drucker, der erst auf dem zweiten Bildungsweg zur Mordkommission Frankfurt gestoßen war und von dort zum BKA entsandt wurde, besaß Bachmann keinerlei Starallüren, obwohl er in den zwei Jahren, in denen er in Bogotá vor mir eingetroffen war, sich ein einzigartiges Kontaktnetz unter der Führungsgarde der einheimischen Polizei aufgebaut hatte. Dazu beackerte er das Nachbarland, den Andenstaat Ecuador, gerade vorzüglich. Bei seinem Abschied zeichnete ihn die dortige Polizei dafür mit dem höchsten Orden aus, den ein Ausländer erhalten kann.

In Ecuador gibt es eine herausragende Sondereinheit der Polizei, genannt »Unidad de Investigaciones Especiales« (UIES), die mit 150 Mann sowohl in der Drogenbekämpfung wie auch im Staatsschutz agieren. Seit ihrer Gründung Ende der Siebzigerjahre wurde diese Einheit stets von denselben drei Offizieren jeweils im Wechsel geleitet. Zu jedem dieser drei Polizeioffiziere hatten wir dank Bachmann einen so guten Draht, dass sie uns erlaubten, über das Internet direkt aus ihrem zentralen Polizeicomputer Daten abzurufen. Bachmann pflegte die diplomatischen Kontakte und mir war es damit möglich, das zu betreiben, was ich am liebsten tat, nämlich operativ zu arbeiten und Verbrecher zu jagen. Dafür waren Kolumbien und die Nachbarländer sicher einer der spannendsten, aber auch gefährlichsten Plätze der Welt. Das Erste, was ich jedoch lernen musste, war, viele Klischees und Erkenntnisse, die das BKA über die Jahre zu Kolumbien und Südamerika gesammelt hatte, zu revidieren. Denn Kolumbien im Herbst 1993 war vor allem ein Land im Umbruch. Die unglaubliche Gewaltorgie, mit der Pablo Escobars Getreue aus dem Medellin-Kartell die 44 Millionen Kolumbianer in Angst und Schrecken

versetzten, war mittlerweile eher ein Ausdruck von Schwäche. Der Stern des einst gefürchteten Gangsterbosses und Drogenbarons schien rapide zu verglühen. Denn nachdem das Kartell am 18. August 1989 den kolumbianischen Präsidentschaftskandidaten Luis Carlos Galan ermordet hatte, waren innerhalb weniger Tage 12 000 Kartellmitglieder verhaftet worden.
Zusammen mit der DEA hatte Bogotá dem Kokain-König Escobar den offenen Krieg erklärt. Zuerst kam der militärische Chef und die Nummer zwei der Rauschgiftmafia, Gonzalo Rodriguez Gacha, ums Leben, andere Mafiagrößen wurden an die USA ausgeliefert. Die Ocha-Brüder und Escobar handelten daraufhin einen Waffenstillstand mit der Armee aus. Escobar zog sich ab 1991 in ein nur für ihn und seine Getreuen gebautes Sondergefängnis zurück, wo er von seinen eigenen Leuten bewacht wurde. Aber von dort führte er nicht nur seine Geschäfte weiter, abends gingen dort auch Edelprostituierte ein und aus. Die Situation eskalierte erneut, als der Big Boss die Brüder Moncada und Galeano, Führer zweier Drogenhändlerfamilien des Medellin-Kartells, wegen Geldstreitigkeiten ins Gefängnis zitieren und sie dort mit Kopfschuss exekutieren ließ. Jetzt war nicht nur der Staat in Aufruhr, sondern seine ehemaligen Getreuen machten Jagd auf Escobar. Die Medellin-Bande brach auseinander und das Cali-Kartell füllte die Lücke sehr schnell aus. Zum Teil versorgten die Mafiosi aus Cali die DEA mit Tipps über ihre Gegner aus Medellin. Die Amerikaner reichten die Hinweise dann an die kolumbianische Regierung weiter.
Eine neu eingerichtete Polizei-Sondereinheit brachte den meistgesuchten Mann Südamerikas schließlich am 2. Dezember 1993 zur Strecke. Am Stadtrand vom Medellin waren dafür in einer streng bewachten und hermetisch vom Rest der Stadt abgeriegelten Kaserne 5000 Mann im »Bloque de Busqueda« (Suchblock) zusammengezogen worden. Grundregel für die Mitgliedschaft in

der Elitetruppe war: Die Polizisten durften nicht aus Medellin stammen und dort auch keine Familienbande besitzen. Zwei Offiziere des »Bloque« trieben Escobar letztlich in einer leer stehenden Wohnung in Medellin auf und erschossen ihn, so die offiziellen Berichte der Regierung, weil er sich der Festnahme durch Flucht entziehen wollte.

Aber ob dabei alles mit rechten Dingen zuging, ist bis heute fraglich. So richtig bekam nämlich kein Ausländer jemals die Leiche von Pablo Escobar zu sehen. In den Zeitungen erschien einen Tag nach seinem Tod lediglich eine ziemlich verwackelte Aufnahme des Mafiabosses, die ihm ganz und gar nicht ähnlich sah. Die Behörden begründeten das mit zahlreichen kosmetischen Operationen, denen sich der Mann aus Medellin während seiner zwei Jahre dauernden Flucht unterzogen habe. Dazu wurde den Medien lediglich ein recht altes Foto aus dem Führerschein des Mannes geliefert, der stets von sich behauptet hatte, dass er nur mit Fahrrädern und Autoersatzteilen handele. Es wäre sicher ein Leichtes gewesen, ausländischen Drogenverbindungsbeamten eine DNA-Probe des Toten zu geben, aber das ist nie erfolgt und deswegen ranken sich bis heute eine Menge Legenden um seinen Tod. Eine, die nicht von der Hand zu weisen ist, lautete, dass Escobar irgendwo in Kolumbien mit seinen reingewaschenen Milliarden sein Leben unter anderem Namen, neuem Gesicht und »sauberer« Identität genieße. Es gab Geheimdienstquellen, die behaupteten, Escobar lebe, wie einige andere kolumbianische »Schneekönige« auch, heute unbescholten auf Kuba, weil das der einzige Ort sei, wo er nicht an die USA ausgeliefert werden könne. Sicher hätte der dortige Machthaber Fidel Castro eine Finanzspritze aus den Drogengeldern Kolumbiens auch gut gebrauchen können.

Kollege Bachmann war der einzige Ausländer, der in den letzten Tagen vor Escobars Tod Tag und Nacht in der Zentrale der kolumbianischen Kriminalpolizei ausgeharrt hatte – immer in der Hoffnung, einen Funken mehr Information als die DEA zu bekommen. Auch er durfte die Leiche nicht sehen, nachdem sie von Medellin nach Bogotá gebracht worden war. Was Bachmann aber über die Auslobung und anschließende Siegesfeier für die beiden Offiziere vom »Bloque de Busqueda« berichtete, die Escobar erschossen hatten, gab noch mehr Anlass, die offizielle Version seines Ablebens mit erheblichen Fragezeichen zu versehen. Denn mein Kollege schwor Stein und Bein, dass die Belohnung von jeweils 250 000 Dollar, die den beiden jungen Beamten zugesprochen wurde, nicht von der kolumbianischen Regierung, sondern aus den reich gefüllten Kassen des Cali-Kartells stammte.

Problematische Verbindungsleute

Das Drogengeschäft ging natürlich auch ohne Escobar weiter und immer wieder waren auch Deutsche involviert. Irgendwann im Spätsommer 1994 rief mich deshalb der Erste Kriminalhauptkommissar Werner Haube aus Wiesbaden im Büro an. Santafé de Bogotá liegt an den Ausläufern der Anden. Gerade im südamerikanischen Winter gibt es wunderschön kalte, aber nicht eisige Nächte und frische, klare Morgen. So ein Tag war das. Haube war Sachgebietsleiter im Südamerika-Referat und kündigte an, dass er nach Kolumbien käme, weil er unauffällig, verdeckt und ohne Kenntnis der kolumbianischen Behörden einen Verbindungsmann treffen müsse.

Operationen wie diese warfen immer erhebliche Fragen auf und waren stets das größte Hindernis für die Arbeit der entsandten Drogenverbindungsbeamten. Denn noch immer ist die Rechtslage für die Entsendung und Arbeit von Verbindungsbeamten im Ausland sehr diffus. Die BKA-Beamten sind an ihrem Dienstort der Botschaft unterstellt und mit Diplomatenpässen ausgestattet. Der deutsche Botschafter ist somit ihr direkter Vorgesetzter. Da dieser aber von Polizeiarbeit wenig Ahnung hat, mischt er sich in der Regel in die tägliche Arbeit des BKA-Mannes nicht ein. Doch die Frage, die sich bei Einsätzen immer stellt, lautet: Ist ein BKA-Beamter »als Diplomat« berechtigt, im Ausland Ermittlungen anzustellen und V-Leute zu führen? Die Antwort des Auswärtigen Amtes dazu ist stets und eindeutig »Nein«, denn dies verstößt gegen sämtliche internationalen Verträge.

Doch ohne V-Leute ist die Arbeit eines BKA-Verbindungsbeamten im Ausland nur dann möglich, wenn man keine Erfolge erwartet. Dafür aber schickt das BKA seine Leute nicht ins Ausland. Diesen Missstand versucht man dadurch zu umgehen, dass man sagt, der kolumbianische V-Mann werde von einem »V-Mann-Führer« in Deutschland geleitet. Und für den BKA-Mann vor Ort könne es ja schlecht strafbar sein, diesen »Hinweisgeber« bisweilen zu befragen. Schließlich treffen Diplomaten ja auch mit einheimischen Kontakten zusammen, um Erkenntnisse über das Land zu gewinnen. Schwieriger wird es jedoch, wenn der V-Mann-Führer ohne Wissen der kolumbianischen Behörden arbeitet. Und um so einen Fall handelte es sich auch diesmal wieder. Es war nichts Neues im BKA-Alltag – wurde dadurch aber nicht minder gefährlich für beide Seiten.

Haube reiste, wie die meisten BKA-Beamten auf Ermittlung, als Tourist nach Bogotá, alles musste deshalb sehr unauffällig vonstatten gehen. Das erste Treffen mit seinem Kontakt fand am Eingang des weltberühmten »Museo D'Oro«, dem Goldmuseum, einem beliebten Touristenort statt. Haube spricht kein Spanisch. Wir redeten deshalb Englisch. Der V-Mann war etwa 50 Jahre alt, vom Erscheinungsbild der typische Latino, schwarze Haare und etwas dicklich. Er wurde von einer deutlich jüngeren Frau begleitet. Sie war etwa Ende 20, klein, hatte mittellange, braune, glatte

Haare. Wir redeten nicht lange und vereinbarten, uns drei Tage später in Cartagena de Indias, der alten Hafen- und Piratenstadt, wieder zu treffen.

Wie ich erst jetzt verstand, hatte der V-Mann früher für das Cali-Kartell gearbeitet, war durch einen Zufall nach Mainz gekommen und hatte sich dort dem BKA als VP (Vertrauensperson) angedient. Er war nicht mit dem Mann identisch, dessen Familie ich aus Cali geholt hatte, und hatte mit diesem auch nichts zu tun.

VP ist die amtsinterne Bezeichnung für den klassischen, alten V-Mann. VP Hugo, wie sein Deckname lautete, war es in der rheinland-pfälzischen Landeshauptstadt gelungen, 600 Kilo Kokain an verdeckte Ermittler schicken zu lassen, die dann den Handel auffliegen ließen. Trotzdem überzeugte er das Cali-Kartell erneut, dass sie ihm vertrauen könnten, und ließ nochmals 600 Kilo nach Mainz schicken, die wiederum dem Zoll in die Hände fielen. Die Operation lief unter dem Namen »Ochsengalle« und stellte eine erstaunliche kriminalistische Leistung sowohl für die VP als auch die Ermittler und die Staatsanwaltschaft dar.

Sinnvoll wäre es jetzt gewesen, wenn der Mann abgetaucht wäre. So wie das eben immer gehandhabt wird: Zeugenschutz, neue Identität und auf immer ein sorgenloses Leben in Deutschland führen. Denn jedem erfahrenen Polizisten war klar, dass das Cali-Kartell über Anwälte und korrupte Beamte herausfinden konnte, wer sie verraten hatte. Einziger Schutz des Mannes war, dass er in Deutschland blieb. Finanziell hätte er sich wahrscheinlich nie mehr sorgen müssen. Die Belohnung für solche großen Fische unter den V-Leuten betrug mehrere Hunderttausend D-Mark, manchmal war die Auslobung sogar siebenstellig. Und der Zeugenschutz des BKA verschafft überdies in solchen Fällen eine neue deutsche Identität, plus Pass, Arbeit und Wohnung. Dies allerdings nur für den Fall, dass der V-Mann gewillt ist, als Zeuge vor einem Gericht in Deutschland auszusagen.

Aber alte Polizeierfahrung und gesunder Menschenverstand kamen in dieser Operation nicht zum Tragen. Stattdessen wollte das Trio jetzt Kontakt mit dem Medellin-Kartell aufnehmen, mit dem Ziel, eine weitere kontrollierte Lieferung zu organisieren. Ich blieb nur ein paar Tage in Cartagena, denn mir wurde die Sache zu heiß. Pablo Escobar war zwar tot, aber längst waren genug andere, nicht minder gefährliche Kriminelle in seine Fußstapfen getreten, immer bereit, alles nur Erdenkliche für Geld zu tun. Und Werner Haube sowie VP Hugo wirkten nicht gerade sehr professionell. Ich flog deshalb mit einem unguten Gefühl nach Bogotá zurück.

Werner Haube, VP Hugo und dessen junge Begleiterin irrten derweilen in Cartagena von einer Exportfirma zur anderen und suchten nach einem Weg, Container aus Kolumbien nach Deutschland zu verschiffen. Das wirkte ziemlich auffällig. Und so vergingen auch nur zwei Tage nach meinem Abflug, bis mich ein befreundeter Polizist aus der verbrechensgeplagten Hafenstadt anrief.

»Hey, Mike, du musst dringend hierherkommen«, sagt er. »Wir sind zwei deutschen Kokainschmugglern auf der Spur.«

»Interessant«, sagte ich und ahnte, was kommen sollte.

»Die suchen Exportmöglichkeiten für Kaffee nach Deutschland, ohne auch nur die geringste Ahnung von Kaffee zu haben. Die bereiten sicher ein großes Ding vor.«

»Lass mal gut sein«, wiegelte ich ab. »Das geht schon in Ordnung.«

Doch damit fingen die Probleme mit VP Hugo erst richtig an. Denn in Cartagena hatte der Mann mich nach meiner Telefonnummer gefragt.

»Wenn es mal ein Problem gibt«, begründete er das, »kann ich dich schneller erreichen als Haube in Wiesbaden.«

Wahr. Nur verfügten weder Bachmann noch ich über »abgedeckte«, das heißt abhörsichere Telefonanschlüsse. Alle unsere Nummern waren auf die deutsche Botschaft registriert. Mit einer kleinen Ausnahme: Lediglich Bachmann hatte vor Jahren einmal einen Pager vom Leiter der kolumbianischen Interpol-Dienststelle (DAS) zur Verfügung gestellt bekommen, der auf dessen Bruder zugelassen war. Ob der Bruder, den wir noch nicht einmal kannten, vielleicht doch mit den Drogenkartellen zusammenarbeitete, konnten wir beim besten Willen nicht feststellen. Es war aber die einzige Nummer, die halbwegs sicher war, und damit war VP Hugo vorerst zufrieden.
Ich hatte Haube, VP Hugo und ihre Geschäfte fast schon vergessen, mindestens drei Wochen waren seit unserem bedenklichen Zusammentreffen in Cartagena vergangen, da piepste eines Morgens mein Pager. Es war im September 1994 und die Nummer, die auf dem Pager-Display erschien, kannte ich nicht. Ich ging in eine Telefonzelle und rief die Nummer an. VP Hugo war in der Leitung. Er bat um ein sofortiges Treffen. Ich vertröstete ihn auf abends, das erschien mir sicherer. Als Treffpunkt hatte ich einen belebten Stadtpark ausgewählt.
Als ich dort eintraf, sah ich VP Hugo sofort an, dass etwas schiefgegangen war. Er wirkte total aufgelöst, Angst schlug ihm aus den Augen und gleich hatte er eine wirre Geschichte zu erzählen. Es ging um Drogenhändler, die ihn bedrohten. Erst wurde gar nicht klar, was er wollte, doch dann kam er damit heraus, dass sein Deal geplatzt war, das Cali-Kartell hinter ihm her war und er den Leuten zu seinem Schutz erzählt habe, dass er Teil einer größeren Organisation sei, deren Chef aus Bogotá operiere. Ich ahnte, dass er damit mich und meine Telefonnummer meinte. Genauso war es auch und das konnte nicht lange gut gehen. So sollte es das letzte Mal sein, dass ich VP Hugo lebend sah.
In den nächsten Tagen überschlugen sich die Ereignisse. Zuerst

Die Nummer meines Diensthandys in Kolumbien – dem Cali-Kartell war sie sicher bekannt

Mein Sonderausweis, unterschrieben von General Montenegro, war in Kolumbien mehr wert als ein Diplomatenpass.

titelte eine Lokalzeitung in Medellin: »Deutscher mit Geliebter auf Finca ermordet«. Bachmann machte sich sofort auf den Weg. Als er dort eintraf, waren die Leichen der beiden freiberuflichen BKA-Mitarbeiter zwar schon auf einem Armenfriedhof der Stadt verscharrt worden und konnten nicht mehr identifiziert werden. Aber die Beschreibungen von Nachbarn und der Polizei bestätigten, was wir befürchtet, aber insgeheim gehofft hatten, dass es doch nicht eingetreten sei. Das Cali-Kartell hatte Haubes Leute, VP Hugo und dessen junge Geliebte, brutal exekutiert.

Es ließ sich jetzt nur noch rekapitulieren, dass VP Hugo nicht lange nach unserem Zusammentreffen nach Medellin zurückgereist war. Eines Mittags betraten Fremde das Haus, in dem er mit der jungen Frau gelebt hatte, und töteten die beiden gezielt durch Kopfschüsse. Schon Stunden nach dem Mord hatte ich dann mehrere Anrufe auf meinem Pager erhalten. Wenn ich zurückrief, fragten Unbekannte, wer ich sei und was ich mit dem Ermordeten zu tun habe. Wenn ich zurückfragte, wer die Anrufer seien, wurde stets aufgelegt.

In den Wochen danach stellte sich folgender Zusammenhang heraus: Bevor ich in Bogotá eingetroffen war, hatte Bachmann unter dem Decknamen Don Emillio seinen eigenen V-Mann geführt, der mit dem Cali-Kartell zusammenarbeitete. Die Kontakte liefen stets über den Pager, der auch mir zur Verfügung stand. Offenbar hatte Bachmanns Kontaktmann die Seiten gewechselt und war über korrupte Polizeiquellen an Abhörprotokolle über VP Hugo gekommen. Vielleicht wollte er auch nur einen Konkurrenten aus dem lukrativen Markt für V-Männer drängen. Auf jeden Fall war ihm klar, als er die Nummer des Pagers sah, dass Hugo wie er auch mit der deutschen Polizei zusammenarbeitete. Es gab nur einen Ausweg, VP Hugo musste beseitigt werden.

Aber damit waren die Probleme nicht gelöst, denn bei der jungen Dame, die mit VP Hugo in Medellin gestorben war, handelte es sich nur um seine Geliebte. VP Hugos Frau lebte mit zwei Kindern in Deutschland, aber nicht im offiziellen Zeugenschutz – nein, Werner Haube hatte ihr privat geholfen unterzutauchen. Die BKA-Leitung hatte den Vorgang nie genehmigt.

Immer mehr stellte sich heraus, dass alle Beteiligten in diesem Fall sämtliche Vorsichtsregeln missachtet hatten. Haube war offensichtlich von der ersten Sicherstellung so begeistert, dass er auf weitere Erfolge gierte, die seine Karriere befeuern würden. VP Hugo hingegen hoffte auf das große Geld. Als Lohn aus der V-Mann-Tätigkeit winkte ihm eine Million D-Mark. Die wollte er seiner Frau und den Kindern in Deutschland überlassen, damit diese sich eine neue Existenz aufbauen könnten. Mit der Auslobung aus dem zweiten Deal hatte er dann geplant, sich mit seiner jungen Geliebten nach Miami absetzen zu können.

Und als wäre alles nicht schon kompliziert genug, war VP Hugo auch noch mit einem Originalpass des BND, aber unter fiktivem

Namen nach Kolumbien gereist. Das war möglich gewesen, weil Kollege Haube über ausgezeichnete Kontakte nach Pullach verfügte. Nur dass VP Hugo abgeknallt werden konnte, daran hatte niemand gedacht. Denn seine Sterbeurkunde war jetzt auf einen fiktiven Namen ausgestellt. Als die Ehefrau aus Deutschland – jetzt mittellos – mit ihren Kindern in die Heimat zurückkehren wollte, brauchte sie die Unterschrift des Vaters. Ein Sterbedokument auf den regulären Namen des Vaters gab es aber nicht. Zum Glück kann man in Kolumbien jedes amtliche Papier fälschen lassen. Ich besorgte folglich die falschen Papiere für den richtigen Toten, aber wohl war uns nicht bei der Sache. Denn was wäre gewesen, wenn nach VP Hugo auch Don Emillio alias BKA-Verbindungsbeamter Uwe Bachmann und ich auf der Abschussliste des Medellin-Kartells standen?
Letztlich sahen wir die Sache fatalistisch. Denn die Kartelle waren so mächtig und allwissend, dass sie uns sicher nicht erst angerufen und gefragt hätten, wem die Pager-Nummer zuzuordnen sei, bevor sie zuschlugen. Sie wären in unserem Büro aufgetaucht und hätten uns ebenfalls exekutiert. Wir gingen davon aus, dass VP Hugo einem kleineren Gangster aus Medellin und nicht den ganz großen Bossen aufgesessen war. Vielleicht war er ja auch nur unserem eigenen Informanten zum Opfer gefallen. Für meinen Kollegen Bachmann und mich war das ein großes Glück – vielleicht hat der Umstand sogar unser Leben gerettet.
Die Wahrheit werden wir ohnehin nie erfahren. Wiesbaden lehnte jede weitere Untersuchung des Falles ab, denn die gesamte Operation war ohne Zustimmung der einheimischen Polizei gelaufen. Selbst wenn die Fakten geklärt worden wären, hätten am Ende nur ein diplomatischer Skandal und Verstimmung mit den Behörden gestanden. Karachi ließ grüßen.
Am Schluss der Affäre versuchte Bachmann noch, VP Hugos Leiche nach Deutschland überführen zu lassen. Warum, verstand ich

nie ganz. Er rief einen ihm bekannten Offizier in Medellin an und bat ihn, die »Überreste des Deutschen exhumieren« zu lassen.
»Sag mal«, kam er Tage danach in mein Büro, »kennst du die Airline Rio-Bogotá?«
»Warum?«, fragte ich.
»In Medellin haben sie mir gesagt, dass sie die Leiche von VP Hugo mit Rio-Bogotá schicken.«
Ich musste lachen. Denn der Rio Bogotá ist der Fluss, der von Medellin nach Bogotá fließt. Offensichtlich war Bachmann dem Offizier in Medellin ziemlich auf die Nerven gegangen und dieser wollte ihm durch die Blume sagen: »Wenn du willst, dann schmeiß ich dir deine verdammte Leiche in Medellin in den Rio Bogotá und wenn sie bei dir vorbeischwimmt, kannst du sie dir selbst rausfischen, du Nervensäge.«
Damit war der Fall auch für uns endgültig erledigt. Wir beschlossen den Pager, der wohl VP Hugo und einer unschuldigen Kolumbianerin eine Kugel eingebracht hatte, zu vernichten und kehrten an unsere Arbeit zurück. Und davon gab es weiß Gott genug.

Sonntags im Knast

Es vergingen nur ein paar Tage, dann hatte ich den Leiter der Rechts- und Konsularabteilung der Botschaft am Apparat. Auf »El Dorado«, dem Flughafen der Hauptstadt, sei ein Deutscher aus Königstein in Hessen bei dem Versuch geschnappt worden, drei Kilo Kokain außer Landes zu schmuggeln, sagte er. Der Täter sei in den berüchtigten »Fünften Stock« des Hochsicherheitsgefängnisses El Modelo in Santafé de Bogotá eingesperrt worden. Das war die Adresse, unter der man normalerweise nur die ganz großen und gefürchteten Kartellbosse des Landes verwahrte – eine äußerst gefährliche »Unterkunft«, wo man großes Geschick brauchte, um zu überleben. Der Botschaftsmann hatte mir das erzählt, weil er aus früheren Gesprächen wusste, dass ich geradezu darauf gierte, dort eine Quelle zu platzieren.

»Warten wir zwei Monate, bis er weich gekocht ist«, sagte ich, »dann bieten wir unsere Hilfe an und reden mit ihm.« So geschah es. Zwei Monate ließ der Hesse sich nur konsularisch von einem Mitarbeiter der Botschaft betreuen, dann brachte dieser unsere Namen ins Spiel und prompt bat der Häftling, einen BKA-Mitarbeiter zu sehen. Ich meldete mich zu einem Besuchstermin an und wurde auch schnell vorgelassen.

Siegfried Thun, so hieß der Untersuchungshäftling, wirkte auf den ersten Blick wie der klassische Wirtschaftsbetrüger: hager, Mitte 40, etwa 1,78 Meter groß und man konnte ihn sich gut im Nadelstreifenanzug als Versicherungsvertreter oder Autoverkäufer irgendwo im Taunus vorstellen. In der Tat hatte er auch im Gefängnis schon damit angefangen, seinen Mitinsassen anzubieten, dass er, wenn er wieder raus sei, ihr Geld verwalten könne, und ihnen allerhand Flöhe vom angeblichen »Investmentparadies Deutschland« ins Ohr gesetzt. Das war sehr optimistisch, denn eigentlich war keineswegs klar, ob Thun so schnell wieder aus dem Knast herauskommen würde. Denn ihm drohte nicht nur eine Anklage in Kolumbien, er musste auch mit seiner Abschiebung und anschließenden Verurteilung als Drogentäter in Deutschland rechnen. Weil er diesem Dilemma zu entkommen hoffte, kam er schnell zum Punkt und bot mir seine Zusammenarbeit an, die sich bald als sehr fruchtbar entpuppte, denn Thun konnte wirklich eine ganze Menge interessanter Details berichten.

Als Thun erstmals nach Kolumbien kam, wurde er von seiner russischen Freundin, einer etwa 1,70 Meter großen, hübschen Blondine, begleitet. Gemeinsam hatten sie geplant, militärische Güter aus den Restbeständen der Sowjetunion an Guerillas und Gangster zu verkaufen. Vor allem Nachtsichtgeräte mit einer sagenhaften Qualität hatte er im Angebot, wovon ich mich bald bei einem Treffen mit der Frau überzeugen konnte. Es war nichts Ungewöhnliches, dass Ausländer mit den Drogenbossen aus den Anden Geschäfte machen wollten. In Medellin wie auch in Cali trieben sich schon zu Escobars Zeiten zum Beispiel immer eine ganze Menge ehemaliger Mossad-Agenten herum, die den Drogenbossen als Sicherheitsberater, Bodyguards, Strategieplaner und Untergrundbanker zur Verfügung standen. Thuns Geschäfte waren aber offensichtlich nicht sehr gut gelaufen, irgendwie hatte er sich mit dem Höhepunkt des Anti-Drogen-Krieges wohl auch die falsche Zeit dafür ausgesucht und so war er in seiner bald einsetzenden Geldnot an einen deutschen Geschäftsmann geraten, der Thun als Drogenkurier einsetzen wollte.

»Es kann gar nichts schiefgehen«, hatte ihm der Geschäftsmann vorgegaukelt. Weil Thun jedoch nach wenigen Einsätzen trotzdem aufflog, fühlte er sich von seinem Auftraggeber hereingelegt, wollte sich an ihm rächen und fing an auszupacken.

Ausländische Drogenexperten und Geheimdienste hatten nie Zweifel daran gehegt, dass der Drogenanbau und auch der Export aus Kolumbien nicht ohne die Sicherheitskräfte möglich wären. Viele Ausländer bezeichneten die Armee und Polizei gar als eigenes Kartell. Aber all diese Beschreibungen und Analysen griffen zu kurz. Denn jungen Offizieren ließ man keine andere Wahl, als bei dem Geschäft mitzuspielen. An ihrem ersten Dienstort bekamen sie meist von einem Rechtsanwalt Besuch. Der erzählte ihnen in freundlichem Ton, wo ihre Kinder zur Schule gingen, welcher Beschäftigung ihre Frau und die Geschwister nachgingen. Dann ließ er Grüße von einem »Don Pedro« oder »Don Rodrigo«, dem lokalen Unterweltboss, ausrichten und legte entweder ein Geldbündel auf den Tisch oder ließ die Schlüssel für einen neuen Geländewagen zurück. Wer das Geschenk ablehnte, riskierte nicht nur sein Leben, sondern das Wohlergehen seines gesamten Familienclans. Somit war eine lebenslange Abhängigkeit zu dem Kartell geschaffen, in dessen Region man zuerst gedient hatte. Selbst ein Austritt aus dem Polizeidienst erlöste einen ehemaligen Offizier nicht von diesem Abhängigkeitsverhältnis.

Thun berichtete nun aus eigener Erfahrung, wie die Polizei den Schmuggel direkt begünstigte, sogar selbst organisierte. Ausländische Kuriere wurden demnach vor ihrer ersten Tour als Drogenboten von ihren Auftraggebern in dem Ferienort Melgar (»Stadt der Swimmingpools«), der etwa 100 Kilometer im Südwesten Bogotás liegt, einquartiert und ein paar Tage verköstigt. Bei diesem Kurzurlaub lernten sie »zufällig« ihren »Partner« aus dem Polizeiapparat kennen. Dieser verabredete sich dann mit dem Drogenschmuggler auf ein Treffen am internationalen Flughafen El Dorado, sie sprachen ab, wann der Kurier an welchem Eingang zu erscheinen habe. Der uniformierte Partner lief dann neben dem Kurier durch alle Sperren, bis er unbeschadet in seinem Flugzeugsitz saß. Für die Beamten im Flughafen, die an den Gepäckkontrollen und an der Passkontrolle Dienst taten, war die Existenz eines uniformierten Begleiters ein sicheres Zeichen, welches verkündete: Dieser Drogen-Muli ist unantastbar, er hat seine »Steuer« bezahlt. Das ist der Grund, warum es auf dem internationalen Flughafen von Bogotá zu jener Zeit fast nie Sicherstellungen von Drogen gab.

Ausnahmen gab es freilich, doch die hatten andere Ursachen. Zu der Zeit, als Thun einsaß, flogen etwa über Wochen täglich Nigerianer in El Dorado auf. Jedes Mal, wenn sie mit Schmuggelwesten voller Kokain in den Flughafen marschierten, dauerte es nur Sekunden und die Handschellen schnappten zu.

»Was ist denn hier plötzlich los«, wollte ich von einem befreundeten Polizeioffizier wissen. Er schmunzelte nur und sagte: »Die Freunde aus Afrika verstehen noch nicht, dass sie das Geschäft nicht allein machen können.«

Drei Wochen später waren zwar noch genauso viele Nigerianer am Flughafen zu sehen, aber keiner wurde festgenommen. Sie hatten verstanden, wen sie schmieren mussten.

Normalerweise fanden die Treffen mit Thun sonntags statt. Das war nicht schön, weil damit regelmäßig mein Wochenende ruiniert war, es gab aber überzeugende Gründe dafür. Denn jeden Samstag besuchte der deutsche Geschäftsmann Thun im Gefängnis. Weil der Hesse immer noch einsaß, glaubte der Deutsche, Thun habe nicht ausgesagt und er könne ihm trauen. Regelmäßig erzählte er Thun nun von seinen nächsten kriminellen Plänen und versuchte überdies – was wohl der Hauptgrund für die Besuche war –, ihn dazu zu überreden, ihm unter den Insassen weitere Drogenkuriere anzuwerben, die nach ihrer Haftentlassung gewillt waren, Kokain nach Deutschland zu schleppen. Wahrscheinlich war das auch der einzige Grund gewesen, warum er Thun hatte auffliegen lassen. Er wollte einfach einen Anwerber im Knast haben. Thun durchschaute das bald und zahlte ihm dafür ordentlich zurück. Brühwarm berichtete er mir jetzt, dass die Handelsfirma des Deutschen nicht nur Dollarblüten vertrieb, auch fälschte sie lateinamerikanische Aktienzertifikate und war dick im Drogengeschäft tätig. Es dauerte gar nicht lange, da wurde der angeblich so saubere deutsche Geschäftsmann festgenommen und in Deutschland zu einer langjährigen Haftstrafe verurteilt.

Siegfried Thun hatte während seiner Haftzeit eifrig geplaudert und noch mehr Kuriere ans Messer geliefert. In Bogotá waren wir durch seine Kooperation überdies einer Bande auf die Spur gekommen, die zwar nicht im Auftrag der ganz großen Kartelle arbeitete, aber in Zusammenarbeit mit dem deutschen Handelsunternehmer viele Kilo Rauschgift nach Deutschland geschmuggelt hatte. Wir wollten die Sache weiterverfolgen. Eifrig schrieb ich Berichte nach Hause, aber obwohl das BKA und die Kripo in

Mainz schon verdeckte Ermittler losgeschickt hatten, zog die dafür zuständige Staatsanwaltschaft in der rheinland-pfälzischen Landeshauptstadt nur sehr langsam in der Sache mit und stellte die dafür nötigen Genehmigungen nicht zur Verfügung.
Ich wurde sehr ungeduldig. Voll Frust schrieb ich eines Abends, als ich wieder einmal aus der Haftanstalt gekommen war und keine Reaktion auf meine Berichte erhalten hatte, eine Dienstmail nach Wiesbaden. Adressat war der Beamte, der mich im Südamerika-Referat betreute.
»Lieber S.«, hackte ich in die Tastatur. »Sag doch dem bescheuerten Staatsanwalt in Mainz mal, wenn er nicht in die Pötte kommt, dann ist die Arbeit mit Siegfried Thun hier umsonst und ich kann den Laden bald dicht machen.«
Diese Mail sollte ich irgendwann einmal bereuen. Aber das ahnte ich jetzt noch nicht einmal. Denn S. war damals noch ein guter Freund von mir.
Die Treffen mit Thun fanden immer im Erdgeschoss von El Modelo statt. In einem großen Saal, gleich neben dem Haupteingang, standen hier ein paar Tische und klapprige Holzstühle, an denen sich einmal pro Woche Angehörige und Verurteilte zusammensetzen konnten. Es ging dort zu wie in einer Bahnhofshalle, es war laut, stickig und gefährlich. Das einzige Entscheidungskriterium, wie lange ein Treffen dauern und was man dem Insassen mitbringen durfte, war die Geldsumme, die man einem der Wärter zuvor zugesteckt hatte. Alles ging hier. Nachts fuhren sogar Prostituierte in Luxuslimousinen mit verdunkelten Scheiben auf dem Gefängnishof vor und Feinkosthändler lieferten erlesene Speisen sowie reichlich Getränke für die begüterte Kundschaft.
Wie ich das immer getan hatte, brachte ich an einem Wochenende Thun frisches Obst mit ins Gefängnis. Aber zu meinem Erstaunen lehnte er das Mitbringsel dankend ab.

»Das brauch ich nicht, ich war draußen essen und habe mich eingedeckt«, sagte mein Informant mit unverhohlenem Triumph in der Stimme.
»Wie, war essen?«, fragte ich erstaunt zurück. Denn wie ich vorher gelernt hatte, gab es in dem Trakt keine Kantine. Thun erzählte jetzt sichtlich gut gelaunt, dass er seine Zelle mit einem der gefürchtetsten Auftragskiller des Medellin-Kartells teilte. Dieser »Sicario« sollte angeblich 113 Menschen ermordet haben und war deshalb zu mehrmals lebenslänglicher Haft verurteilt worden. Er genoss im Gefängnis El Modelo den größten Respekt, weniger aus Ehrfurcht, sondern aus Angst. Denn vor einem weiteren Mord hätte der »Sicario« auch im Gefängnis sicherlich nicht zurückgeschreckt. Am Abend vor meinem Besuch hatten sie gemeinsam ihr »Saturday Night Fever« befriedigt. Eine bereitstehende Limousine eines großen Kartellbosses hatte die beiden im Gefängnis wie Showgrößen abgeholt und ins Intercontinental Tequendama, Bogotás führendes Fünfsternehotel, zum Abendessen gefahren, danach standen Disco und ein Techtelmechtel mit einigen käuflichen Damen auf der Tagesordnung.

Informant vor Gericht

Nach diesem Erfahrungsbericht vergingen nur ein paar Wochen, da klingelte an einem späten Nachmittag mein Diensthandy. Siegfried Thun war in der Leitung.
»Ich stehe vor dem Gefängnis«, sagte er.
»Wie das?«, fragte ich.
»Die haben mich rausgeschmissen«, brüllte er gegen den Hintergrundlärm einer Kneipe an und fügte hinzu: »Ich telefoniere vom Café gegenüber von El Modelo.«
Er brauchte natürlich Hilfe.

Irgendwie glaubte ich das alles nicht ganz, war aber eine halbe Stunde später am vereinbarten Treffpunkt. Und wirklich stimmte seine Geschichte. Er war ohne Angabe von Gründen und ohne Auflagen aus dem Hochsicherheitstrakt entlassen worden. Mehr noch, auf dem Weg von seiner Zelle bis zum Ausgang der Strafanstalt hatten ihm die Gefängniswärter nicht nur sämtliche Kleider, sondern auch Geld, Pass, Uhr und seinen Koffer abgenommen, mit dem er ursprünglich am Flughafen erwischt worden war. Er besaß nur noch, was er am Leib trug.
Ich fühlte mich verpflichtet, ihm zu helfen. Acht Monate hatte er im Gefängnis sein Leben riskiert, um uns mit Hinweisen über das Drogenmilieu zu füttern. In Deutschland waren durch Thuns Mithilfe eine ganze Menge Drogenkuriere aufgeflogen. Wenn das jemand in Bogotá erfuhr, würde er schon einen Tag später mit einer Kugel im Kopf irgendwo im Straßengraben liegen. Deshalb wurde Thun jetzt auf BKA-Kosten in ein kleines Hotel gesteckt. Das Geld für sein Ticket schickte bald danach seine russische Freundin und mit einem Ausweis der deutschen Botschaft, der kein Lichtbild trägt und den Zugang zum Flughafen erlaubt, schmuggelte ich ihn wenige Tage später durch die Ausreisekontrolle bis zum Gate seines Fliegers. Auf der Toilette nahm ich ihm den Pass wieder ab und setzte ihn ohne gültige Papiere in die Maschine nach Frankfurt. Zu Hause stellte Thun sich der Polizei, ein halbes Jahr später kam es zum Prozess gegen Thun und die Täter, die er hatte auffliegen lassen. Und ich war als Zeuge zur Verhandlung geladen.
Es sollte einer der ungewöhnlichsten Gerichtstermine werden, die ich als Polizeibeamter jemals erlebt habe. Sie fand in Mainz statt. Schon auf dem Flur raunte mir der Staatsanwalt zu: »Herr von Wedel, es wird eine sehr schwierige Verhandlung. Halten Sie bloß den Mund.«
Dann kam schon die Richterin herein und der Staatsanwalt verstummte.

Was ich nicht ahnte und was das BKA mir nicht mitgeteilt hatte, war das Faktum, dass es zwischen der Kripo Mainz und der Staatsanwaltschaft zum Streit gekommen war. Das Landgericht Mainz hatte daraufhin die gesamten Handakten der Polizei sicherstellen lassen, sodass jede Zeile, die ich geschrieben hatte, dem Gericht vorlag. Somit wussten auch die Anwälte der Gegenseite Bescheid. Auch war ihnen damit klar, dass wir verdeckte Ermittler einsetzen wollten, um ihre Mandanten zu überführen. Das übliche Problem: Aufgrund meines diplomatischen Status durfte ich das gar nicht. Aber hätte das Gericht nicht die Handakte der Polizei vorliegen gehabt, die meinen Schriftverkehr aus Bogotá dokumentierte, hätte man das auch nicht nachweisen können.
Sicher hätten sie mich gefragt: »Herr von Wedel, wollten Sie verdeckte Ermittler einsetzen?« Ziemlich sicher hätte ich mit »Nein« geantwortet und wäre nach einer darauffolgenden Vereidigung wegen »meineidlicher Falschaussage« zum Wohle der Strafverfolgung von Drogenschmugglern ein Jahr ins Gefängnis gewandert. Gleichzeitig wäre der Prozess geplatzt und die Täter wären freigekommen.
Es war eine unglaubliche Schlamperei von Wiesbaden und Mainz, mir das nicht zu sagen. Die Arbeit von Monaten hätte jetzt mit einem falschen Satz zunichte gemacht werden können. Und gefährliche Drogengangster liefen dann wieder in Deutschland herum.
Das wusste die Richterin zu verhindern. Zum Prozessauftakt rief sie mich als Ersten auf. Das war ungewöhnlich und es wurde ziemlich still im Saal des Mainzer Landgerichts. Alles war gespannt.
»Herr von Wedel«, sagte sie, »ich möchte Ihnen etwas vorlesen« – und zitierte meine Mail an S.
»Ist das von Ihnen?«, fragte sie lächelnd. Die Richterin wollte

mich nicht reinlegen, sondern teilte mir dadurch mit: Vorsicht, ich habe alles in den Akten, was Sie geschrieben haben.
»Jawohl«, war die Antwort. Ich hatte kapiert. Von nun an gab es nur noch absolute Offenheit. Zum Meineid kam es nicht. Die Täter wurden zu langen Haftstrafen verurteilt. Aber ein Ruhmesblatt für das BKA war das wahrlich nicht. Immerhin arbeitet Siegfried Thun heute noch als V-Mann für die Landeskriminalpolizei Rheinland-Pfalz – sehr erfolgreich sogar.

Ständig unter Strom

Die Verbindungsbeamten des BKA in Kolumbien hatten jetzt einen ziemlich guten Ruf. Die Fehler der Vergangenheit waren vergessen, ach was, sie gehörten zum System. Das war nicht gut, aber es war eben so. Manchmal ertappte ich mich bei dem Gedanken, den ich früher abgelehnt hatte: Ein Polizist muss auch wie ein Gangster agieren können. War es nicht das, was uns Folien-Fred eingebläut hatte? Wir standen ständig unter Strom. Meine Beurteilungen waren spitze und Staatsanwaltschaften schickten Dankesschreiben für unsere Arbeit nach Bogotá.
Manchmal bearbeiteten wir fünf, sechs, sieben Fälle parallel. Morgens Kinderschänder, mittags Koksdealer und abends kam es noch zu einem konspirativen Treffen im Park oder ich musste eine Nacht im Auto auf Observation verbringen, um zu sehen, ob im Hochsicherheitstrakt von El Modelo wirklich die Nutten ein- und ausgingen. Dazu übergaben wir Ausstattungshilfe in Millionenhöhe an die kolumbianische Polizei. Wir waren in jede Richtung sehr begehrte Gesprächspartner.
Ende 1995 war die Entsendung von Uwe Bachmann abgeschlossen und er wurde als Verbindungsbeamter nach Kiew versetzt. Das war eine große Zäsur im Büro Bogotá.

Aber auch im BKA hatte sich viel geändert. Die von Abteilungsleiter Friedrich Keller so favorisierte Umorganisation war jetzt abgeschlossen und die Rauschgiftabteilung gab es nicht mehr. All das fiel mir ein, als kurz nach »Don Emillios« alias Kriminalhauptkommissar Uwe Bachmanns Abschied der Kollege Alexander Jochum in Bogotá anrief. Er nannte sich jetzt Sachgebietsleiter im Ermittlungsreferat OA 4. Der Erste Kriminalhauptkommissar (EKHK) gehörte zu den alten Spürnasen, die Jahrzehnte bei der Abteilung Rauschgift die Kärrnerarbeit geleistet hatten. Dort war er lange auf Fälle aus Südamerika angesetzt gewesen. Ein alter Hase also. Wir duzten uns.
»Mike, kannst du einem von mir eingesetzten Informanten Bargeld auszahlen?«, fragte er nach dem Austauschen der üblichen Höflichkeitsfloskeln. Ich wusste gar nicht, dass er einen V-Mann in Bogotá führte. Aber das war eben das alte Spiel.
Es schien, als würde das BKA nie dazulernen. Aber die Menge Koks, die täglich nach Deutschland floss, zwang zum Handeln. Auch zum Handeln außerhalb des gesetzlichen Rahmens der Bundesrepublik Deutschland.
Bei der Zahlstelle der Botschaft holte ich wie befohlen 60 000 D-Mark ab. Der Mann, den ich traf und der das Geld erhalten sollte, war überglücklich. Mit dieser Summe war man in Kolumbien reich, zumindest jemand aus dem Mittelstand wie er. Wir hatten uns in einem kleinen Restaurant in der Zona Rosa verabredet und kamen gut ins Gespräch. Jochums Kontaktmann hatte eine angenehme Art, sanfte Gesichtszüge und einen dunklen Latino-Teint. Er war etwa 1,70 Meter groß, Anfang 40 und hatte braune, gelockte Haare. Sein Name war Fabio Alberto Chavez Rosero. Ein komplizierter Name, und wir beschlossen sofort, bei Mike und Fabio zu bleiben.
Bald sprudelten die Informationen wie ein Wasserfall aus ihm heraus. Das sind die Momente, in denen man als Polizist zwie-

spältige Gefühle hegt. Einerseits ist man neugierig und möchte natürlich so viel wie möglich erfahren. Andererseits setzt bei solchen Plaudertaschen auch gleich der Zweifel ein, ob man dem Gegenüber vertrauen kann. Wie sich herausstellte, hatte Fabio Chavez früher als Polizeioffizier gearbeitet, war aber wegen irgendeiner kleinen Verfehlung entlassen worden und hatte die Seiten gewechselt.

Es verging nicht viel Zeit und er war im Auftrag von Koks-Dealern nach Deutschland unterwegs. Zusammen mit einem 70-jährigen Kolumbianer sollten sie in Hamburg Rauschgift verkaufen, gerieten jedoch an einen verdeckten Ermittler und wurden bei der Übergabe festgenommen. Normalerweise, wenn solche ungleichen Paare als Rauschgifthändler unterwegs sind, ist die Aufgabenteilung klar festgelegt. Der Ältere ist der Boss und der Jüngere sein Bodyguard. Doch der verdeckte Ermittler hatte ausgesagt, bei Chavez und dem Alten wäre das umgekehrt gewesen, sodass er zu acht Jahren Zuchthaus verurteilt wurde, die er vollständig in der Haftanstalt Fuhlsbüttel verbüßte. Ausgesagt hatte Chavez nie, damit war er in Kolumbien bei seinen Auftraggebern nicht verbrannt.

Nach Ende ihrer Haftzeit werden Drogentäter abgeschoben und bekommen normalerweise einen deutlich sichtbaren Stempel in den Pass, der eine spätere Einreise nach Deutschland verhindert. Hauptkommissar Jochum hatte Chavez im Gefängnis aufgesucht. Das ist ein übliches Vorgehen, um V-Männer zu gewinnen. Chavez stimmte zu, fortan für das BKA zu arbeiten, und Jochum verhinderte daraufhin, dass der verurteilte kolumbianische Drogenschmuggler Chavez diesen inkriminierenden Stempel in seinen Pass bekam.

Das wirkte Wunder. Chavez entwickelte eine fast schon pathologische Loyalität gegenüber Jochum und dem BKA. Er schrieb uns wahre Wunderkräfte zu. Mit seiner Legende als Schmuggler, der nie ausgepackt hatte, fand er, einmal zu Hause angekommen, auch schnell wieder Anschluss an seine alten Kumpanen vom Cali-Kartell. Irgendwie war er auch der Typ, dem man nicht böse sein konnte. Er war äußerst musikalisch, hatte eine tolle Gesangsstimme, war ein brillanter Gitarrenspieler und das, was man eine Stimmungskanone nennt, nämlich immer gut drauf. Vielleicht ließ ihn das vergessen, dass kolumbianische Kokainbosse keinen Spaß verstehen.

Zurück in Bogotá, konnte Fabio Chavez eine Drogenbande überzeugen, dass er in Fuhlsbüttel Kumpel gefunden hätte, die es ihm ermöglichten, Rauschgift durch den deutschen Zoll zu schleusen. Die 60 000 D-Mark, die ich damals auszahlte, waren der erste Lohn für eine erfolgte Zusammenarbeit. Fortan wurde Fabio Chavez unter der Bezeichnung VP 756 in den Akten des BKA geführt.

Eine Goldader

V-Mann Fabio sprach ein paar Brocken Knast-Deutsch, aber nicht genug, um eine lange Unterhaltung zu führen. Auf Spanisch fragte er schließlich, ob wir nicht zusammenarbeiten könnten. Wegen der Zeitverschiebung von fünf Stunden sei der Kontakt mit Alexander Jochum immer etwas mühsam. Wahrscheinlich hatte er aber wie so viele V-Leute einfach Lunte gerochen. Geld, sogar sehr viel Geld von der Polizei zu kriegen, dafür, dass man Ganoven betrügt, ist ja auch eine verlockende Perspektive – wenn auch ein lebensgefährlicher Job.

Ich meldete sein Ansinnen weiter, doch der Kollege in Wiesbaden fand das nicht gut. Er betrachtete das als Angriff auf seine Autorität als V-Mann-Führer. Das war mir auch ganz recht so. Die Geschichte mit VP Hugo und der Operation Ochsengalle steckte mir noch in den Knochen. Ich traf Fabio erst einmal nicht mehr.

Doch ein paar Wochen später klingelte mein Handy, ich sah die Nummer 933384794 auf dem Display. Es war Fabios Nummer, die mir in Erinnerung geblieben war. Wir trafen uns nachts in einer Bar. Nicht ganz ungefährlich. Denn in jedem Hotel wimmelte es von Kriminellen, Drogenhändlern und korrupten Polizeibeamten.

»Mike, ich weiß von 35 Kilo Kokain, die nach Deutschland verkauft werden sollen«, legte er sofort los. »Hey, halt den Mund hier, Fabio«, sagte ich. Doch es sprudelte aus ihm heraus. Mitglieder des Cali-Kartells waren ein paar Tage zuvor nach Deutschland gereist, hatten einen Käufer aus dem kriminellen Milieu in Süddeutschland gefunden und wollten jetzt den Stoff losschicken. Es fehlte nur noch ein Kurier. Man hätte eine kontrollierte Ladung schicken und die Bande in Deutschland festnehmen können. Das übliche Spiel. Doch Wiesbaden lehnte brüsk ab: »Die Menge ist zu gering«, lautete die Begründung.

Mit der Umorganisation war das BKA noch arroganter als zuvor geworden. Kleine Fälle wollte man dort nicht mehr haben. Und 35 Kilo Kokain waren unter der Würde der deutschen Supercops. Vielleicht sollte ich es mit Karlsruhe probieren, dachte ich mir.

Gleich nach meiner Ankunft in Bogotá hatte ich mit den Badenern zusammengearbeitet. Sie hatten mich auf eine Bande aus dem süddeutschen Raum angesetzt. Die Operation nannte sich »Air-King« und war so erfolgreich verlaufen, dass insgesamt 19 Täter zu 106 Jahren und drei Monaten Haft verurteilt wurden. 80 Kilo Kokain und 300 000 D-Mark wurden sichergestellt. Alles lief damals über die »Gemeinsame Ermittlungsgruppe Rauschgift« (GER) des Zolls und der Kripo Karlsruhe.

Ein Anruf genügte und zehn Minuten, nachdem ich mit dem Staatsanwalt und dem Ermittlungsführer in Karlsruhe telefoniert hatte, riefen sie zurück. »Mike«, sagte der Hauptkommissar, mit dem ich per Du war, »wir machen das Ding. Leg los.«

Kurz hintereinander liefen jetzt zwei Operationen an. Die erste nannte sich »Don Rubio«, die zweite »Ruben«. Beide Male wartete dafür ein verdeckter Ermittler des Landeskriminalamtes Baden-Württemberg in Frankfurt am Main, übernahm den Stoff. Alles war so perfekt eingetütet, dass die Gangster in Kolumbien die Kosten für die Operation der Kripo Karlsruhe indirekt mitbezahlten. Wir waren alle mächtig stolz.

Der »Verdeckte« fungierte als Geschäftsmann und das Cali-Kartell zahlte ihm 9000 US-Dollar pro geschmuggeltes Kilo. Mit einem davor eingefädelten Kontakt bei der Flughafenpolizei (es lief in der Tat über den Ferienort Melgar, die »Stadt der Swimmingpools«, wie mein Informant Siegfried Thun erzählt hatte) lief er in Anzug und Aktentasche über den Flughafen El Dorado, als hätte er Kinderspielzeug im Gepäck. Bei der Übergabe an die Mafia in Deutschland lagen Sondereinsatzkommandos auf der Lauer und die Falle schnappte zu. Es wurden zweimal gut 30 Kilo Rauschgift beschlagnahmt, dazu gegen 44 Täter in Deutschland, Rumänien und Italien Haftbefehl entlassen. Es war eine Bilderbuchoperation. Das Cali-Kartell ahnte von nichts. Festnahmen passierten schließlich überall damals. Wir freuten uns wie die Schneekönige, im wahrsten Sinne des Wortes. Fabio wurde fürstlich honoriert. Er bekam knapp 200 000 D-Mark ausgezahlt.

Doch wie das so ist, wenn man glaubt, auf eine Goldader gestoßen zu sein, man gräbt gierig weiter und schaufelt damit mitunter auch sein eigenes Grab. Fabio war jetzt wie in einem Rausch. Kurz nachdem die Käufer in Deutschland gefasst waren, kam er mit dem nächsten Angebot. Zur Sicherheit trafen wir uns nachts in einem Stadtpark. Wie üblich hatte ich meinen 38-Millimeter-Revolver angeschnallt.

»Lass uns mal die Latte etwas höher legen«, schlug er vor. »Das Cali-Kartell will 115 Kilo liefern. Da müssen wir einsteigen.«

Ich riet ab: »Bist du lebensmüde?«
Alles ohne Wissen der kolumbianischen Polizei. Wenn uns das Kartell dafür nicht erschossen hätte, dann sicher die Polizei.
Doch VP 756 ließ nicht locker und letztlich einigten wir uns darauf, dass er seine Kontakte im Cali-Kartell davon überzeugen könnte, den Deal über Ecuador abzuwickeln. Voraussetzung war natürlich, dass sein V-Mann-Führer Jochum in Wiesbaden zustimmte. Noch in derselben Nacht schickte ich einen Bericht über das Treffen an die Zentrale. Als ich am nächsten Morgen in unserer Dienstvilla eintraf, winkte Rosa Sommer, meine Sekretärin, schon mit der ausgedruckten Antwort, einer E-Mail aus Wiesbaden.
»Wedel, wir machen das Geschäft«, befahl Jochum im Vorgesetztenton. »Sende weitere Details.«
115 Kilo Heroin, das war ein Millionengeschäft und entsprechend kompliziert gestaltete sich die Vorbereitung. Zunächst wurde in Wiesbaden ein verdeckter Ermittler eingesetzt. Fabio musste das Cali-Kartell davon überzeugen, dass dies ein Aufkäufer der Mafia war. Jetzt schickten die Kolumbianer ihren Mann los, der die Route ausspähen sollte. Er hieß Carlos Alonso, war extrem vorsichtig und wohl mit allen Wassern gewaschen. Als Tourist getarnt hatte er sich auch eine seltsame Reiseroute ausgearbeitet.
Vom Flughafen Frankfurt fuhr er zuerst nach München, weiter in die Schweiz und dann in den Vatikan nach Rom. Und er hielt bei seiner Reise die Augen auf. Da war ihm gleich am Flughafen Frankfurt ein Pärchen aufgefallen, das sich seltsam benahm. Es war das Observationsteam des BKA.
Die beiden liefen Alonso dann in München, der Schweiz und Rom erneut über den Weg. Das BKA hatte wohl ziemliche Anfänger losgeschickt, um einen ausgebufften Drogenkurier zu beschatten. Alonso meldete nach Cali: »Bullen sind auf meiner Spur, was soll ich tun?« Fabio erzählte es mir sofort. Und ich dachte: Das konnte nicht lange gut gehen.

Als Alonso unverrichteter Dinge aus Rom wieder in Cali eintraf, verkündete er: »Ich fahre nie mehr nach Deutschland, ich bin verbrannt.«

Aber das sollte jetzt nicht unser Problem sein. Erst musste der Stoff ja einmal nach Deutschland gebracht werden. Und dafür hatten wir die Ecuador-Route ausgesucht. Alles schien glattzugehen. Kollege Uwe Bachmann hatte über Jahre so gute Kontakte in dem Andenstaat aufgebaut, dass ich dort nur anrufen musste.

Meine Gesprächspartner saßen bei der Sondereinheit »Unidad de Investigaciones Especiales« (UIES), einer Spezialeinheit, die sowohl im Staatsschutz als auch im Anti-Drogen-Kampf hervorragende Arbeit geleistet hatte. Auch waren sie uns zu Dank verpflichtet. Das BKA hatte ihnen geholfen, eine Funkkette vom Pazifik bis in die Anden aufzubauen. So etwas gab es selbst in Deutschland nicht, wo der Zoll schon Probleme hatte, überall in den Betonfluchten des Frankfurter Flughafens Funksignale zu empfangen.

»Mike, es ist mir eine große Ehre, euch bei solch einer großen kontrollierten Lieferung zu helfen«, sagt General Montalvo am Telefon, nachdem ich ihm den Deal erklärt hatte. »Unsere Unterstützung hast du. Wir spielen den verdeckten Ermittler.«

Es war eine perfekte Legende. Fabio hatte dem Cali-Kartell erzählt, er habe die Polizei in Quito auf seiner Seite. Eine Woche später landete ich in der dünnen Luft von Quito. Mit 2800 Metern liegt die Hauptstadt Ecuadors noch etwas höher als Bogotá. Es war Donnerstagmorgen und am Samstag sollte ein Kolumbianer vom Cali-Kartell zusammen mit Fabio ankommen, um den Stoff hier an uns zu übergeben.

Doch als ich das Büro der UIES betrat, bekam ich den ersten Schock. General Montalvo war vom Innenminister überraschend nach Chile versetzt worden. Sein Nachfolger wusste nichts von der BKA-Operation.

»Mein lieber Kollege, das ist mir zu heiß«, sagte er. »Ich brauche dazu die Zustimmung von meinem Innenminister und dem Generalstaatsanwalt, sonst mache ich gar nichts.«
Es blieb nicht viel Zeit nachzudenken, am frühen Freitagmorgen fuhren wir bei den ersten Strahlen der Andensonne mit seinem Privatwagen über eine Hochebene hinaus zur Finca des Innenministers. Der neue General wollte auf Nummer sicher gehen und erschien verkabelt bei dem Gespräch. Das heißt, die Unterhaltung mit seinem Chef und auch dem Generalstaatsanwalt wurde mittels geheimen Mikrofonen, die an seinem Körper versteckt waren, aufgezeichnet. Beide stimmten sie zu, doch schriftlich hatten wir nichts.
Jetzt galt es nur noch, die Autos zu präparieren. Aber welche Autos? Der Innenminister hatte darauf bestanden, dass die Aktion von Interpol Quito geleitet wurde, und dort gab es nur Streifenwagen. Also blieb uns nichts anderes übrig, als das zum Teil der Legende zu machen. Die beiden Beamten, die den Kolumbianer und Fabio am nächsten Tag vom Flughafen abholten, fuhren nicht nur im Streifenwagen vor, sie behielten auch gleich ihre Uniformen an.
»Guten Morgen«, stellte sich unser verdeckter Ermittler von der UIES den beiden vor. »Ich soll Sie beide abholen.«
Einen Moment lief der Kolumbianer kreidebleich an, als ihn am Samstag in der Flughafenhalle von Quito ein Beamter abholte, aber schon nach wenigen Minuten glaubte er das ganze Spiel.
Fabio, der V-Mann 756 im Dienste des BKA, fuhr jetzt mit einem Koksdealer des Cali-Kartells gemeinsam im Streifenwagen der Interpol Quito durch die Andenhauptstadt. Am Steuer saß ein Polizeimajor einer Sondereinheit, daneben ein Interpol-Mann in Uniform. Observationsteams folgten in sechs Streifenwagen. In einem davon saß ich und konnte meine Begeisterung über den irrwitzigen Deal kaum verbergen, denn es war alles zu einfach.

Wenn wir etwa den Kontakt zu unserem »Observationsobjekt« verloren hatten, brauchten wir sie nur anzufunken: »Wo seid ihr? Wir brauchen euch für einen Einsatz«, dann tat die Polizei gestellt ahnungslos. »In wichtiger Mission unterwegs«, kam es samt Koordinaten zurück.

Schneetreiben

Es war wie in einem schlechten Latino-Film. Und den Kolumbianer hatte die ganze Geschichte so überzeugt, dass er mit Fabio schon die nächsten Pläne aushecken wollte.
Die beiden wurden in einer pittoresken alten Herberge am Stadtrand untergebracht. Zur Sicherheit wohnte ich im selben Haus. Zwei Tage dauerte es, dann war »der Schnee« vom Cali-Kartell bereitgestellt. Wieder das gleiche Spiel. Im Streifenwagen saßen die Täter, die Polizei folgte bis zu einem weiß getünchten Haus in der Altstadt von Quito. Als sie ankamen, schob sich plötzlich wie von Geisterhand ein Garagentor auf, Fabio, die beiden Kollegen und der Kolumbianer verschwanden in dem Haus und vier ziemlich finstere Gestalten hoben mehrere Plastiksäcke in den Kofferraum. Dann konnte der Major in aller Seelenruhe seine Ladung bei Interpol abliefern. Ein Gejohle brach unter den Beamten aus, als er von sechs Streifenwagen gefolgt auf den Hof der Behörde rollte. Der Stoff wurde gewogen und analysiert, ob er auch rein war. Alles schien in Ordnung. Doch erreichte uns jetzt die nächste Hiobsbotschaft. Denn die ecuadorianische Airline Saeta weigerte sich, bei der »verdeckten Lieferung« nach Deutschland mitzuspielen. Man fürchtete, wenn das Geschäft schiefginge, dann wäre für die Firma eine saftige Konventionalstrafe fällig. Es wäre nämlich die erste »kontrollierte Lieferung« von Ecuador nach Deutschland gewesen.

Aber das erwies sich jetzt nur als Petitesse, die es zu lösen galt. Ich rief bei der DEA in Quito an. Dort saß ein US-Kollege Hamburger Abstammung und ich wusste, dass er mir helfen würde. So geschah es auch. Zwei Stunden später konnten wir den Stoff am Flughafen von Quito in die Cessna der US-Drogenfahnder packen. Sie flogen 115 Kilo Kokain für das BKA nach Miami, wo es unter der Oberaufsicht der amerikanischen Behörden in eine Lufthansa-Maschine nach Frankfurt geladen wurde.

»Job erledigt«, schickte ich ein Telefax an Alexander Jochum in Wiesbaden. Fabio und der Kolumbianer flogen guter Dinge nach Bogotá zurück.

»Der Schnee ist bei meinen Leuten in Frankfurt«, meldete Fabio dort seinen Auftraggebern. Aber wir hatten die Rechnung ohne das Cali-Kartell gemacht. Denn Carlos Alonso weigerte sich weiterhin, nach Deutschland zu fahren. Er war verbrannt. Und seinen Bossen fehlten jetzt 115 Kilo in ihrer Bilanz. Also stellten sie Fabio vor eine schwierige Wahl.

Die Bedingungen lauteten: »Entweder du zahlst uns 30 Dollar für jedes Kilo Kokain, was du gekriegt hast, oder du fliegst nach Deutschland und lieferst das Zeug an unsere Kunden. Wenn das nicht geschieht, stirbt zuerst deine Familie und zuletzt du selbst.«

Wiesbaden wollte, dass Fabio nach Deutschland fliegt, und auch er gierte nach so viel Stress auf eine satte Belohnung. Es war Mitte April und Rosa Sommer besorgte ihm ein Ticket auf BKA-Kosten nach Frankfurt.

Vorgesehen war jetzt Folgendes: Fabio und zwei verdeckte Ermittler des BKA sollten sich an der Hauptwache in Frankfurt mit einem Käufer der italienischen Mafia treffen, der von Cali kontaktiert worden war. Einer der verdeckten Ermittler war Eisi. Doch es ging alles schief, vor allem deswegen, weil der alte Choleriker sein Temperament wieder einmal nicht im Zaum halten konnte.

Die drei saßen nämlich gerade in einem nagelneuen Mercedes-Dienstwagen, als ein albanischer Halbwüchsiger vorbeikam und seinen Mut kühlen wollte. Er nahm einen Schlüsselbund und zog einen Kratzer über die ganze Seite der schönen neuen Limousine. Eisi hielt es natürlich nicht auf seinem Hintern, er stieg kurzerhand aus und versetzte dem Kleinen ein paar Ohrfeigen. Dabei hatte der Kleine aber bemerkt, dass in dem Auto Bewaffnete saßen. An der nächsten Telefonzelle rief er den Polizeinotruf 110 an: »An der Hauptwache sitzen drei bewaffnete Männer in einem Mercedes«, brüllte er in den Hörer.

Wie üblich hatte das BKA wieder geschludert. Der Einsatz mit Eisi und Fabio war bei der Leitstelle der Frankfurter Polizei nicht angemeldet worden. Kurz darauf rasten aus allen Seitenstraßen Streifenwagen mit Blaulicht auf die Hauptwache zu und nahmen die drei vermeintlichen bewaffneten Verbrecher fest. Der Italiener glaubte jetzt natürlich, der Kolumbianer sei aufgeflogen, und nutzte den Tumult, um sich heimlich aus dem Staub zu machen. Fabio meldete zurück, der Italiener sei verschwunden, aber er sei noch einmal mit einem blauen Auge davongekommen, was man ihm auch glaubte. Aber wieder musste das Cali-Kartell neue Käufer finden, was auch recht schnell gelang. Die nächsten kamen aus Holland. Die Übergabe des »Schnees« sollte in einem Frankfurter Hotel-Restaurant stattfinden. Ein SEK stand bereit.

Fabio machte der Einsatzleitung klar, so erzählte er mir später in Bogotá, »wenn ich den Stoff abgegeben habe und das Geld kassiert ist, gehe ich auf mein Zimmer und erst dann könnt ihr festnehmen«. Aber kaum saß er mit den Holländern an einem Tisch, flog eine Blendgranate in das Restaurant und alle Anwesenden wurden festgenommen. Das war so gut wie ein Todesurteil von VP 756. Denn anstatt ihm eine perfekte Legende zu verschaffen oder ihn in Deutschland in den Zeugenschutz zu bringen, schickte das BKA ihn erneut nach Kolumbien zurück.

So gut wie ein Todesurteil

Nie werde ich den Tag vergessen, als er in Kolumbien eintraf. Es war der 13. Mai 1997, ein Dienstag. Fabio schien während seiner kurzen Reise um Jahre gealtert. Das jungenhafte Lächeln war aus seinem Gesicht gewichen. Erst trafen wir uns bei mir zu Hause. Das ist zwar ein großes Tabu in der Polizeiarbeit. VPs dürfen nie das eigene Zuhause ihres VP-Führers kennen. Aber das war mir jetzt gleich. Der Mann war ohnehin so gut wie tot. Und zu Hause konnte ich niemanden mehr in Gefahr bringen. Meine Frau und mein Sohn hatten mich schon lange verlassen.

Fabio hatte sichtlich große Angst. »Mike, du weißt, ich werde jetzt sterben«, sagte er.

»Das kriegen wir schon hin«, log ich.

Aber ich wusste, er hatte recht. Es war nur eine Frage der Zeit, bis er seine Kugel bekam. Und mir war klar, dass es auch mich erwischen konnte. Denn wer wusste schon, wer sich in Bogotá jetzt an unsere Fersen geheftet hatte. Am meisten sorgte mich, dass das Cali-Kartell seine Opfer in der Regel bestialisch foltert, bevor es sie umbringen lässt. Erstens, um Informationen aus ihnen herauszupressen, und zweitens, um Verräter abzuschrecken. Er tat mir schrecklich leid, schon deswegen, weil ich wusste, dass das BKA ihn auf dem Gewissen hatte und ich nichts mehr für ihn tun konnte.

Fabio wurde jetzt jeden Abend vom Cali-Kartell einbestellt. Sie wussten nicht, ob es Kurier Carlos Alonso gewesen war, der sie verraten hatte, oder Fabio selbst. Aber die Koksbarone rochen, dass etwas nicht stimmen konnte. Zur Entscheidung fehlten ihnen noch ein paar Mosaiksteinchen in ihrem tödlichen Puzzle und, so unglaublich das klingt, diese lieferte das BKA ihnen quasi frei Haus.

Es muss Anfang Juni gewesen sein, so genau lässt sich das nicht mehr rekonstruieren. Das Ende meiner Dienstzeit stand kurz bevor. Am 7. September 1997 sollte meine Entsendung regulär zu Ende gehen. Aber zu viel Arbeit galt es noch zu erledigen. Ich war permanent auf Reisen. Als ich eine Nacht in Bogotá weilte, klingelte nachts der Portier meiner Wohnanlage an der Tür. Ich sah auf die Uhr. Es war zwei Uhr nachts.

»Ein Señor Fabio ist da«, hauchte er in die Sprechanlage.

»Lass ihn hoch«, sagte ich schläfrig.

Fabio war total aus der Fassung, brachte kaum ein Wort hervor und zeigte nur immer wieder auf ein Papier, das er in der Hand hielt. Ich bat ihn im Wohnzimmer Platz zu nehmen und schenkte ihm einen Whiskey ein, dann las ich das Papier.

Es war die Kopie eines offiziellen Schreibens des Bundeskriminalamtes Wiesbaden, mit Briefkopf und Unterschrift, gerichtet an die Staatsanwaltschaft Frankfurt. Der Schriftsatz beschrieb detailliert die Festnahme der beiden Holländer in Frankfurt, führte ihre Namen auf und dann ging es so weiter:

»Bei der Festnahme befand sich noch eine weitere männliche Person kolumbianischer Herkunft am Tatort, von der die oben Angegebenen angenommen haben, es sei der Repräsentant des Cali-Kartells. Hier handelte es sich aber um VP 756.«

Dieses Schriftstück hatte sich in der offenen Ermittlungsakte befunden, wurde von einem Rechtsanwalt kopiert und an das Anwaltsbüro in Holland geschickt, das die Täter aus der Restaurant-Festnahme in Frankfurt verteidigte. In Amsterdam war das Schreiben kopiert und übersetzt worden. Jemand schickte es dann nach Kolumbien, wo es direkt auf dem Schreibtisch von Fabios Auftraggeber in Cali landete.

Der letzte Akt

Auf meine Anfrage nach Wiesbaden, wie so ein Schreiben von Wiesbaden bezüglich unserer VP 756 ausgerechnet an die Anwälte der Täter geraten konnte, erhielt ich keine Antwort. Stattdessen feierten wir jeden Abend Abschied. Wir hatten keine Ahnung, warum sich das Kartell so lange Zeit ließ. Aber irgendwie warteten wir jeden Abend darauf, dass ein Auftragskiller für Fabio vor der Tür stehen würde.

Der letzte Akt im Leben des BKA-V-Mannes Fabio Chavez ereignete sich dann Mitte Juli. Ich war gerade auf Dienstreise in Quito. Fabio rief auf meiner Handynummer an.

»Mike«, sagte er, »Kurier Alonso ist in Frankfurt festgenommen worden.«

»Jetzt rede nicht weiter«, sagte ich. »Morgen bin ich in Bogotá.«

In meiner Abwesenheit hatten die Cali-Leute Fabio erzählt, dass sie Alonso nach Madrid schicken würden. Weil er mich nicht erreichte, hatte er seinen V-Mann-Führer Jochum in Wiesbaden angerufen und ihm die Geschichte erzählt. Als Alonso in Frankfurt umsteigen wollte, wurde er im Transitbereich verhaftet.

»Wer wusste, dass Alonso geflogen ist?«, fragte ich als Erstes, als wir uns trafen.

»Nur ich«, strahlte Fabio.

Mir fehlten die Worte. Das war die letzte Falle der Cali-Bosse für Fabio gewesen. Dass er das selbst nicht erkannt hatte, konnte man ihm nicht vorwerfen. Aber dass die erfahrenen BKA-Beamten in Wiesbaden darauf hereingefallen waren, ist unverzeihbar. Wahrscheinlich aber hatte man dort alle Sicherheitsvorkehrungen missachtet, weil V-Mann-Führer Alexander Jochum in Wiesbaden bereits im Geheimen an der nächsten Operation mit VP 756 tüftelte.

Am nächsten Morgen bestellte ich Fabio in mein Büro und unter-

zog ihn einer offiziellen Vernehmung. Meine Frage, ob er Zeugenschutz in Deutschland beantragen wolle, beantwortete er mit einem energischen: »Ja, klar.«
Nur eine Stunde später ging ein knappes Schreiben über die Vernehmung per Kurier nach Wiesbaden. Im Kern hieß es darin: Die VP 756 beantragt die dringende Aufnahme in ein Zeugenschutzprogramm des BKA. Das Ganze war mit der abschließenden Warnung versehen: »Die VP befindet sich in ernsthafter Lebensgefahr.«
Erst viel später erfuhr ich, dass das Schreiben das Referat Zeugenschutz des BKA nie erreicht hat.
Wenige Tage später wurde Fabio entführt. Seine Familie informierte mich völlig verstört von seinem Verschwinden. Neun Tage später fanden Bauern seine Leiche in einem Stausee bei Bogotá.
Es war der 5. August 1997. Ich meldete alles an die Zentrale. Stunden später erhielt ich die mündliche Dienstanweisung, Bogotá aufgrund einer »dringenden persönlichen Gefährdungslage« innerhalb von 48 Stunden zu verlassen. Das BKA lehnte jede Verantwortung für den Tod von VP 756 ab und verbot mir, mit seiner Familie noch einmal in Kontakt zu treten.
Tragen Sie Sorge dafür, dass der Fall nicht in die Medien kommt, war der Kernsatz des letzten Fernschreibens, das mich in Bogotá erreichte.
Ich beschloss, mich nicht daran zu halten, setzte mich in meinen Dienstwagen und besuchte noch einmal die Schwester von Fabio, seinen Neffen, seine Mutter und seine Lebensgefährtin, deren zwei Kindern er ein guter Vater gewesen war. Sie wohnten in einem typischen Mittelstandsquartier. Ich kannte sie seit Langem und hatte eine sehr persönliche Beziehung zu ihnen aufgebaut. Sie wussten nicht, wo Fabio seinen V-Mann-Lohn versteckt hatte. Innerhalb von wenigen Wochen würden sie keine Wahl haben, als in einen der zahlreichen Slums von Bogotá umzuziehen, dorthin,

wo Drogenhändler und Gangster den Ton angeben. Ich konnte ihnen nicht mehr helfen, das BKA hatte mich aus dem Verkehr gezogen. Am 9. August 1997 verließ ich das Land.

Anderthalb Wochen später, am 18. August 1997, schickte die Staatsanwaltschaft Karlsruhe einen Brief an den damaligen Präsidenten des BKA. Es war ein Dankes- und Belobigungsschreiben für meine Arbeit in Kolumbien.

> Sehr geehrter Herr Präsident,
>
> am 05.09.1997 endet die Abordnung des RG/OK-Verbindungsbeamten KHK Michael von Wedel nach Bogotá/Kolumbien.
>
> Dieser Umstand gibt mir Veranlassung, Ihnen gegenüber die besonderen Leistungen Ihres Mitarbeiters während seiner Abordnung zu würdigen.
>
> Unter der Leitung meines Mitarbeiters, Staatsanwalt [redacted], ermittelte die GER Karlsruhe in mehreren Großverfahren, die schließlich dank der hervorragenden Mitarbeit und des großen Einsatzes des KHK von Wedel weitgehend erfolgreich abgeschlossen werden konnten. Es handelte sich insbesondere um folgende Operationen:
>
> – Operation »Air King« [...] Nach dreijähriger Ermittlungszeit gelang es uns, eine Organisation internationaler Kokainhändler zu überführen, die in den zurückliegenden Jahren Großmengen Kokain aus Kolumbien und Ecuador nach Europa geschmuggelt und damit Handel getrieben haben. Es entwickelten sich insgesamt aus diesem Gesamtkomplex 44 Strafverfahren, es wurden 30 Haftbefehle erwirkt, von denen 25 vollstreckt wurden. Allein im Zuständigkeitsbereich der Staatsanwaltschaft Karlsruhe wurden 19 Täter zu Freiheitsstrafen zwischen einem Jahr und 11 Jahren und 6 Monaten verurteilt (insgesamt 106 Jahre und 3 Monate). Es konnten ca. 80 Kilogramm Kokain sowie ca. 300.000,- DM sichergestellt werden.
>
> – Operation »Don Rubio« [...] Durch die Ermittlungen konnte eine Gruppe Kolumbianer festgenommen werden, die in der zurückliegenden Zeit Großmengen Kokain, teilweise über die Bundesrepu-

blik Deutschland, vorwiegend nach Italien geliefert haben. In Deutschland wurden 13, in Italien 24 Haftbefehle erwirkt und vollstreckt. Es konnten 220.000,- DM sowie 37 Kilogramm Kokain sichergestellt und zurückliegende Taten mit einem Lieferumfang von mehr als 117 Kilogramm Kokain aufgeklärt werden. Gegen die fünf in Deutschland festgenommenen Haupttäter wurde Anklage zum Landgericht Karlsruhe erhoben.

- Operation »Ruben« [...] In diesem Komplex konnten im Zusammenhang mit der Einfuhr von 30 Kilogramm Kokain kolumbianische und niederländische Rauschgifthändler festgenommen werden, die in den vergangenen Jahren große Mengen Kokain nach Deutschland, in die Niederlande, nach Spanien, Rumänien und in die Türkei geliefert haben. Es wurden 7 Haftbefehle erwirkt, von denen 5 vollstreckt wurden, 2 internationale Fahndungen wurden veranlaßt. Es wurden 30 Kilogramm Kokain und 270.000,- DM sichergestellt. Gegen 4 Täter wurde Anklage erhoben.

Zur Zusammenarbeit mit KHK Michael von Wedel in den obigen Verfahren hat sich Staatsanwalt [redacted] wie folgt geäußert:

»Neben den rein verfahrensbezogenen Ermittlungserfolgen konnten durch den persönlichen Einsatz von KHK von Wedel langfristige Kontakte zu Polizei- und Justizbehörden in Kolumbien und Ecuador geknüpft werden, die z.B. zur ersten Überstellung eines Strafgefangenen aus Ecuador zu einer Hauptverhandlung nach Deutschland geführt haben.

Während der Dauer dieses Verfahrens hat KHK von Wedel die Aufgaben eines Verbindungsbeamten in herausragender Art und Weise wahrgenommen, seine Erfahrungen und vor Ort erworbenen Erkenntnisse jederzeit eingebracht und hierdurch den erfolgreichen Verlauf der Operation erst ermöglicht. Anläßlich einer vom Unterzeichner durchgeführten Dienstreise nach Ecuador und Kolumbien konnte zudem festgestellt werden, daß KHK von Wedel in Quito und Bogotá hervorragende Beziehungen zu den entscheidenden Polizei- und Justizvertretern aufgebaut hat, die von entscheidender Bedeutung waren.

KHK von Wedel war während der gesamten Verfahrensdauer – auch während der Hauptverhandlung – jederzeit erreichbar und immer

> bereit, die oft sehr kurzfristig zu erledigenden Ermittlungs- und Beratungstätigkeiten vor Ort auszuführen.«
> Ich kann mich den obigen Ausführungen, soweit ich aus eigener Kenntnis dazu in der Lage bin, nur anschließen. Der von Ihrem Mitarbeiter gezeigte Einsatz verdient höchste Anerkennung.

Nach Karlsruhe war noch gar nicht durchgedrungen, dass V-Mann 756 Fabio Alberto Chavez Rosero tot war. Aber bei den deutschen Behörden spielte das auch keine große Rolle. Es war nur ein toter Latino, vorbestraft, weil er Drogen nach Deutschland geschmuggelt hatte.

6
Gebrochene Kraft
Wieder beim »Rauschgift«

Kolumbien hatte so hoffnungsfroh begonnen, wie es im Desaster endete. Ich stand vor dem Scherbenhaufen meiner Karriere – wieder einmal. Aber allmählich schien ich mich daran zu gewöhnen, dass im BKA vor allem die kleinen Beamten die Fehler ihrer Vorgesetzten ausbaden müssen.

Es ist ja nichts Ungewöhnliches in einer deutschen Behörde, sagte ich mir, und genauso gut hätte ich auch tot sein können, nach all dem Unsinn, den meine Kollegen verzapft hatten. Insofern war meine Lage gar nicht so schlecht. Ich hatte nur zwei Disziplinarverfahren am Hals. Und das kann man ja überleben.

Aus dem ersten kam ich mit einer Strafe von 1000 D-Mark relativ ungeschoren davon. Es ging um eine verschwundene Dienstwaffe. Eine der beiden Pistolen, die ich 1993 nach Kolumbien eingeführt hatte, war verloren gegangen. Bei unserem turnusmäßigen Jahresempfang, den das BKA-Büro in Bogotá veranstaltete, hatte Uwe Bachmann die Pistole 1994 verlegt. An diesem Abend hatten wir die Waffe unserem Fahrer zur Verfügung gestellt, weil er meinen Kollegen schützen musste. Romero hatte die Waffe definitiv an Bachmann zurückgegeben, als das Fest zu Ende war. Seitdem war die Pistole verschwunden.

Keine Frage, das war ein peinlicher Vorgang für einen erfahrenen BKA-Entsandten, aber solche Missgeschicke passieren. Wir suchten das Schießeisen drei Wochen lang im Büro, drehten jede

Schublade um, wühlten gar das ganze Haus durch, aber die Sig& Sauer-P6-Pistole blieb verschwunden. Wahrscheinlich hatte sich einer der eingeladenen kolumbianischen Würdenträger das Ding eingesteckt und somit verbat sich jede Verlustanzeige. Denn wie hätte das ausgesehen, wenn wir zur Polizei gegangen wären und hätten gemeldet, dass dem BKA eine Pistole geklaut worden sei, und den Verdacht geäußert, dass die Hauptverdächtigen einige der hochrangigsten Polizeigeneräle des Landes seien, die zu unseren Ehrengästen zählten. Wir wären zur ziemlichen Lachnummer unter Agenten, Cops und Drogenfahndern geworden. Also ließen wir es.

Doch auf so viel Kulanz konnten wir in Wiesbaden nicht hoffen. Ich hatte die Waffe zwar für Bachmann eingeführt, aber der Frachtschein war auf meinen Namen ausgestellt. Somit machte das Mutterhaus mich für die Sache verantwortlich. Der absurde Vorwurf lautete, ich hätte das Schießeisen in Kolumbien auf dem Schwarzmarkt verkauft. Das bestätigte wieder einmal, wie weltfremd der höhere Dienst in Wiesbaden ist. In dem südamerikanischen Land arbeiteten damals nicht nur mehr als 3000 »freiberufliche« Auftragskiller allein für das Medellin-Kartell, Pistolen waren überall für einen Spottpreis zu erstehen. Ein Gangster würde sich bestimmt nicht eine auf einen deutschen Polizisten zugelassene Waffe zulegen. Und wenn ich das Amt hätte betrügen wollen, wäre mir dazu sicher eine weitaus lukrativere Methode eingefallen, als 200 Dollar für eine Pistole zu bekommen. Schließlich zahlte ein Verbindungsbeamter während seiner Tätigkeit Hunderttausende von D-Mark an V-Männer aus, dazu kamen Millionen als Unterstützung für die Polizeibehörden in Kolumbien, Peru und Ecuador. Aber als BKA-Beamter muss man sich eben der kruden Logik des deutschen FBI beugen. Ich zahlte ohne zu murren.

Mit der zweiten Dienstaufsichtsbeschwerde verhielt es sich wesentlich unangenehmer. Die BKA-Leitung versuchte, mich für den Tod von Fabio Chavez verantwortlich zu machen. Ich muss zugeben, das setzte mir ziemlich zu. Nicht nur, dass mich der Fall emotional sehr stark mitgenommen hatte. Jetzt sollte ich auch noch für den Tod eines Menschen verantwortlich gemacht werden, den andere wider besseres Wissen verschuldet hatten.

Noch eine Leiche im Keller

Die ganze Geschichte kam nach meiner Rückkehr nach Wiesbaden ins Rollen. Nachdem sich während meines Aufenthalts in Südamerika niemand um eine Aufklärung des Falles bemüht hatte, war der Tod von VP 756 nach meiner Rückkehr doch in die Akten aufgenommen worden – mit dem Ergebnis, dass ich die Schuld an der Ermordung tragen sollte. Mein altes Problem, dass ich eben zu ehrlich für einen Polizeibeamten war, hatte mich wieder eingeholt. Wann sollte ich das lernen, dass Ehrlichkeit und das Dasein als BKA-Beamter nichts miteinander zu tun haben? Ein Treffen im Haupthaus des BKA bot eine gute Gelegenheit dazu.
Hauptabteilungsleiter Friedrich Keller hatte Kriminaloberkommissar Alexander Jochum, den V-Mann-Führer von Fabio Chavez, dessen damaligen Vorgesetzten Klaus Uhlstein, der später mit mir zum Staatsschutz gehen sollte, und mich zu einer Besprechung in sein Büro zitiert. Aus versteckten Lautsprechern rieselte klassische Musik, die Büromöbel waren alle in Anthrazittönen gehalten. Könnte auch bei der Mafia sein, dachte ich mir. Hielt aber meinen Mund, schließlich hatte ich schon genug Ärger. Keller gehörte zur Führungsspitze des BKA und konnte mich offensichtlich nicht leiden. Das waren schlechte Voraussetzungen für eine faire Lösung des Falles.
Als die eingeladenen Beamten Platz genommen hatten, kam er gleich zur Sache.

»Herr von Wedel, mit der verschwundenen Waffe sind Sie noch einmal gut davongekommen. Aber wegen der Sache mit der Ermordung von VP 756 werde ich Sie zur Verantwortung ziehen«, sagte er in seinem gewohnt unfreundlichen Ton.
Ich kochte innerlich, versuchte aber ruhig zu bleiben. Denn ich sah gar nicht ein, dass ich jetzt auch noch für den Tod des armen Teufels geradestehen sollte, der durch die Schlamperei und Erfolgsgier des Karrierebeamten Jochum ins Gras hatte beißen müssen. Das Problem dabei war nur, Hauptabteilungsleiter Keller und Referatsleiter Uhlstein waren Tennispartner und Keller würde alles tun, um ihn in Schutz zu nehmen.
Der Vorwurf gegen mich lautete, ich hätte die Sorgfaltspflicht als Polizeibeamter verletzt, weil Fabio zu mehreren Treffen in meine Wohnung gekommen war. Geradezu absurd war das, folgte aber der üblichen BKA-Logik. Den Regeln, die man im Mutterhaus ausgetüftelt hat, teils von Beamten, die nie ihren Schreibtisch in Deutschland verlassen haben, ist auch dann Folge zu leisten, wenn es im Kontext eines anderen Landes geradezu lebensgefährlich ist, diese auszuführen. Und das war es sehr wohl, in Bogotá einen V-Mann, der zuvor mit Drogendealern und Polizisten Kontakt hatte, auch noch in aller Öffentlichkeit zu treffen. In jeder Hotellobby lungern dort ständig gefährliche Drogengangster und bestochene Beamte herum. Genauso gut hätte man die Zusammenarbeit zwischen dem BKA und Fabio Chavez auch in den kolumbianischen Abendnachrichten verlesen können. Das machte ich den Herren jetzt auch deutlich.
Keller war dennoch nicht zu beruhigen: »Wir haben eindeutige Richtlinien, wie mit V-Männern zu verfahren ist«, polterte er. »Sie haben dagegen verstoßen und deswegen werde ich Sie dafür aufknüpfen lassen.«
Das war mir jetzt im Ton und Inhalt eindeutig zu viel. Zuerst überlegte ich kurz, ob ich mich mit einem Vertrauensmann der Poli-

zeigewerkschaft beraten sollte. Aber das hat nie etwas gebracht in dem konspirativen Gebilde BKA. Deshalb beschloss ich, selbst zurückzuschlagen.

»Dann werden Sie aber alle Anwesenden hier mit aufhängen müssen, Herr Keller«, antwortete ich. »Denn die Fehler wurden belegbar von den Herren hier begangen.«

Es wurde ganz still im Raum, nur leise Beethoven-Klänge drangen aus den versteckten Lautsprechern. Dann fügte ich hinzu: »Oder wie ist es zu bewerten, dass ein schriftliches Ersuchen, das um die dringende Aufnahme der VP in den Zeugenschutz bittet, aus Bogotá mittels Kurier in Wiesbaden eingegangen ist, aber beim Zeugenschutz nie ankam?«

Keller schaute meine beiden Vorgesetzten an und seine Gesichtszüge verfinsterten sich deutlich. Dann sagte er mit eisiger Kälte in der Stimme: »Wir schreiben jetzt folgenden Vermerk für die Amtsleitung. Alle drei unterzeichnenden Beamten stimmen zu, dass sie in Zukunft sorgfältiger im Umgang mit V-Leuten vorgehen.«

Damit war der BKA-V-Mann Fabio Chavez auch offiziell von seinem Dienstherrn beerdigt worden. Das BKA hatte sich damit eine weitere Leiche in den Keller gelegt und wir kehrten, wenig klüger geworden, zum Polizeialltag zurück. Der aber verlangte nach Veränderung.

Neue Aufgabe: Task Force

Denn allmählich hatte sich im Amt die Erkenntnis durchgesetzt, dass die Reform im BKA, die eine Trennung von Auswertung und Ermittlung bewirkt hatte, wirklich nicht der große Wurf gewesen war. Anstatt Freiräume zu schaffen, führte sie zu Engpässen. Ein typisches Beispiel war der Fall von Fabio Chavez. Wenn das BKA einen V-Mann angeworben hatte, waren nach der neuen Struktur im eigenen Haus gar nicht mehr die Kapazitäten in der Ermittlung vorhanden, um mit der VP auch angemessen arbeiten zu können. Also mussten Vorgänge wie dieser an die Landeskriminalämter weggedrückt werden, ein Vorgehen, mit dem letztendlich niemand zufrieden war. Deshalb wurden jetzt immer mehr sogenannte »Task Forces« ins Leben gerufen. Das war nichts anderes als die guten alten Ermittlungsgruppen, und da ich jetzt wieder reingewaschen war, sollte ich eine davon leiten.

Ich wurde zum Sachgebietsleiter in OA 21 ernannt, einem Stabsreferat bei den Drogenbekämpfern des BKA, wieder war ich bei der Gruppe »Rauschgift« gelandet. Aber schließlich war das der Beweis dafür, dass meine Vorgesetzten meinten, dass dies wohl der Bereich war, wo ich mich wirklich gut auskannte. Als mein Stellvertreter fungierte Kriminalhauptkommissar Horst Nölle, er kam aus einem Mobilen Einsatzkommando und war ein harter, durchtrainierter Bursche mit einer ganzen Menge Erfahrung, die er allerdings nicht als Ermittlungsbeamter gesammelt hatte. Ansonsten bestand das Team aus jungen Kollegen und Kolleginnen, die gerade ihren Lehrgang abgeschlossen hatten und noch viel lernen wollten, aber auch viel lernen mussten. Wir saßen noch immer in der alten Kaserne in der Wiesbadener Äppelallee. Das Team bestand aus zehn Beamten, davon sechs Frauen, und der Gruppenleiter alias Dr. Niemand ließ mir trotz allem, was mir das BKA versucht hatte anzuhängen, freie Hand bei der täglichen Arbeit.

Unserem Büro gegenüber residierten die »Südamerikaner«, die sich weiterhin mit Kokainschmuggel beschäftigten, und rechts daneben hatte sich das Referat »Synthetische Drogen« einquartiert. Trotz aller Veränderungen im Amt waren hier wieder einige alten Kämpen aus der Drogenbekämpfung zusammengezogen worden. Das hatte auch einen guten Grund. Labordrogen wie

Ecstasy, Speed und Ice waren einfach herzustellen und überschwemmten die Party- und Discoszene zwischen München, Hamburg und Berlin. Deswegen hatten die Kollegen in dem Referat auch einen regen Publikumsverkehr zu verzeichnen. Beamte aus Landespolizeidirektionen gingen dort ein und aus. Besonders häufig bekam das Referat jedoch von den Drogenverbindungsbeamten der verschiedenen ausländischen Botschaften in Bonn Besuch. Mit dem Vertreter der Israelis freundete ich mich bald an.

Anfang 1998 war er mehrmals nach Wiesbaden gekommen, weil ihm eine Bande von israelischen Staatsbürgern großes Kopfzerbrechen bereitete. Sie überschwemmten ganz Europa mit Millionen von Ecstasy-Pillen und er konnte nichts dagegen ausrichten. Doch trotz der offensichtlichen Schwere des Falles wurde er seine Hinweise in dem Referat nicht los und das frustrierte ihn so sehr, dass er irgendwann im Frühjahr wieder in unserem Büro stand.

»Du, Mike«, kam er schnell zur Sache, »ich werde da drüben in dem Auswertungsreferat einen Hinweis nicht los. Können wir das nicht zusammen machen?«

Der Israeli war ein kleiner, bulliger Oberstleutnant mit Brille und Lockenkopf, mit dem wir bei einigen gemeinsamen Einsätzen viel Spaß gehabt hatten. Wir nannten ihn nur Amoz. Bis heute weiß ich nicht, ob das sein richtiger Name war. Die Zusammenarbeit war stets mit einer Auflage verbunden. Sie lautete: »Ihr werdet nicht erfahren, wer die Hintermänner des Rings in Israel sind, also fragt auch nicht danach.« Warum das so war, darüber lässt sich nur spekulieren. Aber wir hielten uns daran.

Bei dem Fall ging es um die Brüder Tuito, eine Gruppe von israelischen Staatsangehörigen, die bereits in vielen Ländern aufgefallen waren, weil sie große Mengen von Ecstasy in holländischen Großlaboren herstellen und dann den Stoff in die USA und nach Australien schmuggeln ließen. Um unentdeckt zu bleiben, hatten sie sich als legale Geschäftsleute getarnt, alte Kasernen im Süden von Holland als vermeintliche Lager für Konsum- und Industriegüter angemietet und in den Bunkern darunter ihre Labore eingerichtet. Damit war ihnen so gut wie nicht auf die Schliche zu kommen und sie machten ein Riesengeschäft. Der Herstellungspreis pro Tablette belief sich damals auf etwa 50 Cent, in den USA wurden die Pillen für mindestens 20 Dollar verkauft, in Australien sogar für 25 Dollar. Eine Sendung umfasste 60000 Ecstasy-Tabletten, damit schwammen die Israelis geradezu in Geld.

Die erste Aktion gegen die Bande begann an einem Samstagmorgen. Ich saß morgens um acht Uhr im Büro vor meinem Computer und wollte gerade einem jungen Kollegen erklären, wie man eine Telefonüberwachung (TÜ) einrichtet. Wir schalteten den Computer an, öffneten die TÜ und das erste Gespräch, das lief, war ein Volltreffer.

Der Täter, den wir observieren sollten, sagte: »Du, hör mal. Ich habe das Geschäft gemacht. Es hat alles bestens geklappt, wir treffen uns nachher.«

Er hatte von seinem Handy aus angerufen und der Angerufene saß in einem Hotel in Frankfurt. Das nennt man Glück. Eindeutig war uns hier »Kommissar Zufall« zu Hilfe gekommen. Eine Minute später saßen wir in einem Dienstwagen, schalteten das Blaulicht ein und rasten nach Frankfurt. Eine kurze Nachfrage an der Rezeption ergab, dass zwei Männer das Zimmer in bar bezahlt hatten, kurz dort gewesen waren und dann das Hotel verlassen hatten. Es war uns sofort klar, dass es sich hier um Profis handelte. Sie hatten nicht mit Kreditkarte bezahlt, um keine Spuren zu hinterlassen, hatten dann im Zimmer die Drogen übergeben, um ungestört zu bleiben. Dennoch war ihnen ein winziger Fehler unterlaufen, denn sie hatten einen weiteren Anruf vom Hotel aus getätigt.

Diese Spur führte uns in ein weiteres Frankfurter Hotel derselben Kette, das direkt am Main lag. Die angerufene Person bei unserer

TÜ nannte sich Yussof und tatsächlich warteten dort in einem Zimmer, das auf Yussof gebucht war, zwei Israelis – diese Auskunft gab uns der Sicherheitschef des Hotels. Jetzt musste es schnell gehen. Wir telefonierten zwei SEKs zusammen, die sich auf die Lauer legten. Der Hotelmanager des Hotels war äußerst kooperativ und ließ uns eine junge Kollegin, mit einer Hoteluniform ausstaffiert, als vermeintlichen Trainee hinter die Bar stellen. Ich wartete als Einsatzleiter im Auto vor dem Hotel und zwei meiner Kollegen aus unserer Task Force mimten Hotelgäste in der Lobby. Sie durften ein Bier trinken.

Gleichzeitig holte ich mir telefonisch bei der zuständigen Staatsanwaltschaft die Zustimmung zu einer kontrollierten Ausfuhr von Drogen ein. Das war gut so. Denn tatsächlich verließ einer der Observierten schon nach drei Stunden das Zimmer und fuhr mit einem Taxi zum Flughafen, wo er in einen Flieger nach Miami eincheckte. Was er aber nicht ahnen konnte, war, dass wir im Frachtraum des Rhein-Main-Flughafens durch den Zoll sein Gepäck öffnen ließen. Die Experten vom Zoll können Koffer jeden Typs unauffällig knacken. Tatsächlich erwies sich die Durchsuchung erneut als Volltreffer. Der Israeli hatte eine auf den ersten Blick ganz normale Reisetasche aufgegeben. Bei näherem Hinsehen zeigte sich jedoch, dass die Schmuggler die Bodenverstärkung der Tasche herausgenommen und dafür einen selbst gefertigten Holzrahmen eingezogen hatten. Darunter lagen etwa 60 000 Pillen. Das war nicht gerade ein professionelles Versteck, aber sie hatten sich wohl sehr sicher gefühlt, da man Ecstasy als organische Masse beim Durchleuchten des Gepäcks nicht erkennen kann.

Jetzt riefen wir das Büro der DEA in Berlin an und erklärten den diensthabenden Beamten dort unseren Fall. Da wir den Rest des Schmugglerringes in Deutschland unschädlich machen wollten, durfte, falls es zu einer Festnahme bei der Landung in den USA kommen sollte, auf keinen Fall der Verdacht aufkommen, dass der

Hinweis aus Deutschland gekommen war. Die Amerikaner sind absolute Profis in solchen Geschichten und ich hatte keine Bedenken, dass hier etwas schieflaufen konnte. So war es auch.
Ein paar Stunden vergingen und es wurde Abend in Frankfurt. Ich saß im Auto vor dem Hotel, als der zweite Täter einen Anruf erhielt. Eine uns unbekannte Person sagte ganz aufgeregt: »Yussof ist in den USA festgenommen wurden. Wirf dein Handy weg, zerstöre die Chipkarte und vernichte auch sonst alles.«
Als ich noch hörte, wie der Anrufer auflegte, sah ich aus dem Augenwinkel, wie ein Bär von einem Kerl mit einem grünen Ford vor dem Hotel vorfuhr. Er war etwa 1,95 Meter groß, wirkte sehr muskulös und muss wohl 150 Kilo schwer gewesen sein. Aus dem Kofferraum nahm er zwei Taschen heraus, die genauso aussahen wie die, die wir auch beim Flughafenzoll hatten öffnen lassen. Von unseren Leuten im Hotel hörte ich über Funk, dass der Dicke in das Zimmer des Verdächtigen ging.
Der holt den Stoff ab, um ihn wegzuschaffen, schoss es mir durch den Kopf. Wir wollten auf jeden Fall verhindern, dass vielleicht mehr als 100 000 Ecstasy-Pillen auf den Markt kamen.
Als ich gerade aus meinem Dienstwagen gesprungen war und in das Hotel spurtete, kam mir der Dicke auch schon in der Drehtür entgegen. Wieder hatte er zwei Taschen bei sich, die er in seinen Kofferraum packte. Jetzt mussten wir schnell handeln.
»Ich mach Schluss«, brüllte ich in mein Funkgerät. »Wir nehmen fest.«
Er hatte bereits den Motor angelassen. Ich riss die Autotür auf. In der Rechten meine Dienstwaffe, zerrte ich ihn mit der Linken an den Haaren aus dem Auto, befahl ihm, sich mit dem Bauch auf den Boden zu legen, und fesselte ihn mit Handschellen. Doch als wir den Kofferraum des Fords aufmachten, erlebten wir eine Enttäuschung: Die Taschen waren leer.
Keine Minute später hasteten wir in den Fahrstuhl. Schon zu

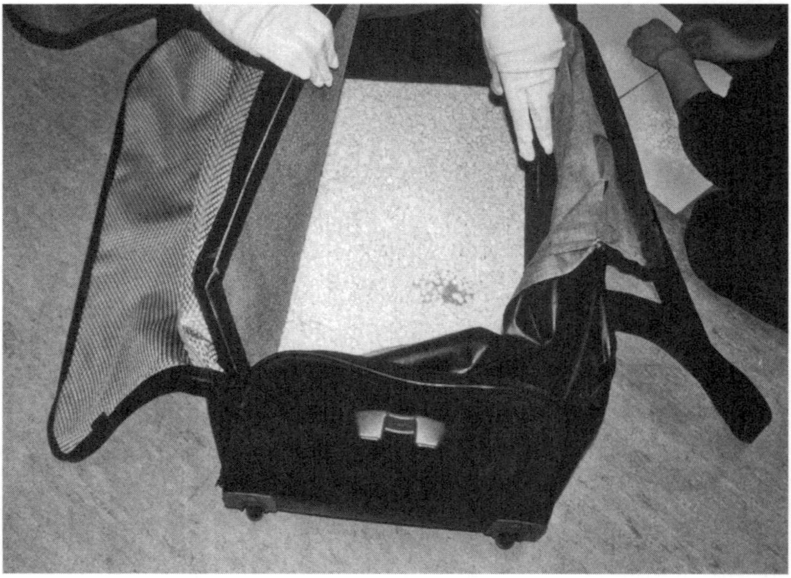

Reisetasche mit doppeltem Boden

Beginn der Observation hatte ich mir einen Generalschlüssel des Hotels aushändigen lassen. In dem Zimmer, das wir observiert hatten, lief der Fernseher. Doch gerade als ich vor der Tür niederkniete, um das Schloss möglichst geräuschlos zu öffnen, ging die Tür einen Spalt auf und von oben schaute noch mal so ein Hüne auf mich herunter. Es kam zu einem heftigen Handgemenge. Zwei meiner Beamten, die hinter mir gestanden hatten, traten mit ihren Stiefeln die Tür auf und hatten fast im gleichen Moment den vermeintlichen Drogenkurier angesprungen. Er wehrte sich heftig und versuchte, nach einer Waffe zu greifen, Stühle fielen um, dann krachten sie zu dritt auf das Bett, wo sie den Verdächtigen schließlich überwältigen konnten.

Wir sahen sofort, warum er sich so heftig gegen die Verhaftung gesträubt hatte. In einer Zimmerecke standen zwei Taschen, die über und über mit Ecstasy-Tabletten gefüllt waren. Nach ersten

In Frankfurt beschlagnahmte Ecstasy-Pillen

Schätzungen waren es mehr als 100 000 Trips. Im Straßenverkauf hätte die Bande dafür gut vier Millionen D-Mark erzielen können.

Jetzt hatten wir zwar einen Kurier festgenommen, aber wer der Dicke war, den ich aus dem Auto gezerrt hatte, war uns nicht klar. Er trug einen israelischen Pass auf den Namen Ehud Shimon bei sich, aber er machte fast keine Angaben zur Person. Das Einzige, was er gestand, war, dass er in Israel Hilfsschreiner sei und dort eine 16-jährige Tochter habe. »Wenn ich auspacke«, sagte er, »dann ist sie tot.« Also schwieg er eisern und wir kamen nicht weiter.

Die Gang operierte so perfekt, dass es extrem schwierig war, ihr auf die Schliche zu kommen. Ständig wechselten die Täter ihre Taktik. Einmal etwa schmuggelten sie ihre Drogen in FedEx-Paketen. Denn sie wussten, dass sobald man von dem amerikanischen

Speditionsunternehmen eine Firmennummer erhält, FedEx die Zollformalitäten für seine Kunden übernimmt, das heißt, niemand schaut eigentlich mehr in die Sendung hinein. Zudem kann der Kunde am Computer genau die Reiseroute seiner, in diesem Fall heißen, Ware verfolgen. Ließ sich erkennen, dass die Sendung irgendwo länger als fünf Stunden liegen blieb, ging die Tuito-Gang davon aus, dass der Zoll oder die Polizei ihnen doch auf die Schliche gekommen waren. Folglich holten sie das Paket am Zielort nicht ab und besorgten sich mit gefälschten Papieren eine neue FedEx-Firmennummer.

Israelische Reiserouten

Ein andermal kauften sie in München massenweise antike Möbelstücke auf, die sie dann mit doppelten Böden versahen und nach Australien sowie in die USA verschifften. Dann wieder setzten sie orthodoxe Juden als Kuriere ein, in der Hoffnung, die würden nicht kontrolliert werden. Als dies auch aufflog, benutzten sie Edelprostituierte, um den Stoff von Kontinent zu Kontinent zu bringen und den Zöllnern bei der Grenzkontrolle mit den knapp bekleideten Damen die Sinne zu verwirren.
Das Einzige, was wir von dem israelischen Drogenverbindungsmann erfahren hatten, war, dass Ehud Shimon zuständig für die Organisation des Schmuggels war. Odet Tuito, der jüngere Bruder des gefährlichen Geschwisterpaars, fungierte als Bandenchef, der in Europa operierte. Sein älterer Bruder, dessen Vorname nicht bekannt wurde, steuerte hingegen den Laden aus Israel. Aber der Informationsaustausch mit der israelischen Polizei gestaltete sich stets als strikte Einbahnstraße. Nie sagten sie uns, wer die Hintermänner in Tel Aviv oder Jerusalem waren. Deshalb konzentrierten wir uns auf einen Täter, von dem wir nur wussten, dass er rote

Haare hatte. Angeblich erledigte er die Drecksarbeit der Bande. Er war stets schwer bewaffnet und galt als hochgefährlich. Deshalb wurde der ominöse »Rothaarige« bald zum Phantom unserer Suche. Einmal sollte er in Holland aufgetaucht sein, dann in Belgien, schließlich sollte er in Frankfurt gesehen worden sein. Man spielte uns sogar ein Bild zu, aber finden konnten wir ihn nie.

Allerhand Spekulationen wurden nun in unserer Task Force angestellt. Eine lautete, dass die wahren Hintermänner der Gang vielleicht dem israelischen Geheimdienst Mossad angehörten oder sich zumindest aus ehemaligen Mossad-Leuten zusammensetzen würden. Aber da wir über keine eindeutigen Hinweise verfügten, die diese Vermutung bestätigen konnten, verwarfen wir sie wieder. Mit der Festnahme der Freundin von Ehud Shimon in Frankreich gelang uns aber dann doch ein Durchbruch. Es stellte sich heraus, dass sie mit ihm im Frankfurter Stadtteil Heddernheim gewohnt hatte. Als wir die Adresse und Telefonnummer verifiziert hatten, fuhren wir sofort los.

Doch als wir noch auf dem Weg dorthin waren, meldete sich der Leiter eines SEKs bei uns. Unsere Referatsleitung hatte es mit der Angst zu tun bekommen und befürchtete, dass es vielleicht zu einer Schießerei kommen könnte. Schließlich galt der Rothaarige als bewaffnet und notorischer Gewalttäter. Deshalb sollten die harten Jungs eines SEK die fragliche Adresse stürmen. So geschah es auch. Wir warteten vor der Tür der Erdgeschosswohnung in Heddernheim, auf die uns die französische Polizei gebracht hatte. Zwei kräftige Jungs des SEK nahmen einen Rammbock, im bundesdeutschen Polizeijargon auch »Ramme« genannt, und im Handumdrehen krachte die Tür so gewaltig auf, dass es auch noch den ganzen Rahmen zerfetzte. In der Wohnung fanden wir einen Frankfurter Immobilienmakler, der gerade auf der Toilette saß. Zuerst schien er zu Tode erschrocken, doch dann nahm er es mit Fassung, dass wir die falsche Tür erwischt hatten.

»Jungs, ihr hättet doch ganz einfach klingeln können«, sagte er, nachdem er einen Schnaps getrunken hatte. »Und wenn ich das heute Abend in der Oper erzähle, glaubt mir das niemand.«
Das BKA kostete die Renovierung der Wohnung später 6000 D-Mark. Aber ganz umsonst war die Aktion nicht. Denn als ich dem Mann ein Bild von Ehud Shimon zeigte, wusste er sofort Bescheid.
»Das ist mein Mieter«, sagte er. »Der wohnt im zweiten Stock.«
Als ich gleich darauf die Männer des SEK mit ihrer »Ramme« die Treppe hochlaufen sah, ahnte ich, was sie vorhatten, nämlich eine weitere Tür auf Kosten des Steuerzahlers zu ruinieren, und schrie: »Stopp, halt, seid ihr wahnsinnig.«
Zum Glück konnte ich sie noch aufhalten. Denn der Immobilienmakler hatte natürlich einen Zweitschlüssel. Als wir die Wohnung betraten, fanden wir, was wir gesucht hatten. Es war die Kofferwerkstatt, in der die Bande die Reisetaschen für den Schmuggel präparierte. In der Küche lagen zudem noch einmal mehrere Tausend Ecstasy-Pillen. Diese Menge hätte ausgereicht, um sämtliche Besucher aller Diskotheken des Rhein-Neckar-Raumes für Wochen »high« zu machen.
Im Jahr 1998 war ich 167 Tage auf Dienstreisen unterwegs, hechelte von Frankfurt nach Berlin, von München nach Istanbul und wieder zurück nach Wiesbaden. Die gesamte Kripo Krefeld, die mit uns die Ermittlungen führte, weil auch dort eine große Ladung Ecstasy hochgegangen war, beschäftigte sich mit nichts anderem als mit synthetischen Drogen. Die Brüder Tuito wurden zum echten Albtraum für uns. Dann kamen wir auf Marlene Kohl.
Das war eine junge Frau aus Remscheid, Ende 20, blond, sehr kurvenreich, hübsch, aber mit nicht sehr großem IQ gesegnet. Die Israelis hatten uns berichtet, dass sie immer wieder auf Festen der Tuitos in Miami gesehen worden war. Wir observierten sie über

Wochen. Einmal war sogar die GSG 9 hinter ihr her. Was war ihre Rolle in der Bande, fragten wir uns. Arbeitete sie nur als Drogenkurier? War sie an der Führung der Gruppe beteiligt oder nur Gespielin der steinreichen Verbrecher? Einmal stand ich daneben, als sie mit ihrer Mutter in einer Boutique Unterwäsche kaufte. Dann überwachten wir einen Kaffeenachmittag mit ihrer Freundin, die sie bisweilen auf Feste der Gangster nach Miami mitschleppte.

Im Spätsommer beschlossen wir zuzuschlagen. Noch immer war der Rothaarige nicht gefunden. Wusste Marlene Kohl, wo er war? Es war ein milder Spätsommertag, gegen sechs Uhr morgens, als wir in ihren Garten schlichen und mit mehreren Kollegen an der Terrassentür ihrer geräumigen Erdgeschosswohnung klopften. Es dauerte einen Moment, dann stand sie splitterfasernackt in der Tür. Für einen Moment verschlug es den anwesenden Beamten den Atem.

»Könnten Sie sich bitte anziehen«, sagte ich, »Bundeskriminalamt, wir haben einen Hausdurchsuchungsbefehl.«

Dann machten wir uns an die Arbeit und fanden auch bald Hunderte von Fotos in der Wohnung. Sie zeigten Marlene Kohl auf teuren Luxusjachten, in schnellen Sportwagen, auf ausschweifenden Festen, meist in den USA und immer in Begleitung von vielen Herren aus Israel.

Ihr Anwalt war noch nicht eingetroffen und ich wusste, dass jetzt meine einzige Chance war, sie zum Reden zu bringen. Zuerst tat ich, als wüssten wir alles über sie.

»Warum hast du eigentlich nicht den roten BH genommen, als du neulich mit deiner Mutter Unterwäsche einkaufen warst«, sagte ich. Sie lief rot an und war sichtlich überrascht. Deshalb beschloss ich nachzulegen.

»Wie hat deinen beiden Freundinnen die Mallorca-Party gefallen?«

Ich merkte, dass sie am Kippen war, und entschloss mich, noch mehr Druck auszuüben.
»Mädel«, sagte ich. »Wir kriegen dich mit rein. Die Typen, mit denen du unterwegs warst, haben so viel Stoff geschmuggelt, dass du auch mindestens sechs Jahre in den Knast kommst.«
Plötzlich fing sie an zu heulen und präsentierte uns einen Mietvertrag, den sie in Frankfurt-Sachsenhausen für Tuito abgeschlossen hatte. Ich hatte gerade die Adresse notiert, als ihr Anwalt zur Tür hereinkam. Das Erste, was er an die Frau gerichtet sagte, war: »Sie halten sofort den Mund und machen bis zum Beginn der Gerichtsverhandlung keine Aussage mehr.« Das war schlecht für uns.
Dennoch hatten wir bekommen, was wir brauchten. Ein paar Stunden später hatten wir einen Hausdurchsuchungsbefehl für die Wohnung in Frankfurt erwirkt und rasten mit Blaulicht über die Autobahn. Bei der Hausdurchsuchung fanden wir dort eine scharfe Waffe, dazu mehrere Packungen mit gefährlichen Dumdumgeschossen und noch einmal 60 000 Tabletten. Aber der Rothaarige war auch diesmal nicht aufzufinden.
Als ich an diesem Abend zurück in mein Büro kam, ließ ich mich erschöpft in meinen Schreibtischstuhl fallen und zog Bilanz. Wir hatten die Tuito-Bande jetzt ein gutes Jahr verfolgt und es war noch zu keinem entscheidenden Verfahren gekommen. Wir waren machtlos, die Organisation entpuppte sich als riesige Krake, deren Tentakeln sich über ganz Europa erstreckten. Deshalb setzte ich ein Schreiben an meine Referatsleitung auf und schlug vor, eine größere Fahndungsgruppe zusammenzustellen. Diese sollte vom BKA geleitet werden, aus Beamten des Bundeskriminalamtes, Grenzschützern und ausländischen Fahndern bestehen.
Aber unsere Behörde tat genau das Gegenteil dessen, was ich vorgeschlagen hatte, sie kapitulierte vor den Verbrechern. 1999 wurde die Fahndungsaktion gegen die Tuito-Brüder eingestellt. Einzig

Ehud Shimon erhielt eine längere Freiheitsstrafe, der Blondine Marlene Kohl konnte keine direkte Tatbeteiligung nachgewiesen werden und sie wurde deshalb freigesprochen. Von dem Rothaarigen fehlt bis heute jede Spur. Lediglich Odet Tuito ging der französischen Polizei eine gewisse Zeit später ins Netz. Die Hintermänner in Israel sind weiterhin unbekannt.

»Kleinkram, für den man sich schämen muss«

Das Ende des Verfahrens läutete auch eine Zeitenwende in der Drogenfahndung des BKA ein. Unser Gruppenleiter ging in Rente und H.-H. Schwarz übernahm seine Stelle als Leiter der Gruppe OA 2. Schwarz, der zuvor in der Terrorismus-Bekämpfung gearbeitet hatte, war ein mittelgroßer, korpulenter Mann von damals Mitte 40. Er hatte den höheren Dienst der Polizei in Hiltrup ausgebildet und dürfte wohl der einzige Polizist Deutschlands sein, der eine Trainerlizenz für die Basketball-Bundesliga besaß.
Mit Schwarz sollte sich nicht nur die Rauschgiftfahndung im Besonderen, sondern die Zielsetzung der Arbeit des BKA insgesamt grundlegend verändern. Schwarz' Lieblingssatz lautete sinngemäß so: »Wir machen uns zur Aufgabe, den Drogenschmuggel von Kolumbien per Zug nach Deutschland zu analysieren. Wenn wir nach 18 Monaten feststellen, dass es keine Zugverbindung von Bogotá nach Frankfurt gibt, war die Aktion ein großer Erfolg.« Er gab gern kriminalistische Ziele vor, als sei unsere Behörde plötzlich eine Investmentbank oder ein Dax-Unternehmen geworden, und die Ergebnisse mussten folgen. Das nahm bisweilen komische und ins Absurde abgleitende Züge an. Manchmal konnte man als normaler Polizist nur noch den Kopf schütteln vor so viel Ignoranz gegenüber der alltäglichen Realität der Verbrechensbekämpfung.

Das BKA wollte fortan nur noch die ganz großen Fälle untersuchen. »Kleinkram, für den man sich schämen muss«, das war auch so ein Satz von Schwarz, musste gemieden werden. Ermittlungen sollten vom »Kopf nach unten« geführt werden. Wie wenig das aber funktionierte und mit der Realität zu tun hatte, zeigte mein nächster Fall, den ich Anfang des Jahres 2000 anging.

Es galt, gegen einen türkischen Drogenboss zu ermitteln, der in Istanbul in einer Zelle einsaß, aber trotzdem weiter den Rauschgifthandel seiner Verbrecherorganisation auch nach Deutschland organisierte. Weil er Gefängnisbeamte bestochen hatte, verfügte er nicht nur über einen Telefonfestnetzanschluss in seiner Zelle, er schaffte es auch, dass auf diese Nummern Handyverbindungen geschaltet wurden, die alle drei bis vier Tage wechselten. An die Handys kamen wir nicht ran, es wäre auch unmöglich gewesen, den ständig wechselnden Nummern und Gesprächspartnern zu folgen. Aber mit einer Überwachung des Festnetzes hätten wir seine Verbindungsleute in Deutschland dingfest machen können. Dazu aber verweigerte die türkische Polizei die Zusammenarbeit. Das ist einsichtig, denn damit wäre auch die unglaubliche Korruption im türkischen Gefängnissystem aufgeflogen. Der Ansatz, von oben nach unten zu ermitteln, hatte damit schon ausgedient, denn Drogen werden bei internationalen Kartellen nie von ganz oben geliefert. Dort sitzen nur die Bosse und will man ihnen auf die Schliche kommen, kann man sie nur über ihre Hintermänner und Mittäter fassen.

Dennoch erwiesen sich unsere Ermittlungen als nicht ganz erfolglos, denn wir stießen auf eine Gruppe von Türken, die im Raum Bremen, Bremerhaven, Osnabrück und Hannover zahlreiche türkische Restaurants, Kebab-Buden, Reisebüros und Reinigungen betrieben und sich offensichtlich in einem vollkommen rechtsfreien Raum bewegten. Sie schmuggelten Haschisch und harte Drogen, hinterzogen Steuern, waren nach unseren

Erkenntnissen auch in Prostitution sowie Autodiebstahl verwickelt, aber kein Landeskriminalamt traute sich, Ermittlungen aufzunehmen.
Es klang alles äußerst besorgniserregend, was uns Beamte vor Ort erzählten. Von einem Kriminalbeamten war da zu hören, dessen Frau bedroht und angegriffen worden war, weil ihr Mann gegen die türkischen Clans, die in den Fall verwickelt waren, ermittelt hatte. In meiner mehr als drei Jahrzehnte währenden Polizistenlaufbahn hatte ich bis dahin nichts Vergleichbares gehört in Deutschland.
»Wenn das BKA die Führung übernimmt, dann ziehen wir alle mit«, sicherten mir zahlreiche Beamte von Landeskriminalämtern zu.
Als ich das in einer Lagebesprechung vortrug, sagte Schwarz nur: »Herr von Wedel, Sie haben es immer noch nicht verstanden. Das sind diese Dinosaurier von Ermittlern, die wir hier nicht mehr haben wollen.«
Einer meiner letzten Fälle als Drogenbulle beim Bundeskriminalamt beschäftigte sich wieder mit Haschisch. Es war im Sommer 2001, wieder verfolgte die Task Force OA 21 eine türkische Gang, in Zusammenarbeit mit der Kripo Kassel. Denn der Chef der Bande operierte aus einer Tankstelle in der hessischen Stadt. Seinen Drogennachschub ließ er sich aus den Niederlanden liefern. Damit niemand am Schein seiner vermeintlich ehrlichen, bürgerlichen Existenz kratzen konnte, hatte der Tankstellenboss ein nahezu perfektes Netz von Geheimcodes aufgebaut, mit dem die Kuriere sich in falschen Namen ansprachen und stets an ständig wechselnden Übergabeorten trafen. Doch wie es so häufig passiert, wenn Strukturen zu unübersichtlich geraten, stolperte die Bande über ihr eigenes, kompliziertes Gebilde.
Wir hatten eine TÜ in die Tankstelle geschaltet, als sich ein Kurier bei dem Tankstellenbesitzer über Handy meldete.

»Sonnenblume hier«, sagte der Kurier zu seinem Boss, der im Büro der Tankstelle in Kassel saß.
»Wo bist du?«, war die Rückfrage.
»Ich stehe mit der Ladung gegenüber der Tankstelle.« Für einen Moment herrschte Schweigen in der Leitung. Dann sagte der Boss: »Ich hab dir doch gesagt, dass wir uns nie hier treffen. Aber wenn du schon mal da bist, bring das Zeug einfach schnell rüber.«
Die beiden mussten sich sehr sicher gefühlt haben, denn die Unterhaltung lief in Türkisch ab. Aber unser Dolmetscher hörte mit.
Uns war klar, dass wir nur wenige Minuten zum Handeln hatten. Selbst mit Blaulicht hätte die Fahrt von Wiesbaden bis Kassel mindestens eine Stunde gedauert. Das Einfachste war deshalb, die Kripo vor Ort anzurufen. Doch von den vier Beamten, die wir dort kannten, war nur einer in der Dienststelle und er hatte gerade kein Dienstfahrzeug zur Verfügung.
»Das kann doch nicht wahr sein!«, brüllte mein Kollege Horst Nölle in den Hörer. Ich hatte der Unterhaltung zugehört und wusste nicht, ob ich lauthals loslachen sollte oder einen Tobsuchtsanfall der Entrüstung vortäuschen sollte. Aber Letzteres war nicht meine Art. Sofort fiel mir die Szene aus Ecuador wieder ein, als wir die Gangster vom Cali-Kartell im Streifenwagen durch Quito gefahren hatten. Manchmal ist Deutschland eben auch ein bisschen Dritte Welt.
»Das ist ja schlimmer als in Südamerika«, dachte ich mir und übernahm den Hörer.
»Und jetzt, was können wir tun?«, fragte ich kleinlaut. Worauf der Beamte ebenso trocken antwortete: »Ich fahr mit dem Stadtbus hin, das sind nur zehn Minuten.«
Für die Kripo Kassel wurde das zu einer ihrer erfolgreichsten Operationen. Der Kriminalbeamte schnallte sich seine Dienstwaffe an, sprang in einen Stadtbus und nahm eine Viertelstun-

de später in der Tankstelle nicht nur vier Mitglieder einer lang gesuchten Rauschgiftbande in flagranti fest. Er beschlagnahmte auch noch 80 Kilogramm Haschisch. Das war ein durchaus achtbarer Erfolg und wie üblich ließen wir eine Pressemeldung dazu verfassen. Sie lautete etwa folgendermaßen: In Zusammenarbeit mit der Kriminalpolizei Kassel gelang dem Bundeskriminalamt in Wiesbaden ein bedeutender Schlag gegen eine Bande von türkischen Rauschgiftschmugglern. Bei der Aktion wurden vier Verdächtige festgenommen und 80 Kilo Haschisch beschlagnahmt, das einen Straßenverkaufswert von 500 000 Euro erzielt hätte.

Als Schwarz die vorbereitete Meldung sah, bekam er fast einen Tobsuchtsanfall. »Herr Nölle«, brüllte er meinen damaligen Stellvertreter in der Task Force an, »sorgen Sie schleunigst dafür, dass die Sache nicht in der Presse erscheint. Für 80 Kilo Haschisch muss man sich ja schämen.«

Die Welt wird eine andere

Bei der Kripo Kassel, wo man vorher so stolz auf die Festnahme gewesen war, verstand man die Welt nicht mehr. Aber wahrscheinlich wusste Schwarz, dass unsere Behörde vor einer weiteren großen Veränderung stand. Nach Meinung von Keller, Schwarz und anderen sollten die Ermittlungspools schnellstmöglich aufgelöst werden. Doch in den Augen vieler Beamter aus dem eigenen Haus, die jahrelang ihr Leben dafür riskierten, hatte das BKA damit den Kampf gegen die Rauschgiftkriminalität aufgegeben.

Ich ahnte, dass ich nach mehr als 20 Dienstjahren ganz von vorne anfangen musste. Denn plötzlich hatte sich auch die politische Großwetterlage gehörig verändert. Es war Herbst 2001.

Wie geschockt hatten wir im Kreis von Kollegen am Mittag des 11. September 2001 im Amt auf Fernsehbildschirmen die Terroranschläge auf die Zwillingstürme des World Trade Center in New York verfolgt. Dass der Terrorakt sogar von einer islamistischen Zelle in Deutschland geplant worden war, ließ bald alle Alarmlampen im BKA tiefrot aufleuchten. Was haben wir falsch gemacht?, wurde gefragt. Wie können wir weitere Anschläge aus Deutschland vereiteln? Wie gehen wir mit dem islamistischen Terror um?
In den Wochen danach brach heftiger Aktionismus in Wiesbaden und in Meckenheim aus, dort, wo in der Nähe von Bonn die Abteilung Staatsschutz (ST) des BKA angesiedelt ist. Innerhalb von wenigen Tagen wurde beim ST die sogenannte »BAO USA« zusammengeschmiedet. BAO steht für »Besondere Aufbauorganisation« und für die Gruppe wurden mehr als 1000 Beamte aus den Rängen des BKA und der Landespolizeidirektionen zusammengestellt. Leider hatten die wenigsten von ihnen Erfahrung mit Staatsschutzarbeit oder sich jemals mit islamistischem Extremismus beschäftigt. Türkisch, Arabisch oder eine andere mittelöstliche Sprache beherrschte fast keiner von ihnen.
Das war das Umfeld, in dem ich Anfang Oktober 2001 zu Schwarz ging und ihn nach meiner beruflichen Zukunft fragte.
»Ja, es ist richtig, dass wir alle Ermittlungspools im Rauschgiftbereich schnellstmöglich auflösen wollen«, kam er sofort zum Punkt.
»Und was passiert dann mit mir«, fragte ich zurück.
»Sollte die Amtsleitung meinen Plänen nicht zustimmen, können Sie als Sachgebietsleiter bleiben«, meinte er. Nur ein gutes Jahr zuvor hatte er mir schließlich mit acht von neun möglichen Punkten eine Spitzenbewertung in unserem alljährlichen BKA-internen Zeugnis ausgestellt.
»Wenn doch, dann sind Sie überflüssig.«

...che Beurteilung des/der

...genannt von Wedel, Michael-Paul, geb. am 31.08.1950, Beurt.Stichtag: 31.05.2000

III. Leistungsbewertung (vgl. Nr. 5.3 bis 5.5)

Leistungsmerkmale ggf. weitere Leistungsmerkmale angeben! Für den Arbeitsbereich nicht relevante Leistungsmerkmale sind zu streichen; bei Führungskräften dürfen Merkmale der Gruppe 5 nicht gestrichen werden. Besonders wichtige Merkmale ankreuzen, höchstens jedoch zwei einer Merkmalsgruppe	Noten/Notenstufen **Notenstufe 1:** 9 = Übertrifft die Anforderungen durch stets besonders herausragende Leistungen **Notenstufe 2:** 8 = Übertrifft die Anforderungen durch überwiegend herausragende Leistungen 7 = Übertrifft die Anforderungen durch häufig herausragende Leistungen **Notenstufe 3:** 6 = Entspricht den Anforderungen in jeder Hinsicht, wobei gelegentlich herausragende Leistungen erbracht werden 5 = Entspricht den Anforderungen in jeder Hinsicht 4 = Entspricht im allgemeinen den Anforderungen **Notenstufe 4:** 3 = Entspricht zum Teil noch den Anforderungen, weist jedoch in wesentlichen Bereichen Mängel auf 2 = Entspricht nur noch zum Teil den Anforderungen und weist in wesentlichen Bereichen gravierende Mängel auf **Notenstufe 5:** 1 = Entspricht in keiner Weise den Anforderungen

			Einstufung		Begründung (5.5.1) (falls die Vergabe der Note 9 zu einer entsprechenden Gesamtnote führt)	
			Erstbeurteiler/-urteilende	Zweitbeurteiler/-urteilende	Erstbeurteiler/ Erstbeurteilende	Zweitbeurteiler/ Zweitbeurteilende
1.	**Arbeitsergebnisse**				(ausführliche Begründung siehe unten)	
1.1	Qualität und Verwertbarkeit	☒	8			
1.2	Arbeitsmenge und Termingerechtheit	☐	8			
1.3	Zweckmäßigkeit des Mitteleinsatzes	☐	8			
2.	**Fachkenntnisse**	☐	8			
3.	**Arbeitsweise**					
3.1	Eigenständigkeit	☐	8			
3.2	Initiative	☒	8			
3.3	Vertretung des Verantwortungsbereichs	☐	8			
3.4	Dienstleistungs-Orientierung	☐	7			
3.5	Mündlicher Ausdruck	☐	7			
3.6	Schriftlicher Ausdruck	☐	8			
3.7	Einsatzbereitschaft	☒	8			
4.	**Soziale Kompetenz**					
4.1	Verantwortungsbereitschaft	☐	8			
4.2	Zuverlässigkeit	☒	8			
4.3	Zusammenarbeit und teamorientiertes Handeln	☐	8			
4.4	Umgang mit Konfliktsituationen	☒	8			
5.	**Führung**					
5.1	Organisation	☐	8			
5.2	Anleitung und Aufsicht	☒	8			
5.3	Delegation	☐	8			
5.4	Motivierung	☐	8			
5.5	Förderung von Mitarbeitern/ Mitarbeiterinnen	☐	8			
	Gesamtnote		8	8		

BKA-interne Beurteilung vom 31. Mai 2000: Acht von neun möglichen Punkten

che Beurteilung des/der

genannt von Wedel, Michael-Paul, geb. am 31.08.1950, Beurt.Stichtag: 31.05.2000

IV. Befähigungsbeurteilung

Befähigungsmerkmale (vgl. Nr. 5.2) Befähigungsmerkmale, die nicht beobachtet werden können, sind zu streichen. Soweit besondere Befähigungsmerkmale im Vordruck nicht vorgegeben sind, können diese hinzugesetzt werden.	Einstufung (bitte ankreuzen) A = besonders stark ausgeprägt B = stärker ausgeprägt C = normal ausgeprägt D = schwächer ausgeprägt							
	Erstbeurteiler/ Erstbeurteilende				Zweitbeurteiler/ Zweitbeurteilende			
	A	B	C	D	A	B	C	D
Auffassungsgabe	☐	☒	☐	☐	☐	☒	☐	☐
Denk- und Urteilsfähigkeit	☐	☒	☐	☐	☐	☒	☐	☐
Entscheidungs- und Durchsetzungsvermögen	☒	☐	☐	☐	☒	☐	☐	☐
Verhandlungsgeschick	☒	☐	☐	☐	☒	☐	☐	☐
Ideenreichtum	☐	☒	☐	☐	☐	☒	☐	☐
Konzeptionelles Arbeiten	☐	☒	☐	☐	☐	☒	☐	☐
Organisatorische Fähigkeiten	☐	☒	☐	☐	☐	☒	☐	☐
Genauigkeit	☐	☒	☐	☐	☐	☒	☐	☐
Leistungsbereitschaft und Belastbarkeit	☒	☐	☐	☐	☒	☐	☐	☐
Selbständigkeit des Handelns	☒	☐	☐	☐	☒	☐	☐	☐
Fähigkeit zum Führen von Mitarbeitern	☐	☒	☐	☐	☐	☒	☐	☐
Lernfähigkeit und -bereitschaft	☐	☒	☐	☐	☐	☒	☐	☐

Begründung (fakultativ z.B. bei Abweichungen)

Allgemeine Bemerkungen zur Befähigung (vgl. 5.2.3)

V. Gesamtnote der Beurteilung

Die Befähigungsbeurteilung gibt Anlass, für die Bildung der Gesamtnote über die Note der Leistungsbewertung hinauszugehen oder hinter ihr zurückzubleiben (vgl. Nr. 5.5.2), weil die Befähigung des Mitarbeiters/der Mitarbeiterin von den Anforderungen des Arbeitsplatzes deutlich abweichen (ankreuzen, ggf. eingehend begründen).

Erstbeurteiler/ Erstbeurteilende	Zweitbeurteiler/Zweitbeurteilende
☒ Nein ☐ Ja	☒ Nein ☐ Ja

Gründe für die Abweichung

Gesamtnote der Beurteilung (in jedem Fall angeben)

Erstbeurteiler/ Erstbeurteilende	Zweitbeurteiler/Zweitbeurteilende
8	8

Ich hatte verstanden. Ich war hier überflüssig – sozial war das BKA noch nie gewesen. Mir blieb nichts anderes übrig, als hausintern auf Stellensuche zu gehen. Der größte Bedarf bestand zweifellos beim Staatsschutz. Viele Kollegen waren in den letzten Wochen schon dorthin zwangsversetzt worden. Dem wollte ich zuvorkommen.

Einer der entscheidenden Referatsleiter der BAO war Norbert Leicht geworden. Da ich mit ihm zusammen beim BKA-Eingangslehrgang unter Folien-Fred die Schulbank gedrückt hatte, bestand zwischen uns beiden noch ein recht guter Draht. Er ver-

sprach mir eine gute Stelle, wenn ich sofort zum Staatsschutz wechseln würde.
Warum nicht, sagte ich mir. Du hast dir schon viel zu lange beim Rauschgift den Buckel krumm geackert. Nur wenige Stunden, nachdem ich mit Norbert Leicht telefoniert hatte, stand mein Entschluss fest und ich rief ihn an.
»Okay, ich mach das«, sagte ich am Telefon.
Ich habe in meinem Leben viele Fehler begangen, aber das war der größte.

7
Islamistischer Terror
Beim Staatsschutz

Die Einrichtung einer BAO, einer Besonderen Aufbauorganisation, ist eigentlich nichts Außergewöhnliches beim BKA. BAOs können bei Entführungen, Geiselnahmen, Bankraub und Flugzeugentführung ins Leben gerufen werden. Sie können aus zehn Beamten bestehen oder mit mehr als 500 Mann besetzt sein. Das Ganze ist als eine zeitlich begrenzte Sonderkommission zu verstehen. Das Ungewöhnliche an der BAO USA war nur ihre Größe und die damit verbundene finanzielle Ausstattung dieser Sonderermittlungsgruppe zum Thema islamistischer Terrorismus. Innerhalb kürzester Zeit wurden in der BAO bis zu 1000 Beamte zusammengezogen. Sie kamen von allen möglichen Abteilungen des BKA, aus den Länderdirektionen oder wurden von der Kriminalpolizei zwischen Hamburg und München gestellt. Doch nur einige wenige der Mitarbeiter stammten aus der ursprünglichen Staatsschutz-Gruppe »Islamistischer Terror«. Denn die BAO USA sprengte den Rahmen alles bisher Dagewesenen und ging weit über den Rahmen dessen, was die Dienststelle Meckenheim bewältigen konnte.

Auf dem Gelände des »Polizeilichen Staatsschutzes«, das außerhalb Meckenheims unweit von Bonn auf einer Freifläche liegt, arbeiten normalerweise etwa 800 Beamte in ungefähr drei mehrstöckigen Bürohochhäusern. Jetzt verdoppelte sich die Zahl der dort Beschäftigten noch einmal. Dass Masse allerdings nicht

unbedingt auch Klasse bedeutet, zeigte sich bald. So war mit all den »Experten« zwar eine ganze Menge erfahrener Polizeibeamter versammelt, aber fast keiner von ihnen hatte sich vorher mit Fragen des Islamismus oder Terrorismus beschäftigt.
Ich wüsste nicht, dass mir auf den vollgepackten Fluren und in der Kantine dort jemals ein Kollege über den Weg gelaufen wäre, der jemals den Koran gelesen hatte, geschweige denn einer mittelöstlichen, asiatischen oder der arabischen Sprache halbwegs mächtig war. Der Aktionismus des BKA nach dem 11. September 2001 war in erster Linie Ausdruck des Schocks über die Anschläge in New York und man suchte nach Wegen, den islamistischen Terror besser in den Griff zu bekommen. Dass die BAO nicht lange bestehen bleiben würde, war von Anbeginn klar und lag in der Natur einer Sonderermittlungskommission.
Aber bei all den Ermittlungen, Fahndungen und sonstigen Maßnahmen, die jetzt anliefen, schwang etwas die Scham und das kollektive schlechte BKA-Gewissen mit, dass der größte terroristische Anschlag in der modernen Geschichte mit Mohammed Atta und seiner Hamburger Terrorzelle ausgerechnet auf deutschem Boden geplant worden war, ohne dass unsere selbstgefälligen Superpolizisten in Wiesbaden und Meckenheim etwas davon mitgekriegt hatten. Aber so direkt sprach niemand darüber. Schließlich hatten sich die CIA und das FBI, wie die kommenden Monate zeigen sollten, noch mehr Fahndungspannen zuschulden kommen lassen.
Anfang April 2002 begann ich meine Arbeit als Ermittlungsführer beim Staatsschutz. Es war die Zeit, als die BAO USA allmählich aufgelöst wurde. Die BKA-Beamten sollten zurück in ihre Stammreferate, die Länderbeamten zu ihren Stammeinheiten gehen und das Staatsschutzpersonal nahm wieder seine Arbeit in der »Gruppe Islamistischer Terror« auf, wenn auch erheblich verstärkt und finanziell besser ausgestattet.

Die BAO USA sollte in die sogenannte »ST 3« (Staatsschutz Gruppe 3) zurückgeführt werden und sich fortan mit nichts anderem beschäftigen als mit Fragen des islamistischen Terrors und der Überwachung radikaler Islamisten. Die Gruppe bestand aus fünf Referaten. Eines davon plagte sich als »Stabsreferat« mit Fragen der Auswertung und der Analyse, die eigentliche kriminalistische Arbeit wurde in vier Ermittlungsreferaten erledigt. Damit war ST 3 geradezu ungewöhnlich üppig ausgestattet, wenn man bedenkt, wie sehr Ermittler und Ermittlungsteams im Rauschgift im Besonderen, aber auch in allen anderen Bereichen des BKA in den letzten Jahren zusammengestrichen worden waren.

Zum Chef der Gruppe oder »Gruppenleiter«, wie das im BKA heißt, wurde mit dem Leitenden Kriminaldirektor Wilhelm Lange ein sehr erfahrener Staatsschutzbeamter des höheren Dienstes ernannt, der als typischer Rheinländer offen und umgänglich war. Unterstellt wurden ihm als Referatsleiter jene fünf Beamte des höheren Dienstes, die sich im Rahmen der BAO USA durch gute Arbeit besonders profiliert und ausgezeichnet hatten. Dass gute Arbeit im BKA nicht unbedingt kollegiale Arbeit bedeutet, ist dabei eine andere Sache. Aber immerhin befand sich unter ihnen auch ein ehemaliger Lehrgangskollege von mir, der es bis in den höheren Dienst geschafft hatte. Norbert Leicht war davor Referatsleiter beim Zeugenschutz gewesen und sollte nun als Kriminaldirektor dem Referat ST 34 vorstehen. Leider hatte er vor meinem Wechsel alle Schlüsselstellen in seinem Referat schon besetzt, sodass ich dem Ermittlungsreferat ST 35 zugeteilt wurde.

Ich hatte von Leicht die Zustimmung erhalten, dass ich ein Ermittlungsverfahren gegen sieben Maghreb-Araber übernehmen sollte, drei Algerier, zwei Marokkaner und zwei Tunesier.

Das war ein recht prominenter Fall, denn die Gruppe hatte 1998 in Frankfurt-Sachsenhausen im Rahmen einer ganz normalen Verkehrskontrolle sofort ihre Waffen gezückt und wild um sich geschossen. Vier Polizisten wurden dabei verletzt, zwei von ihnen lagen mit lebensgefährlichen Verletzungen Wochen im Krankenhaus. Nur mit sehr viel Glück hatte es keine Toten gegeben. Es war ein brutaler, sinnloser und vor allem vollkommen unverständlicher Mordversuch gewesen. Doch irgendwie waren die Ermittlungen in dem Fall nicht weitergekommen und so sollte die Straftat im Rahmen der erhöhten Sensibilität gegenüber Fragen des islamistischen Terrorismus nach den Ereignissen von New York erneut aufgerollt werden.

Der Haupttäter, Haji Samir, geboren 1978, stammte aus Labiar in Algerien und saß, als ich den Fall übernahm, bereits in der Justizvollzugsanstalt Butzbach ein. Offenbar gehörte er dem Umfeld der maghrebinischen Salafisten an, jener radikalen Fanatiker, die ihr Heil in der Rückkehr zu den islamischen Urvätern, den »salafi« (Altvorderen) suchen. Die »Salafisten-Gruppe für Predigt und Kampf« (»Groupe Salafiste pour la Prédication et le Combat«, GSPC) war 1998 von Hassan Hattab gegründet worden und sollte sich am 25. Januar 2007 in »Organisation Al-Qaida des Islamischen Maghreb« (»Organisation al-Qaïda au Maghreb islamique«) umbenennen.

In Algerien machten die Salafisten der GSPC und ihre Glaubensgenossen und politischen Vordenker von der Islamischen Heilsfront (»Front islamique du salut«, FIS) in den Neunzigerjahren durch ihre brutalen Massaker im Kampf gegen die Militärregierung von sich reden. Nachdem die FIS um einen Wahlsieg gebracht worden war, fielen ihre »Guerillatruppen« in Dörfer und Städte ein, zersägten jeden, den sie der Zusammenarbeit mit den Militärs bezichtigten, bei lebendigem Leibe mit Kettensägen, zerhackten sie mit Äxten oder schnitten ihnen wie Schlachtvieh die

Kehle durch. Sondereinheiten des Militärs schlugen brutal zurück. 120 000 Menschen kamen bei den Kämpfen ums Leben. In den Jahren danach bemächtigten sich Salafisten vieler Vororte der verarmten Metropolen Nordafrikas, zogen dort eine eigene muslimische Gerichtsbarkeit, die Scharia, auf und stellen heute die größte Gefahr für die westlich orientierten Regime von Rabat bis Tunis dar.
Mit der gleichen Brutalität wie in Algerien gingen die Täter auch in Frankfurt vor. Haji Samir hatte bei der Verkehrskontrolle in Frankfurt auf dem Rücksitz gesessen. Als er die Polizisten erblickte, begann er so unkontrolliert um sich zu schießen, dass selbst einer seiner Glaubensbrüder, der auf dem Vordersitz saß, von einer Kugel in den Kopf getroffen schwer verletzt zusammenbrach. Zwei der Täter waren noch auf freiem Fuß und wir gingen davon aus, dass sie vielleicht mit anderen islamistischen Gewalttätern Kontakt aufnehmen würden, um einen Anschlag in Deutschland zu planen oder gar auszuführen.

Heilloses Durcheinander

Das sollte mein erster Fall werden. Das Problem dabei bestand nur darin, dass die Tat bereits fünf Jahre zurücklag und ich weder Ahnung von Staatsschutzermittlungen hatte, noch über eine angemessene Infrastruktur für meine Arbeit verfügte. Doch bald bekam ich drei Leute zugewiesen, eine junge Frau war dabei, dazu ein Beamter, der vom Referat für Kfz-Diebstähle kam, und mit Kriminalhauptkommissar Lars Müller stieß noch der frühere Bodyguard von Bundesinnenminister Otto Schily zu uns. Er entpuppte sich als äußerst akribischer Aktenbeamter, der fleißig und umgänglich war, wenn er sich auch nicht gerade durch eine übergroße Zivilcourage auszeichnete.

Die für uns zuständige Staatsanwältin war ebenfalls keine Expertin für Staatsschutzfragen. Das sollte sich aber nicht als Nachteil erweisen, im Gegenteil. Staatsanwältin Schreiner war Anfang 30, etwa 1,70 Meter groß und hatte davor im Bereich Organisierte Kriminalität der Staatsanwaltschaft Frankfurt gearbeitet. Wie wir alle auch war sie im Zuge der BAO USA und der Ermittlungen gegen die Al-Qaida in Deutschland der Generalbundesanwaltschaft (GBA), der Strafermittlungsbehörde des Bundes, zugeordnet worden, hatte sich dabei aber noch nicht die herablassende Arroganz und die Starallüren der Karlsruher Behörde zu eigen gemacht, sondern sich die Frische und Freundlichkeit aus ihrer alten Dienststelle mit herübergerettet. Das machte den Umgang mit ihr sehr einfach, sie war offen. Deshalb verabredeten wir uns auch bald einmal zu einem Treffen und sie kam auf eine Tasse Kaffee in unserem Büro vorbei, das in den ersten Wochen noch nicht in Meckenheim, sondern in einer BKA-Dependance in Mainz untergebracht war.

Nach anfänglichem Smalltalk kamen wir bald auf die Arbeit zu sprechen und ich gestand ihr, dass ich nicht den blassesten Schimmer hatte, was ich in dem Fall tun sollte. Ich wusste nicht, wie eine Akte für den Staatsschutz aufgebaut wird. Ich wusste nicht, wie man mit der GBA in Karlsruhe umgeht, ich wusste nicht, welche Unterlagen Karlsruhe haben will, und vor allem wusste ich nicht, was die GBA nicht haben will. Auch meinen Mitarbeitern ging es nicht anders.

»Wie Sie ja wissen, Frau Bundesstaatsanwältin«, sagte ich, »war ich früher beim Rauschgift. Da war alles sehr einfach. Man sucht Rauschgift und diejenigen, die es unter die Leute bringen wollen. Irgendwann tritt man dafür eine Tür ein oder stemmt einen Kofferraum auf. Entweder ist der Stoff da drin oder nicht. Ist er drin, ist alles erledigt, ist er nicht drin, muss man viel schreiben, um sich zu rechtfertigen. Was suche ich hier in diesem Fall?«

Die brünette Staatsanwältin schaute mich einen Moment still an und ihre Lippen verzogen sich zu einem vornehmen Lächeln. Erst war mir nicht ganz klar, ob sie mich mitfühlend anlächelte oder spöttisch belächelte. Aber dann sagte sie mit einem entwaffnenden Seufzer in der Stimme: »Herr von Wedel, wenn ich das wüsste, würde ich Ihnen gerne weiterhelfen. Ich habe auch noch wenig Ahnung. Ich weiß nur, einen Mitgliedsausweis der Al-Qaida tragen die, die wir suchen, alle nicht bei sich.«
Das war nicht viel. Von der GBA war also auch keine Hilfe zu erwarten. Einziger Trost in der misslichen Lage war, dass im Referat ST 35 außer mir noch 34 weitere Beamte auf Terroristensuche waren und ihnen allen ging es genauso. Es herrschte ein heilloses Durcheinander. Keiner wusste, wo die Akten abgelegt waren, gegen wen ermittelt wurde und welcher Beamte gegen »unsere« Täter noch ermittelte. Erst in der Kantine erfuhr ich etwa, dass gegen einen »meiner« Beschuldigten auch noch ein anderes Verfahren lief.
Nachdem ich Wochen in der Sache ergebnislos ermittelt hatte, kam mir das alles ziemlich sinnlos vor und ich bat Staatsanwältin Schreiner deshalb, alle an dem Fall beteiligten Behörden an einen Tisch zu bringen. Erstaunlicherweise klappte das auch recht schnell und an einem trüben Nachmittag im Frühjahr 2002, es muss im Mai gewesen sein, saßen in Karlsruhe neben Frau Schreiner und mir ein Vertreter des BND, jeweils jemand vom Landesamt für Verfassungsschutz Wiesbaden und Mainz, ein Beamter des Bundesamtes für Verfassungsschutz (VS) sowie einige Abteilungsleiter der GBA zum Thema Ermittlungsverfahren gegen die sieben Maghreb-Araber zusammen.
Aber es war eine seltsame Versammlung, die da stattfand. Denn obwohl alle Teilnehmer der Runde bereitwillig angereist waren, befiel sie bei der Sitzung ein ungewöhnliches Schweigen. Die Herren und eine Dame saßen im Tagungsraum der GBA, hatten Leitzordner vor sich gestapelt, aber keiner wollte nach ein paar

höflichen Einführungsworten den Mund aufmachen. Eisiges Schweigen herrschte, bis ich als Rangniedrigster das Wort ergriff und bohrende Fragen stellte.
Ich musste mehrmals nachhaken, dann kam heraus, dass die Täter angeblich noch einen Tag, bevor sie in Frankfurt die vier Schutzpolizisten niedergestreckt hatten, von mehreren Observationsteams des VS in Köln beschattet worden waren. Über Monate hatten sie unter der Überwachung des deutschen Inlandsgeheimdienstes gestanden, bis sie diese Tat begangen hatten. Das klang natürlich alles etwas unglaubwürdig. Warum sollte die Überwachung gerade einen Tag, bevor es dazu gekommen war, abgeblasen worden sein. Wahrscheinlicher war wohl, dass bei dem, was passiert war, der Verfassungsschutz zusah. Aber auch das wäre ein geradezu unglaublicher Vorgang gewesen. Warum sollte der deutsche Inlandsgeheimdienst zuschauen, wie vier deutsche Polizisten auf offener Straße niedergeschossen werden, und nichts dagegen tun oder später keine Beweise dafür liefern? Als Polizist ist man wahrhaftig kein Anhänger von Verschwörungstheorien, aber ich roch, dass irgendetwas an dem Fall gehörig schiefgelaufen war.
Aber jetzt hieß es diplomatisch bleiben, was ja nicht immer meine Stärke gewesen war.
»Sagen Sie, als die Täter geschossen haben«, fragte ich und versuchte dazu recht naiv dreinzuschauen, »wurden die dann auch noch vom Verfassungsschutz überwacht?«
Darauf schaute mich der Kollege vom VS einen Moment ziemlich abschätzig von oben bis unten an und sagte: »Das kann ich Ihnen nicht sagen, Herr von Wedel.«
Ich kochte innerlich, denn schließlich ging es hier um einen vierfachen Tötungsversuch an Polizisten mitten in Deutschland, und was dieser Schlapphut gerade gesagt hatte, war eigentlich nichts anderes, als: »Von uns kriegen Sie dazu nichts, Sie BKA-Depp.«

Es war jetzt ganz still in dem Tagungsraum der GBA, dann fragte ich weiter:
»Wenn Sie die Täter observiert haben, dann gibt es doch sicher noch alle Daten darüber, wie Handyverbindungen, angerufene Rufnummern und was sonst noch alles dazugehört.«
Es war klar, dass der Verfassungsschützer Order bekommen hatte, mich auflaufen zu lassen, und es wurde jetzt schon ziemlich unkollegial. Er sagte nur zwei Worte: »Ja, klar.«
Angesichts der knappen Antworten konnte ich nur mit Mühe meine Ruhe bewahren und entgegnete: »Kann ich das bitte haben. Wie soll ich denn fünf Jahre nach der Tat noch Belastungsmaterial gegen diese Polizistenmörder zusammenkriegen?«
Das beeindruckte den VS-Mann allerdings nicht: »Ne, kriegen Sie nicht«, schnarrte er zurück. »Da besteht Quellenschutz.«
Ein paar Nachfragen erbrachten vollkommene Klarheit. Weil der VS bei einem »Hinweisgeber in Belgien«, wie der VS-Mann sagte, »in der Schweigepflicht stand« – wahrscheinlich handelte es sich dabei um einen befreundeten Geheimdienst, vielleicht sogar die CIA –, wollte er die Informationen über die Polizistenmörder nicht an den BKA-Staatsschutz weitergeben.
Jetzt platzte mir der Kragen. Ich stand wortlos auf und verließ mit einem ziemlich steifen Grinsen den Saal.
Meine Staatsanwältin stürmte hinter mir her: »Was fällt Ihnen ein«, rief sie fassungslos.
Darauf fragte ich: »Wissen Sie, was ich gerade verloren habe?«
»Nein«, entgegnete sie verwundert.
»Meinen Respekt vor diesen Behörden da drin und vor Ihnen«, sagte ich, jetzt schon ein bisschen zu laut. »Dass die versammelten Abteilungsleiter nichts gesagt haben, kann ich ja noch verstehen, das sind Politiker. Aber von Ihnen hätte ich erwartet, dass Sie die Leute vom Verfassungsschutz jetzt und hier sofort festnehmen lassen. Denn was die begangen haben, ist Strafvereitelung im Amt.

Ich kann doch nicht nach über fünf Jahren Handyverbindungen auswerten, die längst gelöscht sind. Der Verfassungsschutz hat den Mist aber vorliegen und gibt ihn mir nicht. Dazu sitzen Sie da und nicken das alles ab. Lassen Sie mich in Ruhe, wo sind wir denn, in Beirut?«

Den letzten Satz hatte ich deutlich zu laut formuliert. Aber in meiner Aufregung war mir das nicht ganz bewusst gewesen, ich konnte es aber am beleidigten Gesichtsausdruck der Staatsanwältin ablesen. Einen Moment hielt ich jetzt inne, atmete tief durch und sagte dann: »Ich will von Ihnen nicht mehr unter Druck gesetzt werden mit diesem Fall. Was interessiert uns dieser Scheißbelgier. Diese verrückten Araber haben versucht, vier Kollegen zu ermorden, und Sie decken das auch noch. Schluss mit dem Theater.«

Auch im Sitzungsraum hatte man meine erregten Worte offenbar deutlich hören können. Denn jetzt wurde dort ziemlich viel durcheinandergetuschelt. Doch ich hatte beschlossen, da nicht mehr reinzugehen.

»Ich fahre zurück in mein Büro«, sagte ich und verließ das Gebäude des BGA in Karlsruhe.

Ich hatte ja vieles erlebt in meiner Polizistenkarriere: erschossene V-Leute, geklautes Mobiliar, verschwundene Waffen, von Amts wegen geschmuggelte Drogen, die zudem nur auf dem Papier existiert hatten, aber das war so ziemlich das Deprimierendste, was mir bisher widerfahren war.

»Ein Scheißladen, dieser Staatsschutz«, fluchte ich laut vor mich hin, als ich meinen Fünfer-Dienst-BMW sicher viel zu schnell von Karlsruhe nach Mainz jagte.

Irgendwie konnte ich es nicht fassen, dass eine Sicherheitsbehörde der Bundesrepublik Deutschland möglicherweise einem versuchten Polizistenmord zugesehen und nichts zur Aufklärung des Falles getan hatte. Bisher war ich immer davon ausgegangen, dass Geheimdienstler, Staatsschützer und Polizisten doch irgendwie

Kollegen seien und am gleichen Strang zögen. Doch hatte ich diesen naiven Irrglauben nach nur zwei Monaten beim Staatsschutz schon verloren.

Ich fühlte mich mal wieder wie im falschen Film. Oder war es ein Theaterstück? Aber bei der BGA hatte nur der erste Akt gespielt. Jede klassische Tragödie besteht ja aus mindestens drei, im Idealfall sogar aus fünf Teilen. Die Fortsetzung sollte bald folgen.

Besuch aus Algerien

Denn was ich in den nächsten Wochen über die mangelnde Zusammenarbeit der deutschen Dienste und den unkoordinierten Umgang mit der Terrorgefahr herausfand, war geradezu furchterregend. Ganz offensichtlich handelte es sich bei den sieben an dem Polizistenmord Beteiligten um sehr fanatische Muslime. Es war nicht nachweisbar, aber jeder erfahrene Ermittler, der sich mit den uns zur Verfügung stehenden Unterlagen beschäftigte, ahnte, dass die Gruppe einen größeren Anschlag in Deutschland geplant hatte. Wir hatten zudem einen Zeugen in Frankreich aufgetan, der bestätigte, dass die sieben von 1995 bis 1999 ein Al-Qaida-Lager in Afghanistan besucht hatten und anschließend eine Terrorzelle in Deutschland bilden sollten.

Der Eindruck erhärtete sich bei einem Besuch des Leiters des algerischen Geheimdienstes im Frühsommer 2002 in Meckenheim. Er stand im Rang eines Generals und erwiderte den Besuch meiner Vorgesetzten. Der Erste Kriminaldirektor Ludwig Glanz, Hauptabteilungsleiter beim Staatsschutz, war vom 8. bis zum 12. April 2002 zusammen mit BKA-Vizepräsident Heiner Ritter auf Dienstreise in Marokko, Algerien und Tunesien gewesen. Ritter war damals 54 Jahre alt. Er ist ein erfahrener Polizist, der seine Polizeiausbildung als Vollzugsbeamter und bei der hessischen

Bereitschaftspolizei begonnen hatte. Man sagte ihm einen außergewöhnlich großen Ehrgeiz nach und die Fähigkeit, ohne mit der Wimper zu zucken auch über Leichen gehen zu können, zumindest was die Personalpolitik im Amt anbelangte. Mit anderen Worten, er war ein gnadenloser Karrierist, aber keiner der Sorte, die keine Ahnung von der Materie hatten, sondern ganz im Gegenteil. Er war das personifizierte BKA schlechthin.
Auf der ersten Station der Reise hatte Ritter in Marokko eine direkte Zusammenarbeit zwischen dem BKA und dem marokkanischen Geheimdienst DGST angeregt. So etwas sieht gerade der BND, aber auch der VS als deutscher Geheimdienst sehr ungern, wenn das BKA als Bundespolizeibehörde in ihrem Territorium wildert. Ferner erörterte Ritter Fragen zu dem von mir bearbeiteten Verfahren und wollte von den Marokkanern Näheres über Haydar Zammar erfahren, den deutschen Staatsbürger syrischer Abstammung, der als mutmaßlicher Organisator oder Finanzier der Hamburger Terrorzelle um Mohammed Atta galt. Auch wurde über die beiden gebürtigen Marokkaner Mounir El Motassadeq und Zacarias Moussaoui (der heute einen französischen Pass besitzt) gesprochen, die ebenfalls in den Anschlag vom 11. September verwickelt waren. Beide hatten offenbar als mögliche Terrorpiloten für den Anschlag in New York zur Verfügung gestanden. Danach waren die BKA-Leute in gleicher Mission nach Algerien und Tunis gereist.
Was der General bei seinem Gegenbesuch von uns wollte, war von Anfang an klar. Zwei der an dem Vorfall in Sachsenhausen Beteiligten kamen aus Algerien und der General hoffte, dass diese unter irgendeinem Vorwand abgeschoben würden, damit sein Dienst die beiden zu Hause in Algerien fachmännisch fertigmachen könnte. Folter, und um nichts anderes ging es ihm wohl, verstieß natürlich gegen deutsche Gesetze, aber trotzdem ließ er nichts unversucht, um die beiden mitnehmen zu dürfen.

Unser Besucher, der General, wirkte wie die Karikatur eines arabischen Geheimdienstbosses, stämmig, eine finstere Erscheinung, der man nachts nicht gerne alleine begegnet wäre. Aber unter Kollegen gab er sich überaus jovial. Die Stärke meines Vorgesetzten Ludwig Glanz hingegen lag vor allem darin, im volltrunkenen Zustand Lieder aus dem kulturellen Umfeld seiner rheinischen Heimat vorzutragen. Das stärkte beim Abendprogramm während zahlreicher Auslandsvisiten und den anschließenden üblichen Gegenbesuchen immer wieder die menschliche Bindung zwischen dem BKA und den ausländischen Dienststellen.

Doch für den fachlichen Teil der Zusammenarbeit war ich zuständig. Nachdem der General einen Abend die Vorzüge lokaler, feuchtfröhlicher Gastfreundschaft mit Ludwig Glanz genossen hatte, musste ich bei einem Arbeitstreffen am kommenden Morgen in Meckenheim meinen Fall vortragen. Der Algerier hörte sich meine Äußerungen kurz an, dann fiel er mir ins Wort. Offensichtlich wusste er viel mehr als wir und hatte nicht die Geduld, langen Vorträgen zuzuhören. Er tippte seinen Assistenten an, der die ganze Zeit wortlos neben ihm gesessen war, und bellte ihm etwas in Arabisch zu, worauf dieser einen schwarzen Attachékoffer öffnete und mit einer fast überschwänglichen Geste der Genugtuung eine Aktenkladde auf den Tisch krachen ließ.

Jetzt schaute mich der General vorwurfsvoll an und sagte: »Wisst ihr eigentlich, dass der Kopf der ganzen Gruppe in Mainz wohnt, und ihr macht nichts gegen ihn.«

Mit den Knöcheln seiner rechten Hand klopfte er auf den Ordner, als wollte er sagen: Da steht alles drin, aber ich will die Leute mitnehmen, wenn ich euch das Zeug schon zeige.

Es wurde jetzt ziemlich still im Raum, bis ich sagte: »Ich komme nicht an die ran.«

Das war natürlich ein sehr peinliches Eingeständnis. Aber bis heute weiß ich immer noch nicht, wie der algerische Geheimdienstchef an die Akte gelangt war. Hatte der CIA sie geliefert? Und musste deswegen der Kontaktmann in Belgien geschützt werden? Oder wanderte die Akte über den VS und den BND direkt nach Algier? Das wäre natürlich auch möglich und nicht minder beschämend.

Aber irgendwie wurde der Fall wieder, ohne dass wir wesentliche Fortschritte erzielt hatten, zu den Akten gelegt. Das lag im Wesentlichen an der Blockade der deutschen Geheimdienste, aber auch an dem Chaos in unserem eigenen Haus. Denn beim Staatsschutz wurde die Spitze des Referats ST 35 endgültig besetzt und mein neuer Chef, ein nicht sehr umgänglicher Jurist von Anfang 50, bestand darauf, dass mein Ermittlungsteam unser Büro in Mainz auflöste und alsbald seine Schreibtische nach Meckenheim verlegte. Vielleicht wollte er ja auch nur ein paar erfahrene Ermittler um sich wissen, denn er selbst hatte von der Materie, die eigentlich Kern jeder Polizeiarbeit darstellt, nicht die geringste Ahnung.

Auf alles gefasst

Ich hasste es, in der Zentrale zu sein. Die Arbeit im Haupthaus mag sicher allerhand logistische Vorteile bieten, der Nachteil besteht aber eindeutig darin, dass man seinem Chef beim Pinkeln begegnen kann. Und das passierte mir am Donnerstag, den 5. September 2002, eine Woche vor dem ersten Jahrestag des Anschlages vom 11. September – eine Begegnung, die ungeahnte Folgen für mich haben sollte. Denn während ich mich nichts ahnend auf irgendeiner Herrentoilette beim Staatsschutz in Meckenheim erleichterte, kam mein Gruppenleiter, der leitende Kriminaldirektor Lange, zur Tür herein und fing, wie man das auf Herrentoiletten eben so tut, ein Gespräch an, das in der Regel von kurzen Sätzen geprägt ist. Es ging so:

Er: »Und, viel zu tun?«
Ich: »Geht so.«
Er: »Dann setz dich ins Auto und fahre nach Heidelberg.«
Ich: »Was ist da los?«
Er: »Anschlag auf US-Kaserne.«
Manch einer meiner Kollegen beim Staatsschutz hätte sich dabei schon wieder, im wahrsten Sinne des Wortes, in die Hosen gemacht.
Aber wie hatte Folien-Fred immer gesagt? »Ein Polizeibeamter muss auf alles gefasst sein.« Es war auf jeden Fall mein erster Auftrag, den ich auf der Herrentoilette erhalten hatte. Bei unserem Stab informierte ich mich kurz, was passiert war, und saß wenige Minuten später mit zwei jungen Kollegen bereits in einem schnellen Wagen nach Walldorf bei Heidelberg.
Dort war ein Pärchen aufgeflogen, das angeblich Anschläge auf die US-Kaserne Patrick Henry Village vorbereitet hatte. Das »PHV«, wie das Areal bei US-Bürgern heißt, ist eine der ersten großen US-Einrichtungen in Deutschland gewesen. Die Kaserne, Wohnblocks und Freizeiteinrichtungen waren 1947, gleich nach dem Zweiten Weltkrieg, bezogen worden. Heute leben dort etwa 1200 Amerikaner. Ein Terrorangriff auf eine US-Einrichtung im Herzen Deutschlands, und das fast am ersten Jahrestag des Anschlags vom 11. September, das wäre ein unglaubliches Desaster für die deutschen Sicherheitsbehörden gewesen. Der letzte Stand unserer Informationen, als wir ins Auto stiegen, war, dass die beiden Verdächtigen, ein junger Türke und seine ecuadorianische Freundin, gerade vom Landeskriminalamt Stuttgart und der Polizei Heidelberg verhört wurden.
Doch kaum hatten wir das Autoradio angeschaltet, hörten wir dort schon die ersten Details aus den Verhören. Das war ein ungewöhnlicher Vorgang, denn normalerweise sollte man davon ausgehen dürfen, dass zumindest so lange nichts an die Medien

durchsickert, bis die ersten Verhöre abgeschlossen sind. Aber während wir im Auto saßen, war um den Fall auf höchster politischer Ebene heftig gerungen worden. Die Tatverdächtigen waren von der Heidelberger Kripo festgenommen worden. Auch der CIA hatte seine Hände schon im Spiel gehabt und BKA-Vizepräsident Ritter drang darauf, dass der Staatsschutz den Fall unbedingt übernehmen müsse.
Gäbe es nach der Schmach, die Zelle von Mohammed Atta nicht entdeckt zu haben, jetzt einen besseren Beweis, dass die deutsche Bundespolizei doch auf der Höhe der Ermittlungen ist, als einen Anschlag gegen eine US-Kaserne schon im Vorfeld zu vereiteln? Das weckte den Ehrgeiz des BKA und besonders seines Vizepräsidenten. Entsprechend schlecht war die Stimmung, als wir in Heidelberg-Walldorf eintrafen.
»Da kommen die Krawattenträger aus Meckenheim, die uns den Fall wegnehmen wollen«, raunte einer der Kollegen vor Ort. Von uns trug natürlich keiner eine Krawatte, aber das war das Bild, wie wir in den Bundesländern gesehen wurden, und das Beste war jetzt, die Stimmung erst mal zu entschärfen, sonst hätte die ganze Ermittlung unter dem Grabenkampf zwischen BKA und LKA Baden-Württemberg gelitten.
»Hier will keiner jemandem was wegnehmen«, sagte ich. »Kollegen, ihr setzt uns mal so ein, wie ihr das für richtig haltet.«
Wir nahmen zuerst an der Durchsuchung einer Zweizimmerwohnung in Walldorf teil. Hier hatte der 25-jährige Türke mit seiner Verlobten aus Ecuador gelebt. Sie arbeitete als Aushilfskraft in der Kantine der US-Einrichtung und er als Lagerarbeiter in einer Chemikaliengroßhandlung. Mit Zustimmung des Einsatzleiters war die CIA schon vor uns in der Wohnung gewesen. Wir wussten nicht, ob sie etwas mitgenommen oder verändert hatten. Aber was wir fanden, waren weniger als ein Pfund Schwarzpulver – in der späteren Gerichtsverhandlung war von genau 395

Gramm die Rede –, dazu ein paar Metallrohre und verschiedene Chemikalien. Anschließend besuchten wir die Chemikalienhandlung und es stellte sich heraus, dass der junge Mann das Schwarzpulver und verschiedene Säuren dort tatsächlich entwendet hatte.
Nach etwa drei Stunden setzte ich als BKA-Ermittlungsführer meinen ersten Bericht ab. Der Kernsatz lautete: Ich rate dringend, das Verfahren nicht zu übernehmen, da ich davon ausgehe, dass hier etwas faul ist. Jetzt wurden die Übernahmeaktivitäten des BKA erst mal verlangsamt.

Paragraf 129 b

Die beiden jungen Kollegen, die aus Meckenheim mitgekommen waren, vernahmen zuerst den Verdächtigen und sprachen mit der Nachbarschaft. Der Türke war weder durch häufige Moscheenbesuche aufgefallen, noch schien er irgendwelche Beziehungen zu radikalen islamischen Gruppen zu unterhalten, sondern machte den ganz normalen Eindruck eines Deutsch-Türken, der hier aufgewachsen und zur Schule gegangen war. Aber solch ein Bild konnte ja erheblich trügen und deshalb entschloss ich mich, zuerst seine Verlobte zu verhören, und zwar in Spanisch. Ein paar Stunden später wurde ich unter unheimlich viel Aufwand in die US-Kaserne gebracht, wo ich zunächst ihre amerikanische Arbeitskollegin befragen durfte.
Was die beiden zu erzählen hatten, erinnerte mich ein bisschen an ein Buch, das ich vor Jahren gelesen hatte, nämlich *Die verlorene Ehre der Katharina Blum* von Heinrich Böll. Auch was ich in Heidelberg vorfand, war die Geschichte eines unbedarften Mädchens, das in eine ziemlich dumme Terrorfahndung geraten war, die ihr jetzt das Genick zu brechen drohte.

Die junge Frau war 23 Jahre alt und hatte als Bedienung und Küchenkraft in der Kantine des PHV gearbeitet, wo sie sich mit einer etwas älteren US-Bürgerin angefreundet hatte. Diese war groß, fett und nicht sehr klug, dafür aber ziemlich laut. Zudem mochte sie Türken nicht. Eines Tages kam die Amerikanerin bei der jungen Latina zu Hause auf Besuch vorbei. Ihr türkischer Freund saß in der Küche, wo er Chemikalien zusammenrührte. Ein bisschen schräg wirkte der Typ schon, denn es war von Kindheit an sein Hobby gewesen, Feuerwerkskörper zu basteln. Ein Wunder, dass er noch alle Finger an den Händen und sich nicht den Kopf weggesprengt hatte.

Doch offensichtlich beruhte die Abneigung zwischen dem jungen Mann und der Besucherin auf Gegenseitigkeit, das mag wohl auch an der Sprachbarriere gelegen haben. Denn der türkischstämmige Lagerarbeiter sprach nicht sehr gut Englisch, den amerikanischen Slang, den die Frau pflegte, verstand er schon gar nicht. Und sie hatte sich nie die Mühe gemacht, mehr als ein paar Brocken Deutsch »su lärnön«.

Aber trotzdem weckten seine Aktivitäten ihre Neugierde. »Was um Himmels willen machst du denn hier«, fragte sie. In Englisch hatte das wohl gelautet: »What the hell are you doing?«

Man kann davon ausgehen, dass er nicht wusste, was Feuerwerkskörper auf Englisch heißt, nämlich »firework«, und vielleicht wollte er sie auch, vorlaut, wie er nun einmal war, etwa erschrecken. Also sagte er: »I build bombs.«

Man kann sich ihr Gesicht vorstellen und vielleicht auch ihren Schreck. Denn ein Jahr nach den Anschlägen vom 11. September konnten Amerikaner über Anschläge, Terror und Bomben wirklich, und auch zu Recht, keine Scherze verstehen. Als sie zu Hause angekommen war, setzte sie sich an ihren Computer, suchte sich aus dem Internet die Adresse der CIA heraus und schrieb den Herren eine E-Mail, dass sie in Heidelberg einen Türken kenne, der Bomben baue. Zunächst erhielt sie darauf keine Antwort.

Aber Tage danach saßen die beiden ungleichen Freundinnen auf einer Parkbank vor dem Buchladen in der US-Einrichtung zusammen und unterhielten sich über die fast täglichen Selbstmordanschläge in allen Teilen der Welt.

»Kaum zu glauben, wenn jetzt jemand den Buchladen hochjagt, wären wir auch betroffen«, sagte die Südamerikanerin. Daraufhin fuhr die Amerikanerin nach Hause und schrieb an die CIA: »Der Türke, von dem ich Ihnen neulich berichtet habe, will jetzt den Buchladen im PHV in die Luft jagen.«

Jetzt erst wurde der US-Geheimdienst aktiv und alarmierte die deutsche Polizei. Ich konnte den Kollegen bei der Polizei in Heidelberg, der den Vorgang bearbeitet hatte, recht bald ausfindig machen. Und damit bekam die gesamte Geschichte erst eine ziemlich groteske Wende.

Denn wie er gestand, lag der Beginn der Untersuchung schon Wochen zurück. Irgendwann Anfang August hatte er eine Hausdurchsuchung bei dem Pärchen beantragt und war dann unbesorgt in Urlaub gefahren. Als er zurückkam, wunderte er sich, dass der Vorgang »Anschlag auf US-Kaserne« immer noch nicht beantwortet war, und stellte fest, dass die Akte verschwunden war. Folglich verfasste er das Schriftstück erneut und erst jetzt trat er eine Lawine los. Denn was er nicht geahnt hatte, war, dass sich in den Tagen seit seiner Rückkehr die politischen und juristischen Bedingungen bei Terrorfahndungen in Deutschland vollkommen verändert hatten. Am Freitag, den 30. August war nämlich der Paragraf 129 b des Strafgesetzbuches in Kraft getreten, der »die Mitgliedschaft in einer ausländischen terroristischen Vereinigung« auch in Deutschland mit Freiheitsstrafen von bis zu zehn Jahren Haft bestraft. Es war die erste bedeutende Strafrechtsreform, die aufgrund der Ereignisse vom 11. September in Kraft getreten war. Mitgliedschaft in einer Terrorvereinigung im Ausland, wie etwa der Al-Qaida, konnte jetzt auch im Inland bestraft werden. Und sämtliche Strafverfolgungsbehörden waren jetzt geradezu gierig darauf, das erste »129 b-Verfahren« für ihre Behörde an Land zu ziehen.

Es war am siebten Tag, nachdem mir Lange den Auftrag auf der Herrentoilette beim Staatsschutz erteilt hatte, als ich am späten Abend zu der Amerikanerin gebracht wurde. Es war schon weit nach 22 Uhr in Heidelberg und sowohl die US-Militärpolizei als auch die CIA waren während des gesamten Verhörs anwesend. Alles hatte die Atmosphäre eines ziemlich schrägen Geheimdienstthrillers, aber als letztlich die ganze Wahrheit herauskam, konnte ich mir nur mühsam das Lachen verkneifen.

»Die Frau ist nicht schizophren, aber sie hat alles missverstanden«, schrieb ich in meinen Bericht nach Wiesbaden.

Abgeschlossen war der Fall damit aber immer noch nicht. Unbedingt wollten das BKA und das LKA aus dem Fall das erste Verfahren nach Paragraf 129 b konstruieren. Zu allem Überfluss war in der Wohnung des Pärchens ein Bild von Osama bin Laden gefunden worden. Wie der Verdächtige später im Gerichtsverfahren aussagte, habe er daraus sein eigenes Fahndungsplakat basteln wollen, was seine Freundin ihm aber mit Hinweis auf ihren Arbeitgeber und darauf, welche Missverständnisse das auslösen könnte, verboten habe. Ich denke, das war die Wahrheit, denn ein etwas verrückter Bastler war er ja schon – und er musste teuer dafür bezahlen.

Bis zu seinem Prozess am 11. April 2003 verbrachte der junge Pyromane sieben Monate in einer Einzelzelle des Hochsicherheitsgefängnisses Stammheim im Norden von Stuttgart. Auch ich war zu der Gerichtsverhandlung geladen und musste gut zweieinhalb Stunden als Zeuge aussagen. Letztlich wurden beide Beschuldigten aus »Mangel an Beweisen« freigesprochen und am

Schluss der Verhandlung sagte der Richter sinngemäß: Es wäre wünschenswert, wenn es beim BKA und dem LKA Baden-Württemberg mehr solche Beamte gäbe wie den Kriminalhauptkommissar Herrn von Wedel. Er war der Einzige, der von Anfang an offensichtlich die Wahrheit gesehen hatte.

Vizepräsident Ritter liebte mich für die gesamte Sache offenbar nicht sehr. Aber bei meinem Gruppenleiter Lange hatte ich mir damit offenbar ziemlich viel Respekt verschafft. So viel jedenfalls, dass er mir ein Jahr später, im Juni 2003, sogar eine »Leistungsstufe nach dem Bundesbesoldungsgesetz« gewährte. Das ist so etwas wie eine BKA-interne Belohnung. Aber gleichzeitig brachte mir die Geschichte auch ziemlich viel Arbeit ein. Denn jetzt galt ich als »129 b-Experte«. Der erste wirklich große Fall sollte schon eine Woche später auf mich zukommen.

8
Der »deutsche Mudschahed«
Einsatz in Indonesien

Am 20. September 2002, es war ein Freitagmorgen, steckte Kriminaldirektor Lange seinen Kopf zu meiner Bürotür herein. Er wirkte sichtlich aufgeregt.

»Schon gelesen?«, fragte er und legte mir einen Ausdruck eines Artikels von *Spiegel Online* vom Vorabend auf den Schreibtisch. Die Überschrift lautete: »Terror-Festnahme in Indonesien: Der deutsche Mudschahed«. Er war von dem Journalisten verfasst, mit dem ich sechs Jahre später dieses Buch schreiben sollte, unter Mithilfe eines seiner Kollegen im Berliner Büro von *Spiegel Online.*

In dem Bericht der beiden ging es darum, dass ein deutscher Staatsbürger in der indonesischen Hauptstadt Jakarta unter dem dringenden Verdacht verhaftet worden war, Mitglied der Al-Qaida zu sein. Es handelte sich um den Deutsch-Ägypter Reda Seyam, der zu dem Zeitpunkt 42 Jahre alt war.

Im Vorspann des Artikels hieß es: »Fungierte der kürzlich festgenommene Deutsch-Araber Seyam R. als Kopf der Al-Qaida-Zellen in Südostasien? Festnahmen und neue Erkenntnisse in Jakarta und Singapur zeigen, dass in der größten Muslimregion der Erde die Fäden von zahlreichen Terrorgruppen zusammenlaufen.«

Im BKA, im Kanzleramt und bei den Geheimdiensten herrschte Panikstimmung. Schon wieder ein Terrornetzwerk mit einem Deutschen an der Spitze? Das wäre, gelinde gesagt, ein PR-Desaster sondergleichen für die deutschen Sicherheitsbehörden gewesen. Außerdem berichtete *Spiegel Online* aus Südostasien über Fakten, die uns noch gar nicht vorlagen. Wieder einmal wurde die BKA-Abteilung Staatsschutz auf dem falschen Fuß erwischt.

Der Bericht behauptete, dass die Kontakte des Hamburger Terrorpiloten Mohammed Atta bis nach Indonesien gereicht hätten. Denn immer wieder hätten Gruppen um die Hamburger Attentäter über philippinische Muslime von der »Muslim Islamic Liberation Front« (MILF) Kontakt zu den Mitkämpfern in Südostasien gehalten.

»Doch die vagen Kontakte waren noch nicht alles«, hieß es weiter. »Von einem ›deutschen Mudschahed‹ war da noch die Rede, der sich an blutigen Kämpfen zwischen Muslimen und Christen auf den indonesischen Inseln Ambon und Sulawesi beteiligt haben soll. Zuletzt sei er sogar in einem Al-Qaida-Trainingslager beim Städtchen Poso gesehen worden.«

Indonesien ist mit über 200 Millionen Muslimen die größte islamische Nation der Welt. Doch in der Vergangenheit hatten die indonesischen Behörden stets dementiert, dass ihr Land islamistischen Terrorgruppen Unterschlupf gewähre. Aber am Mittwoch vor der Festnahme von Seyam musste der damalige indonesische Minister für die Koordination von »Militärischen und Sicherheitsbelangen«, Susilo Bambang Yudhoyono (er sollte am 20. Oktober 2004 zum Präsidenten gewählt werden), erheblich zurückrudern. Nach einer Krisensitzung mit Präsidentin Megawati Sukarnoputri kündigte der Exgeneral an, es werde eine umfassende Untersuchung geben, die der Frage nachgehe, ob sich in seinem Land ein Terrornetzwerk mit Kontakten zu Al-Qaida etabliert habe. Der Erklärung vorausgegangen war die Ausweisung von sechs arabischen Staatsbürgern.

Was Wiesbaden aber besonders aufschreckte, waren die Fakten über Reda Seyam. »Der Mann, der zuletzt im südbadischen Raum gemeldet war, trug einen gültigen Reisepass bei sich, der in der deutschen Botschaft in der saudi-arabischen Hauptstadt Riad auf den Namen Seyam R. ausgestellt worden war. Außerdem hatte er auch noch einen deutschen Personalausweis bei sich. Bei den ersten Verhören gab der Mann nach Informationen von *Spiegel Online* an, er sei mit einer Deutschen verheiratet, habe deshalb die deutsche Staatsbürgerschaft und arbeite als Fernsehjournalist. Bei einer Hausdurchsuchung fanden die Behörden bei Seyam R. Videomaterial über die paramilitärische Ausbildung von Zivilisten und umfangreiches Material in Deutsch.«

Auf dem falschen Fuß

Ich schaute kurz auf und fragte Lange: »Wo haben die das bloß her? Vom BND oder vom Kanzleramt?«
»Glaube ich nicht«, sagte er, »wahrscheinlich haben die Indonesier geplaudert oder die CIA spielt mit uns.«
Und tatsächlich war im nächsten Absatz ein ziemlich guter Hinweis auf die Quelle zu finden: »Aus indonesischen Sicherheitskreisen hieß es nach der Festnahme, offenbar habe sich Seyam R. in den vergangenen Jahren an mehreren der bürgerkriegsähnlichen Konflikte zwischen Muslimen und Christen in Indonesien aktiv beteiligt.« Und dann wurde erzählt, wie der Mann, der sich auch als Hans K. tarnte, in den Neunzigerjahren versuchte, ein gestohlenes Auto aus Bosnien einzuführen, von dem er behauptete, »er habe den Wagen für seine Tätigkeiten in einer Hilfsorganisation als Geschenk bekommen«. Im Wissen um die Aktivitäten von Al-Qaida auch in Bosnien lag hier der Hinweis auf den Kontakt zwischen der Terrororganisation und dem Deutsch-Ägypter. »Mit seinem deutschen Pass wäre er ein idealer Agent der Terrorgruppe von Osama bin Laden«, schrieb *Spiegel Online*.

Weiter hieß es, dass geprüft würde, »ob über Deutschland und Indonesien Unterstützungsgelder an Terrorgruppen weitergeleitet wurden«, und zwar über die humanitäre Organisation »Komitee Zakat Infaq«.
Über die Rolle von Reda Seyam in Al-Qaida wurde eine Verbindung zwischen ihm und dem Kuwaiter Omar al-Faruk vermutet, einem wichtigen Mitglied von Al-Qaida, der wenige Monate zuvor vom indonesischen Geheimdienst gefasst worden war und von der CIA auf der US-Militärbasis in Bagram in Afghanistan festgehalten wird, wo er nach Foltermaßnahmen gestand, »Anschläge auf die indonesische Präsidentin Megawati Sukarnoputri und auf zahlreiche westliche Botschaften in Jakarta, Kuala Lumpur, Manila und Singapur geplant zu haben. Die USA nehmen die Ankündigungen ernst und schlossen vorerst die Landesvertretungen in den betroffenen Ländern.«
Faruk hatte über Reda Seyam ausgesagt, dass dieser unter dem Kampfnamen »Abu Daud« eng mit Al-Qaida verbunden sei. »Was er in Jakarta konkret plante, ist jedoch zumindest den deutschen Behörden noch nicht bekannt. Die Ermittler brennen auf die Unterlagen aus Indonesien«, hieß es weiter.
Die CIA sehe Indonesien als Rückzugsraum für Al-Qaida-Kommandos, die schon vor dem 11. September zu indonesischen Extremistengruppen, darunter den Radikalislamisten der Jemaah Islamiah (JI), Kontakt aufgenommen und Waffen und finanzielle Unterstützung angeboten hätten. Nach einem Treffen von Mitgliedern verschiedener islamistischer Gruppen im Jahr 2000, dem sogenannten »Radulatan-Treffen«, sei bekannt geworden, dass »insgesamt 20 Selbstmordattentäter für Anschläge gegen westliche Botschaften in Südostasien bereitstünden«. Es folgten Details über den »Bin-Laden-Leutnant« Zacarias Moussaoui und Aufträge zur Sprengstoffherstellung für Bombenanschläge. Über Kontakte zu JI-Extremisten, militärisches Training in Dschungellagern auf den

Philippinen und Anschlagsziele in der Bankenstadt Singapur wie Wasserversorgung, Flughafen, Verteidigungsministerium und einen US-Stützpunkt. »Was die Geheimdienste in Singapur jedoch besonders beunruhigt, ist, dass von dem Sprengstoff, mit dem die Anschläge ausgeführt werden sollten, noch jede Spur fehlt.«*

Auf nach Jakarta

Als ich fertig gelesen hatte, musste ich mir erst mal eine Zigarette anzünden. Ich schaute Lange an und er schaute mich an. Beide schwiegen wir eine Weile. Dann sagte ich: »Die wissen mehr als wir.«

»Richtig«, sagte er. »Sogar viel mehr und das muss sich ändern. Waren Sie schon mal in Indonesien?«

Ich schüttelte den Kopf: »Aber Lars Müller vielleicht.«

»Dann nehmen Sie ihn mit und fahren Sie schnellstmöglich nach Jakarta.«

Wieder brach hinter den Kulissen ein heftiger Machtkampf um die Aufnahme des Verfahrens aus. Das BKA insistierte darauf, dass gegen Seyam ein Verfahren wegen Paragraf 129 b zu eröffnen sei. Generalbundesanwalt Kay Nehm in Karlsruhe wollte erst einmal abwarten, ob sich überhaupt genug gerichtsverwertbare Beweise in dem Fall sammeln ließen. Denn man wusste dort nur zu genau, dass der Paragraf, der erst am letzten Tag im August 2002 in Kraft getreten war, sich nicht rückwirkend anwenden ließ. Seyam hätte zwar für Straftaten wie Mord und Planung von Anschlägen verurteilt werden können, die er in der Vergangenheit begangen hatte, aber aus der Mitgliedschaft in einer »terroristischen Vereinigung im Ausland«, der Al-Qaida also oder dem

---

* http://www.spiegel.de/panorama/0,1518,214831,00.html

indonesischen Ableger Jemaah Islamiah, ließ sich ihm nur im Zeitraum von zweieinhalb Wochen ein Strick drehen. Das war riskant. Trotzdem setzte sich das BKA durch.

Noch am gleichen Abend saß ich zusammen mit dem Kollegen in der Lufthansa-Maschine über Singapur nach Jakarta. Ich hatte ihn vor allem deswegen mitgenommen, weil er als ehemaliger Personenschützer von Otto Schily über eine ganze Menge Auslandserfahrung verfügte. Ich selbst kannte Indonesien nur aus Reiseprospekten. Auch das Material, das wir dabeihatten, war für eine beginnende Untersuchung äußerst dürftig. Es bestand aus dem *Spiegel-Online*-Artikel. Dazu hatten wir nur noch ein zweiseitiges Dokument des BND im Koffer, das, wie meist bei Geheimdienstunterlagen, nicht gerichtsverwertbar war.

In dem Geheimdienstpapier war davon die Rede, dass Seyam sich im Umfeld der Al-Qaida und anderer muslimischer Aktivisten bewege. Der BND wusste noch, dass er 1988 als ägyptischer Mathematiklehrer nach Deutschland gekommen war und wenige Wochen später eine Deutsche geheiratet hatte. In dem Dokument war sie mit ihrem Geburtsnamen erwähnt. Fünf Jahre später erhielt Seyam aufgrund der Heirat mit ihr dann die deutsche Staatsbürgerschaft. 1994 zog die Frau mit ihm in das Kleinstädtchen Bocina, das während des Bosnienkrieges als Zentrum der Mudschahedin-Brigaden galt, jener frommen, islamistischen Gotteskrieger aus aller Welt, die ihren Glaubensbrüdern im Kampf gegen die Serben im Balkankrieg zur Hilfe geeilt waren. In Bocina steht auch eine große, mit saudi-arabischen Geldern errichtete Moschee.

In Jakarta verstärkte der BKA-Verbindungsbeamte, Gerhard Forster, der in Bangkok wohnte, noch unser kleines Team. Jakarta liegt an der Nordwestspitze von Java, der mit 130 Millionen Einwohnern bevölkerungsreichsten Insel der Republik Indonesien. Es ist feucht, heiß, laut und stundenlang steht man täglich im Verkehrsstau. Wenn die Monsunregen niederprasseln, versinken große Teile der Stadt unter Wasser und schon auf der Fahrt vom Flughafen in die Innenstadt bewegte sich das Taxi auf der Autobahn in einer knietiefen, brackigen Brühe. Knapp neun Millionen Menschen leben in diesem Moloch, aber wer weiß das schon genau. Täglich strömen Tausende Neusiedler in das Wirtschaftszentrum des Landes. Doch die Hoffnung auf ein besseres Leben endet meist in einem der vielen Slums.

Seit dem Sturz von Diktator Suharto im Mai 1998 ist die Wirtschaft kollabiert und hat sich seitdem nur teilweise erholt. Gut 40 Prozent der Bewohner Jakartas vegetieren von einem Dollar am Tag dahin. Gut 90 Prozent der Indonesier sind Muslime und der Zusammenbruch der Militärdiktatur hat nicht nur den demokratischen Wettstreit gestärkt, sondern auch den radikalen islamistischen Gruppen Zulauf verschafft.

Noch war nicht klar, ob die Demokratie oder der radikale Islam die Oberhand gewinnen würde. Im Sommer 2002 herrschte jedenfalls eine ziemlich aufgeheizte Stimmung in der Stadt. Geheimdienste hatten vor einem jederzeit bevorstehenden Anschlag gewarnt. Die US-Botschaft war deshalb seit dem 9. September geschlossen. Wir kamen am Nachmittag zum Sonnenuntergang an und aus den kleinen Moscheen der Armenviertel, die gleich hinter dem Shangri-La Hotel lagen, drang der Ruf des Muezzins bis zu meinem Zimmer ins fünfzehnte Stockwerk herauf. Am nächsten Morgen fuhren wir zum Polizeipräsidium, der Zentrale der indonesischen Polizei.

Der »deutsche Mudschahed«

Dort trafen wir Reda Seyam das erste Mal. Er saß in einer Art offener Zelle ein. Durch die Gitterstäbe konnte er in den Gefängnishof sehen. Er war von recht bulliger Gestalt, etwa 1,78 Meter groß, trug ein langes weißes Hemd und hatte einen langen Bart, wie ihn gläubige Muslime sich stehen lassen. Zum Verhör wurde er in den zweiten Stock gebracht, wo in einem Verhörzimmer sämtliches Beweismaterial vor ihm auf einem Resopaltisch ausgebreitet worden war. Dort lagen jetzt eine Fernsehkamera, über 100 Videobänder, ein Computer, verschiedene Ausweispapiere. Wir hatten vorsichtshalber eine Dolmetscherin für Arabisch mitgenommen. Aber jedes Mal, wenn wir ihn auf Arabisch ansprechen ließen, antwortete er in bestem Deutsch, sodass wir bald das Verhör nur noch in Deutsch führten.

Insgesamt verhörten wir ihn über drei Tage fast 40 Stunden lang. Am ersten Tag wurde noch alles von einem guten Dutzend indonesischer Polizeibeamter genau beobachtet und auf Video aufgezeichnet. Doch schon zum Mittag des zweiten Tages waren wir mit dem Verdächtigen alleine. Die Indonesier hatten uns mitgeteilt, dass Seyam nur wegen Verstoßes gegen die Einreisebestimmungen festgenommen worden war. Relativ schnell ließen die Behörden auch durchblicken, dass man keine Beweise vorliegen habe, die ihn einer Verwicklung in terroristische Aktivitäten bezichtigen könnten. Aber auch das war nur Teil der Wahrheit, genauso wie das, was uns Reda Seyam erzählte. Er stellte sich als völlig unschuldig Verfolgter da. Er sagte, dass er in Indonesien als Kameramann für den arabischen Fernsehkanal Al Jazeera in Südostasien gearbeitet hatte.

Seyam sah blass aus, wirkte mitgenommen und berichtete, dass er am Morgen des 16. September aus einem Reihenhaus, das er in Südjakarta bewohnte, verschleppt worden sei. Seine Entführer waren alle Zivilisten und sprachen untereinander Indonesisch. Er wurde an einen unbekannten Ort gebracht, sagte er, wo man ihm die Augen mit Klebeband zugebunden und ihn dann 72 Stunden Tag und Nacht verhört habe. Während der Vernehmung habe er die ganze Zeit stehen müssen und sobald er Schwäche zeigte oder sich hinsetzen wollte, sei er geschlagen worden. In das Verhör schalteten sich immer wieder auch »Engländer oder Amerikaner ein«, sagte Seyam. So genau konnte er das nicht feststellen, denn er konnte den englischen Akzent nicht lokalisieren. Am dritten Tag habe man ihn dann aus dem Verhörraum gezerrt und in ein Auto geworfen. Als ihm jemand das Klebeband abnahm, stellte er fest, dass er an die indonesische Polizei übergeben worden war.

Wir konnten ziemlich bald erahnen, was da passiert war. Reda Seyam stand seit Jahren unter Beobachtung verschiedener internationaler Geheimdienste. Der BND hatte genauso Material über ihn gesammelt wie der britische Auslandsdienst SIS (Secret Intelligence Service), besser bekannt als MI 6 (»Military Intelligence« Abteilung sechs), und natürlich die amerikanische CIA. Seit er im März 2001 erstmals in Indonesien eingereist war, hatte sich auch der BIN, der »Staatliche Nachrichtendienst« Indonesiens (Badan Intelijen Negara), an seine Fersen geheftet. Die indonesischen Schlapphüte hegten äußerst enge Kontakte zur CIA, was immer wieder zu starken Konflikten mit der indonesischen Nationalpolizei geführt hat. Seyam war mit großer Sicherheit vom BIN verschleppt worden und die CIA war mit im Spiel.

Der »deutsche Mudschahed« wirkte zwar sehr müde, ein Geständnis legte er trotzdem nicht ab. Im Gegenteil. Er schien geradezu in Verhörtaktik geschult worden zu sein. Er gab immer nur das zu, was wir schon wussten, und da bewegten wir uns nur mit dem *Spiegel-Online*-Artikel in Händen, dem mageren BND-Dokument und dem wenigen, was die Indonesier erzählt hatten, auf ziemlich dünnem Eis. Das hieß aber nicht, dass er schwieg. Im Gegenteil: Seyam redete ziemlich viel unsinniges Zeug, von dem wir wussten, dass es eine Lüge war, und von dem er wusste, dass wir wussten, dass es eine Lüge war. Das kostete uns ziemlich viel Schreibarbeit. Denn jeden Abend mussten wir bis in die frühen

Morgenstunden Berichte an Wiesbaden verfassen, die dann auch an das Bundeskanzleramt weitergeleitet wurden. Es bestand ein enormer Druck, Seyams vermeintliche Al-Qaida-Kontakte zu beweisen.

Am dritten Morgen platzte mir deshalb der Kragen. Meine Kollegen Lars Müller und Gerhard Forster waren gerade einmal vor die Tür gegangen, da sagte ich: »Seyam, uns ist ja allen klar, dass das alles Lügen sind, was du uns da erzählst. Wir kriegen dich sowieso. Dann stehst du im Verfahren als Lügner da. Entweder du sagst jetzt die Wahrheit oder du hörst auf mit dem Blödsinn, denn das kostet uns ziemlich viel Arbeit und bringt uns allen nichts.« Er legte den Kopf auf die Seite, nickte und fortan machte er nur noch Angaben zur Person.

Insgesamt blieben wir knapp zwei Wochen in Jakarta. Der BND-Mann, der in der Botschaft stationiert war, wusste zwar nicht viel, aber der deutsche Botschafter erwies sich als sehr kooperativ. Zudem stellte sich bald ein guter Kontakt zum Chef der CIA-Residenz in der indonesischen Hauptstadt ein. Ich kannte ihn nur mit seinem Vornamen, nämlich Bill. Die Verhöre mit Seyam gingen zwar nicht mehr weiter, aber wir hatten jetzt ein etwas besseres Bild, was mit dem deutschen Staatsbürger ägyptischer Abstammung passiert war.

Verschleppt vom Geheimdienst

Offenbar spielte er die führende Rolle in einem islamischen Propagandanetzwerk, das Gräuelvideos über Kämpfe zwischen Christen und Muslimen in Indonesien und anderen Schlachtfeldern Südostasiens drehte. Diese schnitt er entsprechend dramatisch zusammen und zeigte es dann in Moscheen, um seine Glaubensbrüder zu noch mehr Hass aufzustacheln und sie für den

Dschihad, den heiligen Krieg gegen »Ungläubige«, zu rekrutieren. Auf den Videos waren äußerst grausame Szenen zu sehen, Menschen wurden geköpft, zudem wimmelte es von ekelhaft entstellten Leichen. Außerdem drehte Seyam offenbar auch in Trainingslagern für radikale Muslime. Er sagte zwar, er habe die Videos gekauft, doch die CIA und auch der indonesische Geheimdienst waren zu dem Schluss gekommen, dass der Deutsche eine bedeutende Rolle im Al-Qaida-Netzwerk von Südostasien spiele. Sie hatten ihn lange ausgespäht und festgestellt, dass er neben seinem Privathaus in Südjakarta noch ein sogenanntes »Al-Qaida safe house« in der Straße Pulo Mas Raya Nr. 44 in der indonesischen Hauptstadt betrieb. Der Adresse war ein Ort, wo Geldbriefe abgegeben wurden und vier – einige Quellen sagten auch sechs – verdächtige Personen aus der arabischen Welt ein- und ausgingen.
Die Verbindungen zwischen der CIA und dem indonesischen Geheimdienst sind eng und so konnte der amerikanische Dienst in Indonesien kurzen Prozess mit Terrorverdächtigen machen. Schon zwei mögliche Al-Qaida-Leute waren in den vergangenen Monaten mittels CIA-Jet außer Landes gebracht worden. Dies waren Muhammad Saad Iqbal Madni, der Verbindungen zum britischen »Schuhbomber« Richard Reid gehabt haben soll, und Omar al-Faruk, der Kuwaiter, der ebenfalls eine Führungsposition in der Al-Qaida-Hierarchie Südostasiens einnahm. Am 15. September 2002 war der Deutsch-Ägypter Reda Seyam an der Reihe. Im Morgengrauen wurde Seyam in seinem schicken Reihenhaus in Südjakarta verhaftet. Ein Gulfstream-Jet der CIA stand schon bereit, als etwas die Geheimdienstpläne durchkreuzte.
Die Amerikaner hatten nämlich nicht bedacht, dass keineswegs der gesamte Sicherheitsapparat Indonesiens auf ihrer Seite stand. Schon seit Monaten war es zum heftigen Schlagabtausch innerhalb der Dienste gekommen. Auf der einen Seite stand Indonesiens Polizeichef Da'i Bachtiar. Im Gegensatz zu vielen seiner gut

200 Millionen Glaubensbrüder in der weltgrößten muslimischen Nation, die einer sehr liberalen Auslegung des Islam anhängen und friedlich mit anderen Religionsgruppen zusammenleben, hatte Bachtiar häufig seine Sympathie für radikale islamische Gruppen bekundet. Eigentlich zu deutlich für einen Polizeichef, wie viele Kommentatoren und auch Politiker meinten. So hatte er mehrmals den Terrorprediger Abu Bakar Bashir vor Angriffen der Medien und anderen Sicherheitsdiensten des In- und Auslands in Schutz genommen.
Auf der anderen Seite dieser Bruchlinie stand der Geheimdienstchef Abdulah Makhmud Hendropriyono. Er war unter Diktator Suharto aufgestiegen und praktizierte demonstrativ die Nähe zu den USA. Jedem Erstarken von radikalislamischen Gruppen am Rande der Gesellschaft versuchte Hendropriyono energisch einen Riegel vorzuschieben. Doch auch der Geheimdienstchef hatte sich mit seinem unjavanisch lauten Auftreten ziemlich viele Feinde geschaffen. So hatte er lange vor den Politikern seiner Heimat behauptet, dass in Indonesien zahlreiche Al-Qaida-Zellen existieren. Die Politik und auch die Polizei leugneten das partout. Nach dem 11. September meinte Hendropriyono gar, dass seine Agenten von dem Anschlag in New York gewusst hätten, niemand dies aber ernst genommen habe. Was Hendropriyono behauptete, wuchs sich deshalb zu einem handfesten Skandal aus und Da'i Bachtiar beschloss, den Kampf mit ihm aufzunehmen.
Als die Sache mit Reda Seyam hochkochte, verlangte der Polizeichef die Rückgabe des deutschen Glaubensbruders an die indonesischen Polizeibehörden. Und um eine weitere Nacht-und-Nebel-Aktion der CIA am Flughafen zu erschweren, berichtete Bachtiar zudem ausgesuchten einheimischen Journalisten von der Festnahme. Auch der *Spiegel* bekam schnell Wind von der Affäre und als die Geschichte veröffentlicht war, musste auch die Bundesregierung in Berlin handeln. Jetzt blieben BIN und der

CIA nichts anderes übrig, als klein beizugeben. Seyam wurde nach seinem dreitägigen Verhör zum Polizeihauptquartier gebracht, wo wir ihn vorfanden.
Deshalb war auch bald klar, dass wir in Verhören nicht mehr viel weiter kommen würden. Im Land war ein Machtkampf um den »deutschen Mudschahed« entbrannt. Das war eine ziemlich vertrackte Situation. Denn einerseits bestanden das Auswärtige Amt und das Kanzleramt in Berlin darauf, alles zu tun, dass der Deutsche nicht doch noch entführt würde. Andererseits wollten meine Vorgesetzten, dass wir Beweise sammelten, um das erste 129 b-Verfahren eröffnen zu können. Und die drei BKA-Beamten in Jakarta waren zudem total ausgepumpt. Wir hatten täglich fast 18 Stunden gearbeitet und ich war jetzt mehr als vier Wochen permanent auf Achse gewesen, als wir uns, es muss am 4. Oktober gewesen sein, gerade zum Abendessen und einer Dienstbesprechung im Grand Hyatt Hotel im Coffeeshop niedergelassen hatten. Da klingelte mein Handy. Hauptabteilungsleiter Ludwig Glanz war am Apparat.
Er erkundigte sich nach dem Stand der Vernehmungen und sagte dann: »Von Wedel, schöpfen Sie bitte jede erdenkliche Möglichkeit aus, um Reda Seyam zum Reden zu bringen.«
»Herr Glanz, es gibt nur eine Möglichkeit, die ich noch nicht ausgeschöpft habe, und wenn Sie das wollen, dann müssen Sie mir das jetzt sagen«, entgegnete ich.
»Was wäre das?«, fragte er.
»Ein Baseballschläger«, sagte ich und war mir eigentlich sicher, dass Ludwig Glanz das als Spaß verstanden hatte.
Doch er entgegnete nur schroff: »Herr von Wedel, Sie kommen jetzt sofort nach Deutschland zurück.«
Drei Tage später saßen wir wieder an unseren Schreibtischen in Meckenheim und jeder schien die Äußerung mit dem Baseballschläger wieder vergessen zu haben.

Doch es war noch keine Woche vergangen, da rief die Sekretärin von Kriminaldirektor Lange an: »Der Chef will Sie sprechen.« Es war der Morgen des 14. Oktober 2002, ein Montag. Mir war schon klar, was kommen würde. Denn am Samstag gegen Mitternacht hatte sich auf der indonesischen Ferieninsel Bali ein Sprengstoffanschlag auf zwei Nachtclubs ereignet und offenbar waren unter den Opfern auch Deutsche. Mir war schon den ganzen Sonntag über Reda Seyam durch den Kopf gegangen. Die Frage war, hatte er etwas mit dem Anschlag zu tun? Und wer waren die Leute gewesen, die in seinem »safe house« gewohnt hatten und Mitte September so plötzlich verschwunden waren.

In Langes Büro hatte ich noch gar nicht richtig Platz genommen, da fragte er schon: »Haben Sie Zeit?«

Ich entgegnete: »Ja, etwas schon.« Das wertete er wohl als Zustimmung. Auch galt ich jetzt offenbar noch als der Indonesienspezialist im BKA.

»Dann fliegen Sie nach Bali«, befahl er. Widerspruch war sinnlos. Als wir ankamen, war klar, dass sich sechs Deutsche unter den Opfern befanden. Die erste Bombe war am Samstag, den 12. Oktober um 23.05 Uhr Ortszeit in der Kneipe Paddy's Bar hochgegangen. Sie war von einem Rucksackbomber transportiert worden. Der Sprengsatz tötete den Attentäter. Jetzt flohen die Menschen in Panik auf die Straße. Dort kam es aber nur etwa zehn bis 15 Sekunden später zu einer zweiten, viel größeren Detonation, ausgelöst durch eine fast eine Tonne schwere Bombe, die in einem weißen Mitsubishi-L300-Transporter versteckt war. Das Auto stand genau vor dem Sari-Nachtclub, in dem es zu diesem Zeitpunkt vor Nachtschwärmern wimmelte. Fast gleichzeitig explodierte zudem ein Sprengsatz vor dem US-Konsulat in der Inselhauptstadt Denpasar, der aber nur Sachschaden anrichtete. Insgesamt waren 202 Menschen durch die Anschlagserie ums Leben gekommen. 88 der Opfer kamen aus Australien, 38 waren Einheimische, 26 Briten, sieben US-Amerikaner, fünf Schweden, vier Holländer, vier Franzosen und drei Dänen. Insgesamt waren Opfer aus 22 Nationen zu beklagen. Drei Leichen konnten nie identifiziert werden.

Auf den Straßen um die beiden Bars bot sich ein furchtbares Bild der Verwüstung. Es hatte Autos auseinandergerissen, Häuser waren eingestürzt und 209 Menschen lagen mit zum Teil fürchterlichen Verletzungen im Krankenhaus. Einigen war das halbe Gesicht weggesprengt worden, andere hatten Gliedmaßen verloren oder waren über und über mit Splittern übersät. Denn die Bombe war mit Nägeln und Metallteilen gefüllt worden, um besonders schreckliche Verletzungen hervorzurufen. Der BKA-Verbindungsbeamte aus Bangkok war schon vor Ort, als wir eintrafen, auch der BND-Mann aus der deutschen Botschaft in Jakarta. Später kamen noch drei Kollegen der »Tatort-Gruppe« aus Wiesbaden hinzu. Das ist eine Einheit, die stets bei derartigen Ereignissen den Tatort sichert und nach Spuren sucht, wenn Bundesbürger betroffen sind. Die Ermittlungen wurden eigentlich von den Indonesiern geführt, aber australische Polizeiexperten gaben bald den Ton an. Die CIA war auch vor Ort, trat aber nicht in Erscheinung, wie es stets Politik der Truppe aus Langley im US-Bundesstaat Virginia ist.

Als Erstes vernahm ich drei junge Deutsche, die wie durch ein Wunder unverletzt dem Anschlag entkommen waren. Sie hatten an einer Brandmauer ganz am Ende des Sari-Nachtclubs gestanden und als die Feuerwand der Detonation auf sie zuraste, konnten sie nur in letzter Sekunde, wie sie sagten, »an Fingernägeln an der Wand hochklettern« und sich in Sicherheit bringen. Überhaupt entging Deutschland nur mit viel Glück einer viel größeren Tragödie. Zum Zeitpunkt des Anschlags weilte eine Gruppe von etwa 150 Schülern und Studenten aus Nordrhein-Westfalen für einen Studienaufenthalt auf Bali. Der Nachtclub auf der Vergnügungsmeile Kuta war schnell ihr Lieblingstreffpunkt geworden, doch an diesem Abend hatten sie sich woanders verabredet und wollten erst spät in der Nacht im Sari-Club zusammenkommen. Das war ihre Rettung.

Schnell fügte sich das alles zu einem ziemlich schrecklichen Bild zusammen. Der ganze Anschlag passte bis ins kleinste Detail zu den Informationen, die wir vorher schon gekannt hatten und die von Geheimdiensten sowie den Medien gesammelt worden waren. Und dennoch hatte niemand das Blutbad verhindern und die Menschen retten können. Sofort nach dem Anschlag wurde die islamistische Organisation Jemaah Islamiah, der südostasiatische Ableger der Al-Qaida, für die Tat verantwortlich gemacht.

Eine Woche nach dem Anschlag veröffentlichte der arabische Fernsehsender Al Jazeera eine Audio-Kassette, auf der die Stimme von Al-Qaida-Chef Osama bin Laden zu hören war. Er sagte, dass der Bali-Anschlag die Vergeltung für den amerikanischen Krieg gegen den Terror und auch Bestrafung für die australische Politik in Osttimor gewesen sei. »Erwartet mehr Dinge, die euch schockieren werden« (»Expect more that will further distress you«), fügte er hinzu.

Abu Bakar Bashir (bisweilen auch Ba'asyir geschrieben), der in der javanesischen Stadt Solo das muslimische Internat »Pondok Ngruki« betreibt, gilt als der geistliche Führer des südostasiatischen Al-Qaida-Ablegers Jemaah Islamiah. Wenige Tage nach dem Anschlag berief er eine Pressekonferenz ein und stritt jegliche Beteiligung an dem Anschlag in Bali ab. »ABS«, wie der ideologische Brandstifter in Indonesien auch genannt wird, verstieg sich dann zu der Behauptung, dass der Bali-Anschlag ein Werk der USA sei, weil Indonesier nicht in der Lage seien, solch eine komplizierte Bombe zu bauen.

In der Tat hatte auch Polizeichef Bachtiar in den ersten Tagen nach

dem Anschlag behauptet, dass es sich bei dem Bombenmaterial, das für den Anschlag auf die beiden Nachtclubs verwendet worden war, um C4-Plastiksprengstoff gehandelt habe. Eine Mär, die schon am 21. Oktober von australischen Polizeifachleuten korrigiert wurde. Es bestand kein Zweifel, dass es sich bei dem Explosionsmaterial um die Chemikalie Ammoniumnitrat handelte. Genau der Stoff, der auf der Extremistenkonferenz, dem Radulatan-Treffen im Jahre 2000, in Malaysia bestellt worden war – wie Geheimdienstkräfte längst wussten, im Beisein von Bashir.
Die Ermittlungen gingen jetzt zügig voran. Bald druckte die indonesische Polizei die ersten Fahndungsplakate. Aris Munandar, auch Sheikh Aris genannt, ein Mitglied der JI-Gruppe und Verbindungsmann zu Bashir, soll den Haupttäter Amrozi bin Nurhasyim bei der Beschaffung des Sprengstoffes und dem Bau der Bomben unterstützt haben. Amrozi wurde bald der »lächelnde Bomber« genannt, weil er während der späteren Verhöre und der Gerichtsverhandlung stets mit einem breiten Grinsen dem Geschehen beiwohnte. Die Untersuchung seines Handys führte dann zur Verhaftung weiterer Mittäter, wie Ali Imron, Imam Samudra, Dul Matin, Idris, Abdul Ghani und Umar Patek. In den nächsten Wochen tauchte jetzt auch immer wieder der Name von Reda Seyam auf. Geheimdienste vermuteten, dass der deutsche Staatsbürger möglicherweise den Anschlag auf Bali finanziert haben könnte.

Die Frau des Gotteskriegers

Das sind Momente im Leben eines Polizeibeamten, bei denen man erheblich ins Grübeln gerät. Natürlich stand ich immer zu dem Grundsatz, dass jeder vor dem Gesetz gleich ist. Aber in diesen Tagen fragte ich mich immer wieder: Was wäre eigentlich passiert, wenn das BKA ein paar Tage später von der Festnahme Reda Seyams durch die CIA erfahren hätte? Wäre dann der Deutsche wie sein Kampfgenosse Faruk auch von den Amerikanern auf der US-Militärbasis Bagram in Afghanistan verhört worden? Mit all den ungesetzlichen Methoden, die man dort pflegte? Und wäre dann der Anschlag verhindert worden?

Das waren alles sehr bedrückende, aber müßige Fragen, weil sie letztlich ins Leere führten. Und ich tröstete mich damit, dass der Staatsschutz in Meckenheim vorerst in dem Fall nicht lockerließ. Wir hofften, dass wir den »deutschen Mudschahed« bald überführen konnten. Die Untersuchungen in Meckenheim liefen auf Hochtouren, die Politik wollte ein Ergebnis sehen und wir waren alle hoch motiviert, nach weiteren Verbindungsleuten Seyams zu suchen. In diesem Zusammenhang legte mir Lange Ende Oktober einen dreiseitigen Vermerk das BND über die deutsche Frau von Reda Seyam auf den Schreibtisch. Sie hieß damals Regina Kreis. Zeitweise war Seyam deswegen in Bosnien auch als Hans Kreis aufgetreten. Später nannte sie sich Doris Glück.

Der deutsche Auslandsgeheimdienst berichtete in dem Geheimpapier darüber, dass Doris Glück sich nach der Heirat mit dem Ägypter im Jahre 1988 von ihrem Mann hatte zum Islam bekehren lassen und dann mit ihm nach Bosnien in den »Dschihad«, den »heiligen Krieg«, gezogen war. Bald seien ihr die Aktivitäten ihres Mannes aber unheimlich vorgekommen. Sie habe sich dann zweimal an deutsche Behörden gewendet und sich als Informantin über die Islamistenszene angeboten. Die erste Kontaktaufnahme geschah in der deutschen Botschaft in Sarajevo, wo man die Deutsche in ihrer Burka nicht ernst genommen habe. Das zweite Mal habe sie sich in Deutschland direkt an das Auswärtige Amt gewendet. Sie erzählte, dass ihr Mann gefälschte Pässe und vermeintliche »Spendengelder« von London und Freiburg für

»Gotteskrieger« nach Bosnien schmuggelt. Auch das nahm im Auswärtigen Amt niemand ernst.
»Lassen Sie diese Frau sofort verhaften«, befahl mein Gruppenleiter jetzt zu meinem Erstaunen.
»Mit welcher Rechtsgrundlage?«, antwortete ich mit einem Stirnrunzeln. »Dem stimmt die GBA doch nie zu.«
Mein Vorgesetzter hielt einen Moment inne, dann fragte er etwas verunsichert: »Was wollen Sie sonst machen?«
»Ich ruf sie einfach an.«
Mein Chef schaute mich erst einen Moment ungläubig an. Dann sagte er: »Okay, probieren Sie's.«
Als er mein Büro verlassen hatte, wählte ich die Handynummer an, die in dem BND-Bericht vermerkt war, und es meldete sich sofort eine Frauenstimme, die mit starkem Mannheimer Dialekt sprach.
Ich stellte mich vor, erzählte, wer ich bin und dass ich ihren Mann in Jakarta verhört hatte. Dann sagte ich: »Sie haben zwei Möglichkeiten, mich kennenzulernen, entweder Sie treffen sich freiwillig mit mir oder ich komme mit einer Gruppe Maskierter zu Ihnen, das heißt mit einem Sondereinsatzkommando, das dann gleich Ihre Wohnung auf den Kopf stellt.«
Damit hatte ich ihr ja nicht wirklich eine Wahl gelassen und sie antwortete: »Wo kann ich Sie alleine sehen?«
Wir verabredeten uns auf der Autobahnraststätte Bruchsal und tauschten unsere Handynummern aus. Dann ging ich zur Fahrbereitschaft, nahm eines der bereitstehenden Autos und fuhr los.
Nach etwa einer halben Stunde erhielt ich den Anruf eines Oberregierungsrates beim Verfassungsschutz Baden-Württemberg aus Stuttgart.
»Sie wollen Frau Glück treffen«, sagte er, »darf ich wissen, um was es geht?«
Ich erklärte ihm, dass ich der Ermittlungsführer beim Staats-

schutz im Fall von Reda Seyam sei. Darauf berichtete er nicht ohne Stolz, dass Doris Glück schon eine Weile als Informantin für ihn arbeitete, und schloss mit dem Satz: »Okay, ich erteile Ihnen meine Zustimmung«, dann legte er auf.

Frau Glück traf mit dem Firmenwagen eines Süßwarenherstellers, für den sie gerade arbeitete, auf der Raststätte ein. Ich hatte einen jungen Kollegen dabei und wir erklärten ihr noch einmal, dass und warum ihr Mann in Indonesien einsitze und sie deshalb auch in das Fadenkreuz der Ermittlung geraten sei. Sie reagierte geradezu freudig erregt auf die Nachricht von der Festnahme und berichtete dann mit deutlicher Empörung über ihre unzähligen Versuche, mit deutschen Behörden Kontakt aufzunehmen. Außer beim Landesverfassungsschutz in Stuttgart war sie überall abgewiesen worden. Doch der deutsche Inlandsgeheimdienst hatte, wie das leider zu häufig üblich ist, aus Angst, Meckenheim könnte ihnen einen Fall wegnehmen, die Informationen nicht ans BKA weitergereicht, sodass wir lange im Dunkel getappt waren.

Man merkte Frau Glück an, dass sie die Ehe mit dem Islamisten Reda Seyam schwer traumatisiert hatte. In den nächsten Wochen trafen wir uns häufig und wenn sie erzählte, verlor sie immer wieder die Fassung, sprang dann unvermittelt auf und lief laut auf Arabisch fluchend durch den Raum. Ich zweifelte nie an dem Wahrheitsgehalt ihrer Erzählungen, und sie hatte wirklich eine Menge zu berichten.

Es begann im Februar 1988, da hatte sie ihren »Omar Sharif« im ägyptischen Konsulat in Bad Godesberg geheiratet, doch bald nachdem der Ägypter 1994 die deutsche Staatsangehörigkeit bekam, radikalisierte er sich merklich. Anfangs ging er nur häufiger in die Moschee, bald zwang er jedoch seine Frau, die damals Kosmetik verkaufte, eine Burka zu tragen. Auch wurde er aktives Mitglied in dem Verein »Menschen helfen Menschen«, der Hilfsgelder für »Kriegsopfer« in Bosnien sammelte. Irgendwann im

Jahr 1994 drang Seyam darauf, dass seine Frau mit ihm von Freiburg nach Bosnien umzog. Fortan trug sie nur noch den islamischen Namen Aischa. Unter den Gotteskriegern, die auf der Seite ihrer bosnischen Glaubensbrüder gegen die Serben kämpften, nahm ihr Mann bald eine bedeutende Stelle ein. In dem Ort Bocina bewohnten sie eines der größten Häuser, das eine auffallend große Satellitenschüssel auf dem Dach hatte.

Doris Glück wusste nicht nur von Erschießungen serbischer Zivilisten, an denen ihr Mann beteiligt gewesen sein soll, zu berichten, sie war auch mit Ramzi Binalshibh in Kontakt gekommen. Das war von großer Bedeutung für uns, denn Binalshibh wurde verdächtigt, als Organisator der Hamburger Terrorzelle von Mohammed Atta fungiert zu haben. Sicherheitsbehörden glaubten, dass der Jemenit als einer der Entführer eines der beiden Terrorflugzeuge in die New Yorker Zwillingstürme steuern sollte. Da er aber kein US-Visum erhalten hatte, konnte er nicht für den Anschlag in die USA einreisen und setzte sich nach Pakistan ab. Binalshibh wurde schließlich im September 2002, nach einer Schießerei mit dem pakistanischen Geheimdienst ISI, in Karachi festgenommen und in ein geheimes US-Militärgefängnis verbracht.

Um ganz sicherzugehen, dass Frau Glück sich nicht täuschte, deckte ich das Fahndungsfoto von Binalshibh so ab, wie sie es aus dem schmalen Sehschlitz ihrer Burka gesehen haben musste. Das war ein Volltreffer, sofort sagte sie: »Den haben wir im Spätherbst 1996 von Bocina nach Deutschland gebracht.«

Wie hoch ihr Mann in der Al-Qaida-Hierarchie gestanden haben musste, konnte die Deutsche aber erst Jahre später in Saudi-Arabien erahnen. Dorthin war sie 1999 mit Seyam umgezogen. Jetzt war sie nicht mehr seine einzige Frau, denn weil die Ehe mit Doris Glück kinderlos geblieben war, hatte der Deutsch-Ägypter auf dem Balkan nach islamischem Recht eine deutlich jüngere albanische Kriegerwitwe als Zweitfrau genommen. In Riad, wo sie wohnten, arbeitete Seyam für die Videoproduktionsfirma Rawasin Media. Wem die Firma gehörte, ist bis heute unklar, doch eines Abends kam Seyam aufgeregt in den Frauentrakt seiner Wohnung gestürmt und erzählte voll Stolz: »Heute war Scheich Osama bei uns zu Gast.« Aus dem Gespräch ergab sich, dass es sich um Osama bin Laden gehandelt haben muss.

Im März 2001 zog es Seyam nach Indonesien, wie er sagte, als »freier Journalist«. Doch bald nach seinem Eintreffen war er schon in Besitz von Gräuelvideos, die Religionskämpfe zwischen Christen und Muslimen dokumentierten. Frau Glück nutzte seine Abwesenheit aus Riad, um sich nach Deutschland in Sicherheit zu bringen. Doch wie sich bald herausstellte, hielt der lange Arm seiner Glaubensbrüder sie auch in Deutschland noch im Griff.

Denn während wir mit ihr redeten und uns immer wieder trafen, wurden auch die Telefone des »Multi-Kultur-Hauses« in Neu-Ulm überwacht. Der Gründerverein der harmlos klingenden Einrichtung betrieb nämlich seit Jahren eine Moschee, die nicht nur als Sammelbecken von radikalen Islamisten galt, auch sollten dort regelmäßig »Gotteskrieger« für Einsätze im Ausland rekrutiert worden sein. Zahlreiche Bekannte von Seyam aus der Freiburger Islamistenszene hatten sich nach dem Bosnien-Feldzug im Umfeld des berüchtigten Gebetshauses angesiedelt. An einem Tag im Herbst lauschten meine Kollegen dort einem Gespräch, in dem sich zwei Islamisten darüber unterhielten, dass Frau Glück jetzt mit der Polizei zusammenarbeite und man dringend etwas dagegen tun müsse. Es war sofort klar, dass sich die Frau jetzt in großer Gefahr befand.

Ein paar Tage später diskutierte ich deshalb mit ihr die Frage, ob sie die Aufnahme in das Zeugenschutzprogramm des BKA wünsche, und sie willigte sofort ein. Doch ich war skeptisch, ob das eine gute Idee war. Denn von den ungefähr 400 Informanten, die deutschlandweit jedes Jahr als Zeugen eine neue Identität erhalten, kommt nur ein knappes Dutzend aus dem Bereich Staatsschutz. Für den Preis der persönlichen Sicherheit verlieren die Zeugen alle sozialen Bindungen. Sie werden je nach Gefährdungslage täglich in ein anderes Hotel gebracht und können sich nur noch mit einem Personenschützer in der Öffentlichkeit bewegen. Bei Frau Glück hatte ich erhebliche Zweifel, ob sie diese große Belastung überstehen würde. Und letztlich endete auch alles in einem Fiasko. Aber nicht, weil die Exfrau des Mudschahed dem Druck nicht gewachsen war, sondern weil das BKA alles falsch machte, was man nur falsch machen konnte.

Denn als ihr Zeugenschutzprogramm auslief, bekam die Süddeutsche zwar einen neuen Namen verpasst und lebt nun irgendwo in Norddeutschland mit einer neuen Identität. Doch abgesehen davon schlampte Wiesbaden bei den Papieren so sehr, dass eine normale Wiedereingliederung in den Alltag nicht möglich war. Ihr fehlten etwa Schulzeugnisse und Arbeitsbescheinigungen, die zur neuen Identität gepasst hätten. Jeder Arbeitgeber muss jetzt misstrauisch werden, wenn eine Frau mit einem anderen Namen sich bei ihm mit Zeugnissen vorstellt, die auf ihren alten Namen lauten. Die Bereitschaft, mit den Sicherheitsbehörden zusammenzuarbeiten, hat Frau Glück mit dem Abstieg von einem gut bezahlten Vertreterjob auf das Niveau einer Hartz-IV-Empfängerin bezahlt. Im April 2004 schrieb sie sich deshalb ihren Frust in dem Buch »Mundtot – Ich war die Frau eines Gotteskriegers« vom Leib.

Kleinkrieg zwischen den Diensten

Auch bei mir verstärkten sich allmählich die Zweifel, ob wir den »deutschen Mudschahed« jemals hinter Schloss und Riegel bringen würden. Das hatte viele Gründe. Zum einen musste Lange überraschend die Behörde verlassen. Im Spätherbst war er mit einem Herzinfarkt zusammengebrochen und sofort in den Ruhestand geschickt worden. Sein Nachfolger als Gruppenleiter wurde Kriminaldirektor Carsten Hunold, ein BKA-Urgestein, der sich seit 1975, als er erstmals zum BKA kam, fast ausschließlich mit politisch motivierten Kriminalfällen und auch Spionageabwehr beschäftigte. Hunold hegte immer eine äußerst hohe Meinung vor allem von sich selbst und er sollte es mit dieser Lebenseinstellung in seiner Karriere weit bringen. Mit ihm kam ich nie klar.

Doch als viel störender erwies sich der Umstand, dass der Kleinkrieg zwischen den Geheimdiensten, dem BKA und besonders der Bundesanwaltschaft, um den Fall bald wichtiger geworden schien, als den Fall selbst zu lösen. Die sogenannte »Nachrichtendienstliche Lage«, zu der jede Sicherheitsbehörde ihren Präsidenten oder Vizepräsidenten dienstagmorgens im Kanzleramt antreten lässt, ist die wichtigste wöchentliche Zusammenkunft der deutschen Agenten, Spione und Polizisten. Die Federführung liegt beim Chef des Bundeskanzleramtes, damals war das Frank-Walter Steinmeier, der heutige Außenminister, und vom BKA nahm meist der Vizepräsident an der Runde teil. Hier stand der Fall Reda Seyam im Herbst und Winter 2002 jede Woche ganz oben auf der Tagesordnung.

Doch war bald ziemlich klar, dass die Generalbundesanwaltschaft den Fall nicht mehr verfolgen wollte. Das BKA hatte die Karlsruher Behörde durch politischen Druck dazu gebracht, ein Ermittlungsverfahren gegen den Deutsch-Ägypter zu eröffnen. Das BKA hatte die erste Runde gewonnen, doch jetzt zahlten der Generalbundesanwalt und seine Leute mit Desinteresse dafür zurück, dass man die Karlsruher Bedenken ignoriert hatte.

Das war nicht nur ungewöhnlich, sondern äußerst frustrierend, schließlich stand der deutsche Staatsbürger im Verdacht, den größten Terroranschlag nach dem 11. September finanziert zu haben. Als schließlich das BKA Mitte Dezember 2002 beantragte, einen Haftbefehl gegen Seyam zu erlassen, fertigte uns Karlsruhe wie dumme Buben ab. Die Stimmung war ausgesprochen gereizt zwischen Karlsruhe und Meckenheim.

Doch dann kam ein Durchbruch, und zwar in Form eines Weihnachtsgeschenks, auf meinen Schreibtisch geflattert. Es war der 23. Dezember und es herrschte noch einmal ziemlich viel Durcheinander in unserem Büro. Umso überraschter war ich, als der Portier anrief und mir jemanden von der US-Botschaft in Berlin ankündigte. Kurz darauf trat ein mittelgroßer Mann im unauffälligen Anzug zur Tür herein und legte ein Paket auf den Tisch.

»Mit den besten Grüßen aus Jakarta«, sagte er in bestem Deutsch. »Herr von Wedel, ich habe den Auftrag, Ihnen ein schönes Weihnachtsgeschenk zu machen.«

Wie er jetzt erklärte, war der Besucher ein Mitarbeiter aus dem Residentenbüro der CIA in Berlin und er hatte den Auftrag von Bill, dem Chef der CIA-Residenz in Jakarta erhalten, mir eine Kopie der Festplatte von Reda Seyams Computer zu überreichen. Das war ein recht ungewöhnlicher Vorgang. Denn die Amerikaner hatten in der Causa Reda Seyam bisher auf alle Anfragen aus Deutschland, sei es vom Auswärtigen Amt oder den Sicherheitsdiensten, nicht reagiert. Einen Nachteil hatte die Sendung allerdings auch. Denn alles, was die amerikanischen Spione zur Einsicht an befreundete Dienste weitergeben, ist mit dem Siegel »geheim« versehen und kann in einer Gerichtsverhandlung in Deutschland nicht verwertet werden. Die Bundesanwaltschaft würde sich von dem Material nicht beeindrucken lassen. Dennoch könnten wir auf dem Speicher neue Spuren entdecken, sagte ich mir, die uns weiterführen. Und deswegen machten sich in den nächsten Tagen zahlreiche EDV-Experten des BKA über das »Weihnachtsgeschenk aus Jakarta« her und förderten bei der Suche in der Tat Erstaunliches hervor.

Zum einen waren auf der Festplatte die grausamsten Filme und Fotos zu sehen, aufgenommen bei Kämpfen zwischen Christen und Muslimen überall in Indonesien. Es bestätigte einmal mehr, dass die Inselnation nach dem Sturz von Präsident Suharto im Jahr 1998 von der Spaltung bedroht war. Reda Seyam hatte sich dort offenbar lange aufgehalten. Die internationalen Brigaden der Gotteskrieger hofften, dass hier eine ähnliche Situation wie auf dem Balkan entstehen könnte, und mischten bei den Kämpfen kräftig mit.
Insgesamt waren nach Schätzungen von Menschenrechtsgruppen bei all den Gemetzeln und bürgerkriegsähnlichen Unruhen mehr als 15 000 Menschen ums Leben gekommen. Seyam hatte auch in einem Trainingslager gefilmt, in dem Gotteskrieger für weitere Kampf- und Kriegseinsätze geschult wurden. Auf einer Sequenz machten dann unsere Experten sogar den Kuwaiter und Al-Qaida-Leutnant Omar al-Faruk aus, wie er in einer Kampfpause am Straßenrand saß und gut gelaunt ein langes Schwert vor sich schwenkte. Unsere Frage war, welche Rolle hatte Reda Seyam bei all den fürchterlichen Dingen gespielt? Und auch dabei wurden unsere Computerexperten bald fündig.

Finanzier des Dschihad

Denn auf dem Speichermedium ließen sich unschwer allerhand Finanzströme nachverfolgen. Ähnlich wie mit seinem Verein »Menschen helfen Menschen« damals in Freiburg muss Seyam auch den Dschihad in der größten muslimischen Nation mit erheblichen Finanzmitteln befeuert haben. Viele Vermerke waren, wenn auch mit Quittung festgehalten, doch erheblich verschlüsselt und brachten uns erst mal nicht weiter. Ein Eintrag lautete etwa sinngemäß: 8. Juni 2001: 5000 Euro für barmherzige Brüder.

Ein anderer sprach davon: 12. Dezember 2001: 200 000 Rupiah für reisende Studenten.
Für einen freien Journalisten, der angeblich noch keinen Film verkauft hatte, so wie er uns das immer erzählt hatte, konnte Seyam zu unserem Erstaunen über recht stattliche Geldbeträge verfügen. So ließ sich jetzt rekonstruieren, dass er nicht nur die Miete und Kaution für sein Privathaus im Süden Jakartas in bar bezahlt hatte. Auch für die Anmietung der Unterkunft in der Straße Pulo Mas Raya Nr. 44, dem mutmaßlichen »Al-Qaida safe house«, in dem mehrere Araber gewohnt hatten, war nur Cash geflossen.
Klar wurde ferner, dass der Deutsche bald nach seiner Ankunft in Jakarta zusammen mit Personen aus dem Umfeld der Terrorgruppe Jemaah Islamiah die Organisation »Yayasan Aman« gegründet haben musste. »Yayasan« steht für Stiftung, »Aman« für Frieden. Und bei den Finanzbewegungen dieser »Friedensstiftung« fiel ein Betrag aus dem Sommer 2002 besonders aus dem Rahmen, weil sich die Höhe der Zuwendungen ganz erheblich von den anderen Finanzbewegungen unterschied.
Da waren nämlich 75 000 US-Dollar für den »Kauf eines Motorbootes« an die rechte Hand von Terrorprediger Abu Bakar Bashir geflossen. War das für ein Fluchtfahrzeug vorgesehen, mit dem sich die Attentäter des Bali-Anschlags absetzen wollten? Es war zu befürchten. Drei Wochen später flogen wir deshalb erneut nach Jakarta und konfrontierten Seyam mit dem Material, das wir auf seiner Festplatte gefunden hatten.
Aber inzwischen hatte sich die Situation grundlegend geändert. In der Untersuchungshaftanstalt war der deutsche Muslim zu einer Art Respektsperson aufgestiegen. Die Mitgefangenen, die Wärter und sogar der Gefängnisdirektor behandelten ihn mit großer Vorsicht, gar Hochachtung. Längst hatte er sich entschieden, keine Aussagen zu machen, und diese Linie durchbrach er nur noch selten. Als wir ihm etwa erzählten, dass wir auf der Festplatte einen

Beleg dafür gefunden hatten, dass sein Presseausweis von Al Jazeera gefälscht war, sagte er nur: »Ach, das wisst ihr auch schon.«
Ihm war klar, dass er Oberwasser behalten würde. Ernsthaft wollte sich in Indonesien niemand mit der Al-Qaida anlegen, dass er als mutmaßlicher Al-Qaida-Mann angesehen wurde, gewährte ihm einen gewissen Schutz. Letztlich bestätigte sich das, als es am 16. Januar 2003 zum Urteil gegen ihn kam. Wegen Verstoßes gegen die Einreisebestimmungen wurde der Deutsch-Ägypter zu zehn Monaten Haft verurteilt. Man warf ihm vor, mit einem Touristenvisum als Journalist gearbeitet, anstatt sich eine ordentliche Arbeitsgenehmigung dafür besorgt zu haben. Damit hatten die Behörden in Jakarta ihre Verpflichtungen gegenüber dem Westen erfüllt, gleichzeitig aber sichergestellt, dass radikale Muslime zu Hause ihnen keine allzu große Härte gegen einen muslimischen Glaubensbruder vorwerfen würden.
Für uns bedeutete das aber, dass jetzt höchste Eile geboten war. Denn unter Anrechnung der Untersuchungshaft würde Seyam spätestens Anfang Juli freikommen. Es war zum Aus-der-Haut-Fahren. Intern wurde in Meckenheim längst über die Einstellung des Verfahrens diskutiert. Das war geradezu sträflicher Leichtsinn angesichts dessen, was sich in Jakarta tat. Denn durch den Bali-Anschlag fühlten sich dort radikale Islamisten gestärkt und auch deutsche Einrichtungen wurden zum möglichen Anschlagsziel. Dennoch entschied sich die BKA-Führung, den Kopf vor der Gefahr in den Sand zu stecken. Das wäre beinahe ins Auge gegangen.

Gefährliche Denkfehler

Anfang Mai war ich wieder einmal nach Jakarta gereist und traf Seyam im Cipinang-Gefängnis, wo er jetzt einsaß. Aber an Verhöre mit ihm war gar nicht zu denken, stattdessen hielt er in der Haftanstalt geradezu Hof und stand Journalisten in einem überdachten Besuchsraum im Freien fast täglich wie eine Showgröße Rede und Antwort.

Meine Hauptarbeit konzentrierte sich jedoch auf eine andere Quelle. Über eine NGO hatte ich einen jungen Journalisten kennengelernt, der unter der Vorgabe, dass er ein »freundliches Buch über Al-Qaida« schreiben wolle, zahlreiche Bali-Attentäter in ihren Gefängniszellen interviewen durfte. Die ersten von ihnen standen jetzt in Denpasar, der Inselhauptstadt von Bali, vor Gericht und mussten mit der Todesstrafe rechnen. Sie hatten in den Buchinterviews erstaunliche Details aus dem Innenleben der Jemaah Islamiah (JI) und über die Zusammenarbeit mit Al-Qaida berichtet und der Journalist wollte uns das Material kostenlos zur Verfügung stellen.

Interessant war dabei besonders für die deutschen Ermittler, dass der Indonesier die Aussagen von zwei JI-Mitgliedern auf Band hatte, die behaupteten: »Unser Chef war ein Deutscher.« Das Geld für ihre Aktivitäten und auch den Bali-Anschlag sei über die »Friedensstiftung« in der zentraljavanischen Stadt Solo direkt an sie geflossen. Tatsächlich hatten auch die indonesischen Ermittler zusammen mit ihren australischen Anti-Terror-Fahndern bald das Haus ausgemacht, wo der verheerende Anschlag geplant worden war. Es lag am Stadtrand von Solo. Dieselbe Stadt, in der auch der Terrorprediger Abu Bakar Bashir sein muslimisches Internat betrieb.

All dieses Material sollte mir in Bali übergeben werden. Das wäre schon ein ziemlich großer Erfolg gewesen. Wir hätten damit Aussagen vorliegen, die noch nicht einmal der CIA zur Verfügung standen. Einziger Nachteil bei der Geschichte war, dass unser Kontaktmann sich durch die Recherche nicht nur bei den Islamisten zum Hassobjekt gemacht hatte, sondern auch die einheimische Polizei ihn suchte, und er bekam es ziemlich mit der Angst zu tun. Denn noch immer schwirrte damals das Gerücht durch die Luft, dass auch die indonesischen Sicherheitskräfte an dem Anschlag mitbeteiligt gewesen seien. Das hielt ich zwar für ziemlichen Unfug, aber der Mann hatte berechtigte Angst und fragte mich deswegen, ob er ein Visum für Deutschland erhalten könne, um dort für eine Zeit aus der Schusslinie zu geraten. Ich hielt das für kein Problem, schließlich hätte er auch in Meckenheim viel über das Innenleben südostasiatischer Terrorgruppen berichten können. Doch von dort kam auf meine Anfrage eine brüske Ablehnung: »Wir sind doch kein Reisebüro«, war die knappe Begründung. Was in Indonesien intern passiert, so die vorherrschende Meinung der deutschen Staatsschützer, interessiert uns nicht. Eine sehr naive, gar gefährliche Einstellung. Und das sollte sich wenig später bestätigen.

Weil sich das ganze Prozedere ein paar Tage hinzog, hatte ich länger auf der Ferieninsel Station gemacht. Und wie es der Zufall so wollte, traf ich hier einen BKA-Kollegen. Es war der Verbindungsbeamte für Südostasien, Gerhard Forster, den eine ganz andere Mission nach Bali verschlagen hatte. Forster, ein großer schlaksiger Kerl, mit dem sich gut und angenehm reden ließ, suchte den damals flüchtigen Staatssekretär und ehemaligen Daimler-Chrysler-Manager Ludwig Holger Pfahls, der sich angeblich in der Nähe von Denpasar versteckt halten sollte. Während seiner Ermittlungen hatte er sich mit einem indonesischen Staatsschützer angefreundet. Eines Tages berichtete dieser, dass die Terroristen der JI wesentlich mehr Sprengstoff hergestellt hätten, als in Bali während des Anschlags zum Einsatz gekommen sei. Angeblich fehlten noch 500 Kilogramm und die würden gerade von einer JI-Splittergruppe nach Jakarta geschmuggelt. Nur wie und wo sich der Stoff genau befand, das konnte niemand sagen.

Nach Logik der Meckenheimer Zentrale hätte man sich nun beim

»Bir Bintang«, dem beliebtesten Bier Indonesiens, zurücklegen können und behaupten, das geht uns als Deutsche alles nichts an. Doch besaß diese Auslegung der Ereignisse einen kleinen, aber gefährlichen Denkfehler. Denn in wenigen Tagen sollte Bundeskanzler Gerhard Schröder der Inselrepublik einen Besuch abstatten. Wir hatten die dumme Vorahnung, dass sich da etwas sehr Gefährliches gegen den Cheflenker der Bundesrepublik Deutschland zusammenbrauen könnte. Und ein Anruf bei Bill, dem Chef der CIA-Residenz in Jakarta, bestätigte die Befürchtung. Auch dort waren Hinweise auf einen möglichen Anschlag auf die deutsche Botschaft eingegangen.

»Was soll ich jetzt machen?«, fragte ich den Kollegen.

»Keine Ahnung«, sagte dieser. »Du bist jetzt der Mann vom Staatsschutz. Ich habe dir nur den Hinweis gegeben.«

Es war Sonntagabend. Mir war klar, wenn ich ein normales Dienstfax absetzte und den normalen Behördenweg einschlug, könnte das Tage dauern, bis in Wiesbaden und Meckenheim etwas passierte. Kanzler Schröder wollte aber schon in drei Tagen in Jakarta eintreffen. Ich entschied mich deshalb, einen Schritt zu tun, der mir viel Ärger einbringen konnte, und rief nicht meinen direkten Vorgesetzten und Referatsleiter, sondern direkt Hauptabteilungsleiter Ludwig Glanz zu Hause an.

»Chef, was soll ich tun?«, fragte ich, nachdem ich ihm die Lage geschildert hatte.

»Setzen Sie sich an Ihren Computer und schicken Sie mir schleunigst eine Mail, damit ich alles schriftlich habe«, sagte er.

Zumindest er hatte sofort den Ernst der Lage verstanden. Für einen Moment war ich wieder zufrieden mit mir und der BKA-Welt. Denn in dieser Nacht glühten die Telefondrähte zwischen dem Lagezentrum in Meckenheim und dem Bundeskanzleramt heiß. Tatsächlich wurde das Programm für den Schröder-Besuch stark revidiert. Ludwig Glanz erhielt nach der Reise ein Dankes-

schreiben des Kanzlers, ich dagegen einen Rüffel, weil ich den Dienstweg nicht befolgt hatte.
Aber damit konnte ich ganz gut leben. Was ich weit weniger verstand, das war, warum es mit dem Fall Reda Seyam nicht weiterging und welche Rolle der BND in der ganzen Geschichte spielte. Bali im Mai 2003 war vor allem durch den Prozessbeginn gegen die Bali-Attentäter um Amrozi, »den lächelnden Bomber«, und Imam Samudra, einen weiteren Hauptschuldigen, geprägt. Journalisten, Polizisten und Agenten aus der ganzen Welt hatten sich in der einst friedlichen Inselhauptstadt versammelt und lauschten dem Irrsinn, der sich da täglich im Gerichtssaal abspielte. Einmal besuchte Indonesiens Polizeichef Bachtiar den Haupttäter Amrozi in seiner Zelle und ließ sich dabei fotografieren, wie er dem geständigen Massenmörder freundlich die Hand schüttelte. Dann traten JI-Sympathisanten vor dem Gerichtssaal auf und brüllten »Allah al akbar« (Gott ist groß) oder »Nieder mit den Ungläubigen«.
Während einer dieser zahlreichen Ermittlungen auf Bali traf ich eines Nachmittags den BND-Mann aus der deutschen Botschaft in Jakarta. Er stellte mir einen seiner Kollegen vor, der aus der Pullacher BND-Zentrale angereist war. Dieser wusste, dass ich als Leiter der BKA-Task-Force die Ermittlungen gegen Reda Seyam leitete, und fragte ganz freundlich und kollegial: »Kennen Sie eigentlich unsere Akten zu Seyam? Haben Sie die gelesen?«
»Nein, welche Akten?«, erwiderte ich erstaunt. Denn mehrmals hatte ich in den letzten Monaten bei der BND-Zentrale anfragen lassen, ob wir außer dem mageren Zweiseitenbericht zusätzliches Material zu dem »deutschen Mudschahed« erhalten könnten. Aber stets handelte ich mir eine Absage ein. Zu dem Fall gäbe es auch in Pullach nicht mehr, lautete die Antwort vom BND.
»Ich dachte, ihr hättet keine«, sagte ich jetzt.
»Klar doch, die haben mehr als vier Ordner über ihn gesammelt«, sagte er vielleicht ein bisschen zu sorglos.

Es ging, wie ich jetzt erfuhr, um Seyams Aktivitäten in Bosnien, wo er an Erschießungen von serbischen Zivilisten beteiligt gewesen sein soll. Dies war genau das Material, was das BKA suchte, um den mutmaßlichen Islamisten anklagen zu können. Als ich eine Woche später wieder in Meckenheim am Schreibtisch saß, forderte ich explizit die »vier Ordner zu Reda Seyam« an – und bekam nie eine Antwort dazu aus Pullach.

Doch Reda Seyams Termin für die Haftentlassung rückte jetzt immer näher. Er war auf den 7. Juli 2003 festgesetzt worden und deshalb verbrachte ich mit meinem Kollegen mehr Zeit in Jakarta als in Meckenheim. Die CIA machte kein Geheimnis daraus, dass sie den Deutschen gern noch einmal »befragen« würde, und zwar außerhalb von Indonesien, entweder in Bagran oder in Guantánamo Bay, und alles ohne Beisein von Polizisten oder Agenten dritter Staaten.

Darüber redete mein »CIA-Freund« Bill natürlich nicht, aber es war klar, dass der US-Geheimdienst versuchen würde, den deutschen Islamisten verschwinden zu lassen, sobald er die Haftanstalt ungesichert verlassen würde. Ursprünglich hatte Seyam immer darauf bestanden, dass er nach Saudi-Arabien ausreisen dürfe, denn dort wohnte noch immer seine zweite Frau. Auch wusste er, dass ihm in Deutschland ständige Observation, lange Verhöre und Telefonüberwachung drohten. Doch die Indonesier hatten ihm dringend davon abgeraten, nach Riad zu gehen, weil ziemlich klar war, dass er dort nie ankommen würde. Im Juni forderte er dann plötzlich von der Konsularabteilung der deutschen Botschaft, die ihn regelmäßig in der Haftanstalt betreute, dass er als »deutscher Staatsbürger das Recht habe, nach Deutschland gebracht zu werden«.

In Meckenheim machte sich deshalb eine gewisse Panik breit. Einerseits setzte sich die Erkenntnis durch, dass der Islamist mit den wenigen bisher gesammelten gerichtsverwertbaren Beweisen in Deutschland nie für eine Straftat belangt werden könnte. Aber gleichzeitig übten das Auswärtige Amt und das Innenministerium enormen Druck auf das BKA aus. Als ich Ende Juni wieder einmal bei Ludwig Glanz im Büro saß und den Fall mit ihm erörterte, meldete sich zufällig auch das Auswärtige Amt. Ein Staatssekretär war in der Leitung und seine Anweisung lautete unmissverständlich: »Das BKA muss unbedingt Sorge dafür tragen, dass der deutsche Staatsbürger Seyam sicher nach Deutschland kommt.«

Eine Entführung durch die CIA hätte einen unglaublichen Skandal in Deutschland hervorgerufen, darüber waren sich alle Verantwortlichen einig. Nur wusste keine der beteiligten Stellen, wie wir das verhindern sollten. Wir durften ja in Indonesien noch nicht einmal Waffen tragen. Meistens waren wir als Touristen nach Jakarta eingereist. Theoretisch hätte uns die indonesische Polizei, wie Seyam auch, wegen Verstoßes gegen die Einreisebestimmungen verurteilen können.

Letztlich konnten wir nur versuchen, die Indonesier mit ein paar »Gastgeschenken« freundlich zu stimmen. Bei einer Reise von BKA-Oberen nach Jakarta wurde jetzt unter Hochdruck vereinbart, was schon lange ausstand. Endlich wurde eine gemeinsame Ermittlungsgruppe »Reda Seyam« zwischen der indonesischen Nationalpolizei und dem BKA ins Leben gerufen. Politisch war das nicht ohne Fangstricke, denn Jakartas Sicherheitskräften, die damals noch immer wegen schlimmer Menschenrechtsverletzungen in der Ära Suharto und auf Osttimor mit strengen Sanktionen belegt waren, wurde als Gegenleistung versprochen, dass sie Polizisten zur Sonderausbildung der GSG 9 nach Deutschland schicken durften. Zudem sollte in Zukunft auch ein Verbindungsbeamter des BKA in der deutschen Botschaft in Jakarta akkreditiert werden.

Die Leitung der gemeinsamen Task Force lag bei mir, unterstützt wurde ich von drei weiteren BKA-Kollegen. Die Indonesier schickten sieben Beamte in den gemeinsamen Ermittlungspool.

Der Druck war enorm groß, dem »deutschen Mudschahed« doch noch eine Mitgliedschaft in einer terroristischen Vereinigung nachzuweisen. Ich kam kaum noch zum Schlafen und rauchte täglich zwei bis drei Packungen Marlboro. Es war eigentlich eine unlösbare Aufgabe, denn letztlich hatte Jakarta gar kein Interesse, sich die Hände schmutzig zu machen. Vier der sieben indonesischen Beamten sah ich nur einmal während der gesamten gemeinsamen Arbeit. Ich fühlte mich so schlecht und schlapp, als wäre ich in den letzten 15 Monaten um zehn Jahre gealtert. Dabei hatten die Ermittlungen jetzt erst richtig angefangen. Wir hatten bis Anfang September Zeit, zu einem Ergebnis zu kommen.
Das sind die Momente, in denen man sich fragt, warum man sein Leben und seine Gesundheit für eine Sache riskiert, die ohnehin nur schlecht ausgehen kann. Ich war jetzt gut 25 Jahre beim BKA und hatte in zehn Jahren eine Rente zu erwarten, mit der ich mir noch nicht einmal ein Wochenende Privataufenthalt in dem Hotel leisten könnte, in das mich meine indonesischen Kollegen und Polizeigeneräle zum Abendessen einluden. Dazu hatten die aufreibende Polizeiarbeit, die vielen Aufenthalte im Ausland, die lange Abwesenheit von zu Hause und der Dienst mit jährlich Hunderten von Überstunden mein Privatleben über die Jahre vollkommen ruiniert. Drei Ehen waren in die Brüche gegangen, weil meine jeweiligen Frauen mit dem Druck der Auslandsentsendungen und den ständigen Dienstreisen nicht klarkamen.
Mein einziger Sohn, jetzt schon fast volljährig, hatte den Kontakt zu seinem Vater schon seit Jahren aus dem gleichen Grund eingestellt. Meine jetzige Lebenspartnerin musste sich einer psychologischen Behandlung unterziehen, weil sie die ständige Angst während meiner Einsätze zermürbte. Und die Telefonrechnungen, die sich durch die Ferngespräche mit ihr aus Indonesien aufgetürmt hatten, bescherten meiner Kreditkarte das endgültige Aus. Eigentlich ist es verrückt, was du da machst, sagte ich mir in diesen Tagen

in Jakarta immer wieder. Das einzig Sinnvolle wäre, sich auf die Wache in Friedberg zurückzubewerben und kleine Einbrecher zu verfolgen, bis ich in Ruhe in Hessen alt werden werde.

Geleitschutz nach Deutschland

Über all den Selbstzweifeln war es Anfang Juli geworden. Und es war zu befürchten, dass mir in den nächsten Tagen einer der gefährlichsten Einsätze meiner Karriere bevorstand. Denn unsere kleine Task Force sollte jetzt auch noch die Verantwortung dafür übernehmen, dass Reda Seyam, ein mutmaßliches deutsches Al-Qaida-Mitglied, aus dem größten muslimischen Land der Erde ohne Waffen nach Deutschland gebracht wurde.
Während der Mission waren wir nicht bewaffnet, sollten aber Sorge tragen, dass der größte westliche Geheimdienst, nämlich die CIA, uns dabei nicht in die Quere kam. Außer Lars Müller und mir waren noch Referatsleiter Heinz Möller und zwei weitere Kollegen mitgereist. Es war geradezu lächerlich, was uns da zugemutet wurde. Aber keinem der Kollegen war zum Lachen zumute.
Als wir Anfang Juli nach einem kurzen Heimflug nach Meckenheim wieder auf dem »Soekarno-Hatta International Airport« in der indonesischen Hauptstadt landeten, stand allen Beteiligten die Anspannung ins Gesicht geschrieben.
Vielleicht war das der Grund, warum Referatsleiter Heinz Möller noch am gleichen Abend im edlen Shangri-La Hotel, wo sich für die nächsten Wochen der Dienstsitz unserer Ermittlungsgruppe befand, sturzbesoffen vom Barhocker fiel und auf allen vieren durch die dortige Disco krabbelte. Zum Glück war der Food& Beverage-Manager ein Deutscher. Denn als der Kollege anschließend splitterfasernackt durch den Eingangsbereich des Fitnesszentrums und der angegliederten Sauna torkelte und dort in die-

sem Zustand einer muslimischen Hotelangestellten zu nahe kam, sorgte der Deutsche diskret dafür, dass der peinliche Film aus der Überwachungskamera nicht in die Hände der indonesischen Polizei geriet, sondern an das BKA übergeben wurde und bald in der Asservatenkammer in Wiesbaden verschwand.

Es war der 16. Juli 2003, ein Mittwoch. Als wir gegen neun Uhr im Cipinang-Gefängnis eintrafen, sollte das kein Thema mehr sein. Der Gefängnisdirektor verabschiedete sich gerade von Seyam wie von einem alten Freund. Sie umarmten sich herzlich.

»Bruder Seyam, viel Glück«, sagte der oberste Vollzugsbeamte.

»Vielen Dank für Ihre freundliche Fürsorge«, entgegnete Seyam artig wie ein Chorknabe. Der Direktor hatte das viel zu enge Hemd seiner khakifarbenen Uniform über seinen Schmerbauch gespannt und sein tiefschwarzes Haar mit Pomade sauber nach hinten gekämmt. Seyam sah in seinem knielangen, weißen wallenden Hemd und wild wuchernden Prophetenbart aus, als wolle er demnächst bei den Taliban anheuern oder zur Pilgerfahrt aufbrechen.

Gut ein Dutzend neugieriger Journalisten wartete schon ungeduldig mit Kameras im Anschlag vor dem Eingang, um den »deutschen Mudschahed« abzulichten, wie er die Haftanstalt verlassen würde. Doch drinnen kam es noch zu einer peinlichen Szene. Ein Kleinbus, aber ohne Polizeieskorte, stand im Gefängnishof bereit, um den Deutschen zum Flughafen zu bringen.

»Wer von den deutschen Kollegen möchte mitfahren?«, fragte der Direktor lächelnd in gebrochenem Englisch. Auch er rechnete wohl damit, dass es auf der Fahrt noch eine Überraschung für uns geben würde.

»Zu gefährlich«, sagte mein Referatsleiter Heinz Möller sicherheitshalber nur auf Deutsch. »Wer weiß, vielleicht sprengt uns die CIA unterwegs noch in die Luft.« Auch die anderen angereisten BKA-Beamten trauten sich nicht und nickten nur stumm.

»Ich glaube, Mike hat keine Angst«, sagte Seyam, der natürlich alles verstanden hatte und jetzt ein breites Grinsen aufsetzte. Viel Respekt hatte er ohnehin nicht vor der deutschen Polizei gehabt. Jetzt hatten wir ihm aber noch einmal bestätigt, dass wir nicht nur unfähig waren, sondern auch Feiglinge.

Aber diesen Triumph wollte ich ihm wirklich nicht gönnen und stieg deshalb wortlos in den Kijang-Kleinbus, der gleich darauf im Blitzlichtgewitter der Fotografen vom Gefängnishof rollte. Wir waren zu viert in dem Wagen, der indonesische Polizeifahrer und sein Kollege, die aber kein Wort Englisch sprachen, Seyam und ich.

Nach einer Weile fragte Seyam: »Wo soll ich denn hin in Deutschland?«

Worauf ich entgegnete: »Ich bin doch kein Reisebüro.«

Wieder war es eine Weile still, dann sagte er: »Kannst du mir nicht helfen, nach Neu-Ulm zu gehen?«

Ich sagte erst mal nichts, aber mir war schon klar, dass er sich dort im Umfeld seiner alten Glaubensbrüder im Multi-Kultur-Haus niederlassen wollte.

Die Fahrt dauerte knapp zwei Stunden und verlief wider Erwarten ruhig. Am Flughafen erhielt er seine Kamera und sein gesamtes Filmmaterial zurück. Insgesamt vier Stunden saßen wir zusammen in einem Warteraum der indonesischen Polizei. Wenn Seyam auf die Toilette gehen musste, spazierte er dafür ohne Bewachung durch das Flughafengebäude und kam eine Weile später wieder zurück. Als ich das Tage später dem CIA-Mann Bill erzählte, kommentierte er das auf seine eigene Art: »Verdammt«, sagte er nur, was wohl so viel heißen sollte wie: Hätten wir es doch noch einmal probieren sollen.

Aber dazu kam es nicht. Als die Lufthansa-Maschine nach Frankfurt aufgerufen wurde, zeigte ich den Beamten der Immigration meinen Flughafensonderausweis, der mir für diesen Tag zur Verfügung gestellt worden war, und brachte Seyam direkt in die

Maschine. Die Plätze neben ihm waren von meinen BKA-Kollegen belegt. Mein Job als Al-Qaida-Personenschützer endete hier. Ich sollte erst mal in Jakarta bleiben, denn die Arbeit der Ermittlungsgruppe war noch nicht abgeschlossen.

Wie ich später erfuhr, wurde Seyam in Frankfurt am nächsten Morgen mehrere Stunden lang vom Staatsschutz verhört und sein Filmmaterial erneut beschlagnahmt. Aber für eine Festnahme reichte das alles nicht aus. Deshalb suchte er am frühen Abend völlig mittellos die Bahnhofsmission auf und bekam eine Bahnfahrkarte nach Neu-Ulm ausgehändigt. Am nächsten Morgen ging er dort zum Sozialamt und beantragte Sozialhilfe. Erst wollte man ihm die ganze Geschichte, die er von seiner Haft in Jakarta und der Entführung durch die CIA erzählte, gar nicht glauben. Dann aber zog er meine Visitenkarte aus seiner Jacketttasche und legte all die Zeitungsartikel vor, die in den letzten Monaten über ihn geschrieben worden waren. Bald wurde dem mutmaßlichen Al-Qaida-Mann eine Sozialwohnung zugewiesen. Der Staatsschutz beobachtete alles betont unauffällig mit mehreren Observationsteams aus der nötigen Entfernung. Der Fall Reda Seyam war jetzt das wichtigste Terrorverfahren in Deutschland geworden, Zeitungen und Fernsehanstalten berichteten weiter über ihn. Das BKA sah zunehmend schlecht in der Sache aus.

Neue Anschlagsziele

Ich blieb in Jakarta zurück und versuchte den Missstand zu beheben, dass wir noch immer keine gerichtsverwertbaren Beweise gegen ihn vorliegen hatten. Es vergingen zwei Tage, da meldete sich Bill von der CIA bei mir.

»Hey Mike«, sagte er, »können wir uns mal zum Frühstück im Hyatt treffen?«

»Klar«, sagte ich, »wann?«
»Morgen früh«, meinte er, »aber tue mir einen Gefallen, bringe den Menschen vom BND gleich mit.«
Ich wurde misstrauisch. Denn dass ein CIA-Mann einen Polizisten einer befreundeten Nation anruft und ihn bittet, den Geheimdienstresidenten mitzubringen, den er normalerweise nur unter vier Augen trifft, das war äußerst ungewöhnlich. Und deswegen sagte ich gleich: »Ich habe noch einen Kollegen dabei, der kommt auch mit.«
»Okay«, sage Bill, »um neun Uhr im Coffeeshop.« Und schon hatte er aufgelegt.
Am nächsten Morgen traf ich zur verabredeten Zeit mit Lars Müller im Hyatt Hotel ein, dem Fünf-Sterne-Marmortempel, der einst von Tommy, dem Lieblingssohn von Ex-Diktator Suharto, betrieben worden war. Der BND-Mann wartete in der Lobby auf uns und wir fuhren gemeinsam die Rolltreppe zum Coffeeshop hoch.
Bill machte sich wenig Mühe, höflich zu sein. Schnell wurde klar, warum er uns alle hier versammeln wollte. Er hatte geplant, seinem BND-Kollegen ordentlich die Leviten zum Thema Reda Seyam zu lesen, und ich sollte nur als Zeuge dabei sein.
»Ich kann ja noch verstehen, dass Mike alles daransetzen musste, um Seyam nach Deutschland zu bringen«, begann er seine Standpauke, »er ist Polizist und muss tun, was eure Politiker anordnen.«
Dann richtete er sich mit betont grimmiger Mine an den BND-Vertreter. »Aber welche Rolle du dabei gespielt hast, obwohl du weißt, was für ein Dreckskerl das ist, kann ich nicht akzeptieren.«
Es kam nun zu einem für Geheimdienstler eigentlich zu lauten Meinungsaustausch, zumal geführt in der Öffentlichkeit. Wie sich herausstellte, hatte der US-Geheimdienst fest geplant, Seyam

diesmal endgültig aus Jakarta zu verschleppen. So war mit den indonesischen Sicherheitsdiensten vereinbart worden, dass der »deutsche Mudschahed« einfach 24 Stunden vor seiner geplanten Gefängnisentlassung »aus Versehen einen Tag früher aus der Haftanstalt« geworfen würde.

»Und ich kann euch versichern«, meinte Bill, »der hätte es noch nicht einmal bis zum Taxi geschafft.«

Zornig war der CIA-Mann auf den Menschen aus Pullach, der das Manöver durchkreuzt hatte und durch Druck auf den indonesischen Geheimdienst BIN erreichte, dass Seyam so lange gut behütet in der Cipinang-Haftanstalt blieb, bis das BKA ihn abholte.

Als der Pullacher etwas davon nuschelte, dass Seyam schließlich ein Deutscher sei und er deswegen die gleichen Rechte wie alle Deutschen hätte, verlor der CIA-Mann vollkommen seine Contenance.

»Weißt du, ich wünsche dir nur eins. Dass nämlich das nächste Mal deine Frau daneben steht, wenn wieder eine von euch Deutschen finanzierte Bombe in Bali hochgeht.«

Dann rief er die Bedienung, zahlte seine Rechnung und verließ wortlos das Restaurant.

Eine ganze Weile herrschte betretenes Schweigen am Tisch. Dann sagte der Kollege vom BND: »Das müssen die alles erst mal beweisen.«

Die Amerikaner waren äußerst nervös und das spiegelte auch die Lage in der Stadt wider. An ein vernünftiges Arbeiten war in Jakarta nicht mehr zu denken. Dutzende Gerüchte kursierten täglich, dass ein weiterer schwerer Anschlag unmittelbar bevorstehe, und die Polizei war Tag und Nacht im Dauereinsatz. Hotels und ausländische Vertretungen wurden als mögliche Anschlagsziele genannt. Und als ich kurz nach Deutschland gereist war, ging am 5. August 2003, einem Dienstag, in der Einfahrt des Marriott Hotels tatsächlich eine Autobombe hoch. Das Marriott ist eine

amerikanische Hotelkette, die als besonders gefährdet gegolten hatte. Trotzdem war es nicht möglich gewesen, den Anschlag zu verhindern.
Ein Kijang-Kleinbus mit einem Selbstmordattentäter war die Rampe zu dem Fünfsternehotel hochgefahren. Als dort ein Sicherheitsbeamter das verdächtig wirkende Fahrzeug noch vor dem Hoteleingang zu stoppen versuchte, detonierte ein gewaltiger Sprengsatz und riss zwölf Menschen in den Tod. Ingesamt 150 Menschen wurden bei dem Anschlag verletzt. Bei dem Sprengstoff handelte es sich um exakt die gleiche Mischung, die auch in Bali von den JI-Terroristen verwendet worden war. Um ein Haar hätten auch Deutsche unter den Opfern sein können. Denn einmal in der Woche trafen sich im Marriott Hotel damals deutsche Geschäftsleute zu einem Stammtisch in dem Coffeeshop, der direkt neben der Hotelauffahrt liegt.
Südostasien, besonders Indonesien, war jetzt ganz deutlich zu einem gefährlichen Kriegsschauplatz im Terrorkrieg islamischer Extremisten gegen westliche Werte und Einrichtungen geworden. Und die Stimmung verschärfte sich sechs Tage später noch einmal, als in Thailand Riduan Isamuddin von einem Sonderkommando der thailändischen Polizei und der CIA verhaftet wurde. Der 37 Jahre alte Indonesier, besser unter seinem Kampfnamen »Hambali« bekannt, galt als enger Vertrauter des Terrorpredigers Abu Bakar Bashir. Der breitschultrige Brillenträger mit der auffallend hohen Stirn hatte Anfang der Achtzigerjahre in einem afghanischen Terrorcamp Bekanntschaft mit Osama bin Laden gemacht. Nach seiner Rückkehr nach Südostasien stieg er zehn Jahre später schnell zum Al-Qaida-Frontmann und Führer des militanten Flügels der JI auf. In Indonesien hatte es immer wieder Vermutungen gegeben, dass Hambali und Seyam in Kontakt gestanden hätten, ohne dass es dafür verwertbare Belege gab. Nach seiner Verhaftung wurde Hambali von den Thais an die

Amerikaner übergeben, die ihn wenig später nach Guantánamo Bay brachten.
Je länger die Ermittlungen jetzt fortschritten, desto aussichtsloser wurde die Lage. Die indonesische Polizei blockte die Ermittlungen ganz offensichtlich ab und kein BKA-Beamter traute sich wegen des vermeintlichen Anschlagsrisikos mehr nach Jakarta zu reisen. Es war Mitte August 2003 und ich hatte schon damit begonnen, das Büro der gemeinsamen »deutsch-indonesischen Ermittlungsgruppe Reda Seyam« abzuwickeln, als ich über einen befreundeten Journalisten Kontakt zu einem radikalen Islamisten aus dem Umfeld der Jemaah Islamiah bekam.

Ein Informant packt aus

Der Mann war in den Achtzigerjahren nach Afghanistan gereist, wo er eine Ausbildung im Terrorhandwerk erhalten hatte. Anschließend verbrachte er mehrere Jahre im Süden der Philippinen und kämpfte auf der Seite der muslimischen Separatisten der Moro Islamic Liberation Front (MILF) gegen die philippinische Armee.
Diese weitere Spur aufzunehmen, war für einen deutschen Polizisten nicht einfach. Mir war einerseits vollkommen klar, dass der Kontakt enorm wichtig für das gesamte Verfahren sein konnte. Andererseits sagte mir mein in Jahrzehnten gewachsener BKA-Instinkt, dass selbst kleinste Fehler, die mir dabei unterlaufen könnten, mit absoluter Sicherheit zu meinen Lasten gehen würden. Die altbewährte Taktik eben, dass im Notfall die Untergebenen für die Fehler der Vorgesetzten büßen müssen, hatte sich ja nicht verflüchtigt. Das hatte ich während meiner Karriere zu oft erlebt und deshalb schrieb ich ein Fax nach Meckenheim, in dem ich alles über den Informanten zusammenfasste. Ich schloss das

Schreiben mit den Worten: »Soll ich, darf ich, kann ich mit dem Mann in Kontakt treten?«

Die Antwort kam innerhalb von 24 Stunden zurück: »Sie müssen!«

Schon am Nachmittag, nachdem das Fax eingetroffen war, saß ich mit dem »Hinweisgeber«, wie das im schnörkellosen BKA-Wortschatz heißt, auf eine Tasse Tee im verrauchten Coffeeshop des Shangri-La Hotels zusammen. Er wurde mir unter seinem richtigen Namen vorgestellt. Da er aber auch heute noch in Indonesien lebt und sich immer noch im Umfeld muslimischer Gruppen bewegt, wollen wir ihn auf den nächsten Seiten »Hasan bin Mohamed« nennen.

Hasan war etwa 40 Jahre alt, trug wie viele Indonesier das typische schmale Oberlippenbärtchen der Javaner, aber seine muskulöse Statur verriet, dass er sich in Afghanistan wohl einem harten körperlichen Training unterzogen hatte. Er war nervös, schaute sich anfangs immer wieder in dem lichtdurchfluteten Raum um, ob wir nicht doch beobachtet würden. Er redete betont leise, bisweilen flüsterte er nur noch, und alle zehn Minuten zündete er sich eine »Kretek«, eine Nelkenzigarette an, die den eigentümlich süßlichen Geruch verbreitet, der so typisch für den tropischen Inselarchipel ist. Dass er zugestimmt habe, sich mit einem deutschen Polizeibeamten zu treffen, begründete er damit, »dass der Weg des gewaltsamen Kampfes, der in New York begonnen hatte«, wie er immer wieder betonte, »letztlich der muslimischen Sache schadet«.

Wir redeten fast den ganzen Nachmittag und manchmal wirkte er auf mich eher wie ein Gewerkschaftsaktivist oder ein engagierter Sozialarbeiter, angestellt bei einer westlichen NGO in einem Programm zur Armutsbekämpfung irgendwo in den Slums von Bogotá, Karachi oder Surabaya. Auf jeden Fall machte er nicht den Eindruck eines zu allem entschlossenen fundamentalistischen

Islamisten, der sich morgen mit einem Sprengstoffgürtel in die Luft jagen würde. Dennoch war er ein überzeugter Muslim, der fünfmal täglich betete und auch die Gebote des Korans, wie das Fasten im heiligen Monat Ramadan und die Pilgerfahrt nach Mekka, sehr ernst nahm.

»Bruder Mike«, sagte er immer wieder und dabei musste ich stets grinsen, »der Koran ist eine Religion des Friedens.«

Davon war ich zwar nicht ganz so überzeugt, nachdem ich »Bruder Seyam« fast zehn Monate lang verhört und »begleitet« hatte, doch was Hasan sonst noch zu erzählen hatte, elektrisierte mich geradezu.

Denn nach etwa drei Stunden übergab er mir zuerst die Kopie von zwei Visitenkarten. Sie stammten von einem arabischstämmigen und einem türkischen Geschäftsmann aus Deutschland. Der eine wohnte in Hannover, der andere in Hamburg.

»Die beiden haben Reda Seyam für den Dschihad in Indonesien angeworben«, sagte Hasan.

Dann berichtete mein Gesprächspartner davon, dass Al-Qaida-Frontmann Hambali schon im Jahr 2000 anlässlich des JI-Terrortreffens in Malaysia den Namen von Reda Seyam erwähnt habe. Als den »Al-Qaida-Leutnant« nämlich, der bald nach »Indonesien kommen werde, um unseren Kampf zu stärken«. Dazu empfahl Hambali allen Anwesenden wärmstens, die Filme des Deutschen aufmerksam zu studieren und auf jeden Fall in Moscheen zu verbreiten: »Sie werden unseren Dschihad beflügeln«, lobte Hambali das Handwerk des Deutschen.

Ferner nannte Hasan noch den Namen eines deutschen Islamisten, der im »Camp Abubakar«, dem Hauptausbildungslager der MILF auf Mindanao in den Südphilippinen, die »Sprengstoffausbildung« leite. Das Lager sei zwar im Sommer 2000 einmal von der philippinischen Armee überrannt worden, doch die Ausbildung ging dort kurze Zeit später unvermindert weiter. Eine deutsche

Krankenschwester leite zudem die Sanitätsstation der muslimischen Rebellen.
Das erschien mir ein bedeutender Durchbruch für unsere Ermittlungen zu sein. Der Informant wäre nicht nur bereit gewesen, all das vor einem deutschen Gericht zu bestätigen, sondern bot mir auch an, Kontakte zu anderen radikalen Muslimen herzustellen. Seine einzige Bedingung dafür lautete, dass wir seine Informationen und Berichte nicht an den indonesischen Geheimdienst BIN und die lokale Polizei weitergeben dürften. Denn er hatte merkliche Angst. Erst vor wenigen Wochen war nämlich ein Informant aus dem Umfeld der JI bei einem Verhör der indonesischen Sicherheitsdienste aus dem Fenster im achten Stock gefallen und an seinen schweren Verletzungen gestorben.
»Spielen die indonesischen Sicherheitskräfte im Umgang mit radikalen Islamisten etwa ein ähnliches Doppelspiel wie der pakistanische Geheimdienst?«, fragte ich mich. Es war sinnvoller, all diese Fragen jetzt direkt in Meckenheim zu erörtern, und deshalb flog ich wie geplant nach Deutschland zurück. Die Überprüfung der Visitenkarten, die mir Hasan übergeben hatte, erbrachte ein positives Ergebnis. Die beiden Geschäftsleute waren tatsächlich eng mit der islamistischen Gewaltszene verbunden.

Deutsche Islamisten

In den letzten Wochen hatte ich mehrfach ans Aufgeben gedacht. Ich war nur noch ein menschliches Wrack. Das ständige Reisen, dabei viel zu wenig Schlaf und dann eine private Krise mit meiner Lebenspartnerin hatten mir psychisch schwer zugesetzt. Aber der Erfolg im größten laufenden Terrorverfahren Deutschlands schien jetzt zum Greifen nahe und das hatte meinen Jagdinstinkt wieder geweckt.

Als ich Hasan knapp zwei Wochen später anrief, um weitere Details zu den Geschäftsleuten zu erfahren, fragte er mich, ob ich umgehend nach Indonesien kommen könne. Wir konnten am Telefon nur verschlüsselt reden, denn er wurde offenbar vom Geheimdienst BIN gesucht und hatte Angst, abgehört zu werden. Aber nach einem vorher vereinbarten Codewort konnte ich erahnen, dass er jemanden gefunden hatte, der beweisen konnte, dass Seyam sehr eng mit Al-Qaida zusammengearbeitet haben sollte.

Drei Tage später saßen wir wieder in den plüschigen Sesseln des Shangri-La-Coffeeshops in Jakarta zusammen, unser Blick fiel auf den nierenförmigen Swimmingpool des Fünfsternehotels, der von Palmen umstanden war. Kaffeebraune indonesische Schönheiten in knappen Bikinis und Männer in Badehosen planschten und scherzten da draußen miteinander. Ihre ausgelassene, unbeschwerte Art, die eine Seite Indonesiens repräsentiert, schien von den düsteren Fakten aus dem islamistischen Untergrund genauso weit entfernt wie die Fähigkeit und Bereitschaft meiner Vorgesetzten und des BKA als Ganzem, sich in die Realität hier vor Ort versetzen zu können oder auch nur versetzen zu wollen.

»Mike«, sagte Hasan, »ich habe den Mann getroffen, der für die Al-Qaida der Quartiermeister in Südostasien war.«

Ich stellte mich ein bisschen dumm, damit er weitererzählte: »Was meinst du damit?«

»Ja, den Typen eben, der für reisende Al-Qaida-Leute die falschen Pässe und die konspirativen Wohnungen besorgt hat, wenn sie nach Indonesien kamen.«

»Und was hat das mit mir zu tun?«, fragte ich und meinte damit, wie weit bringt das mein Verfahren weiter. Hasan verstand und fuhr fort.

»Er hat auch die Reise für Khalid Sheikh Mohammed und Reda

Seyam organisiert, als sie in Indonesien waren«, sagte Hasan so selbstverständlich, als wäre er ein kleiner Informant irgendwo in Frankfurt Auf der Zeil und erzählte gerade dem Schutzpolizisten von nebenan von zwei kleinen türkischen Haschischdealern aus seiner Lieblingsdisco. Aber auf dieser Ebene bewegte sich das alles weiß Gott nicht mehr. Ich bebte innerlich, versuchte mir aber nichts anmerken zu lassen.

Denn der pakistanische Staatsbürger Sheikh Khalid war ein ganz großes Kaliber der internationalen Terrorszene gewesen. In Balutschistan geboren und aufgewachsen, hatte er Jahre in Kuwait gelebt und galt als der Hauptorganisator, der bei fast allen großen Al-Qaida-Anschlägen der letzten zehn Jahre seine Finger mit im Spiel gehabt hatte. Zweifellos war Khalid einer jener gefährlichen Männer, die in der Al-Qaida-Hierarchie irgendwo gleich hinter Osama bin Laden kamen. Am 1. März 2003 war der »Sheikh« nach einer Schießerei mit dem pakistanischen Geheimdienst ISI (Inter Service Intelligence) in Rawalpindi verhaftet und in das amerikanische Sondergefängnis nach Guantánamo Bay auf Kuba gebracht worden.

Als Hasan sagte, »Mike, wenn du willst, kannst du den Mann treffen«, zuckte ich einen Moment zusammen. Ich legte mich in meinen Kaffeehaussessel zurück, faltete die Hände hinter dem Kopf und musterte Hasan einen Moment lang.

»Ist das jetzt eine Falle?«, dachte ich mir, »oder ist es ihm ernst damit?« Von dem befreundeten Journalisten wusste ich, dass er seit Jahren mit Hasan in Kontakt stand. Auch er hatte am Anfang die gleichen Bedenken gehabt, war aber nie von ihm enttäuscht worden.

»Der Mann hat wirklich der Gewalt abgeschworen und will möglichst viele seiner Glaubensbrüder auf seine Seite ziehen«, hatte mir der Journalist in Bezug auf Hasan mit auf den Weg gegeben. Dennoch war mir klar, dass ich mich auf sehr dünnem Eis bewegen würde, wenn ich den Al-Qaida-Mann traf. Denn schließlich ist das BKA kein Geheimdienst, sondern eine Strafverfolgungsbehörde. Aber eine Zusammenkunft könnte mir auch eine Menge ungeahnter Beweise bescheren.

»Unter einer Bedingung«, sagte ich schließlich und beugte mich instinktiv nach vorne.

»Und die wäre?«, fragte Hasan zurück.

»Der Mann muss wissen, dass ich deutscher Polizist bin.«

Hasan dachte kurz nach und sagte dann: »Mein Freund denkt wie ich. Wir glauben, dass die Gewalt ganz Indonesien in den Abgrund ziehen wird, und letztlich leiden darunter nur die indonesischen Muslime.« Dann machte er eine kurze Pause. »Aber lass mich ihn besser fragen.«

Er trank seinen Tee schnell aus und versprach, noch am Abend über ein Codewort mitzuteilen, ob sein Freund kommen würde oder nicht.

In meinem Hotelzimmer setzte ich ein Fernschreiben nach Meckenheim auf, in dem ich genau erklärte, was sich bei dem Gespräch mit Hasan zugetragen hatte. Zwei Stunden später stimmte Meckenheim zu, dass ich Hasans Al-Qaida-Freund und -Quartiermeister treffen dürfe. Bald danach piepte auch mein Handy und ein vorher vereinbartes Codewort bestätigte, dass Hasan morgen Nachmittag mit dem Al-Qaida-Mann im Hotel auftauchen würde. Aber stattdessen kam er schon am späten Vormittag vorbei. Er wirkte sichtlich nervös, als ich in der Lobby zu ihm stieß.

»Mike«, sagt er, nachdem er darauf bestanden hatte, dass wir uns in eine stille Ecke des Hotel-Cafés setzten, »du kannst dir gar nicht vorstellen, was in der Jemaah Islamiah los ist. Wir haben bald Krieg hier.«

Wie er jetzt berichtete, habe er gestern Abend zwei jungen Selbstmordattentätern ihr Testament abgenommen.

»Ich kann nicht garantieren, dass die nicht bald in ein Hotel oder einen Nachtclub laufen und sich in die Luft sprengen«, sagte er mit einem lauten Seufzer.

Auf dünnem Eis

Das war eindeutig das Besorgniserregendste, was mir in meinen fast drei Jahrzehnten als BKA-Beamter passiert war. Ich zog die Luft durch die Nase ein, sagte einen Moment nichts und griff zur Zigarette.

»Und was hat das mit mir zu tun«, war alles, was mir nach einer Minute einfiel.

»Du kannst sie verhaften«, sagte Hasan und lächelte verlegen. Asiaten überdecken ihre Unsicherheit oft mit einem freundlichen Lächeln. Aber das konnte mich diesmal gar nicht aufheitern. Mir war klar, dass Hasan auch in seinen Zirkeln mit seiner Befriedungsstrategie gegen eine Wand zu laufen schien.

»Das kann nur die indonesische Polizei«, sagte ich betont kühl.

Worauf er sagte: »Danke. Ich möchte nicht irgendwo aus dem Fenster im achten Stock fallen.«

»Und die CIA?«, fragte ich zurück.

»Ich wollte schon immer mal nach Kuba, aber nicht in den amerikanischen Teil«, sagte Hasan. Wir mussten beide lachen.

»Nein, im Ernst«, erklärte ich jetzt. »Ich brauche dazu eine Genehmigung aus Deutschland. Zudem halte ich die Aktion ohne Beteiligung oder zumindest ein Back-up der CIA für nicht durchführbar.«

Außer Lars Müller hatte mich auf dieser Reise auch ein Kollege vom Referat »Vertrauenspersonen« nach Jakarta begleitet. Die Amtsleitung hatte bereits zugestimmt, dass wir Hasan als offizielle VP des BKA verpflichteten. Doch wie so oft waren wir nur als

Touristen in Indonesien eingereist, wir trugen weder Waffen bei uns, noch konnten wir auf die Hilfe der Indonesier rechnen, wenn das ganze Manöver auffliegen sollte. Im Gegenteil, alles hätte in einem fürchterlichen diplomatischen Eklat geendet. All das erklärte ich Hasan jetzt und fuhr dann fort: »Wenn etwas schiefgeht, können dich nur die Amerikaner retten. Wir sind dazu nicht in der Lage. Ich kläre die neue Situation erneut in meiner Zentrale ab und rufe dich danach an.«

Hasan schien nicht gerade überzeugt, dass dies vernünftig war, er nickte dann aber doch zustimmend.

»Okay, aber vergiss darüber den Termin mit dem Al-Qaida-Quartiermeister nicht«, sagte er nur knapp, trank aus und verabschiedete sich. Er lief wie ferngesteuert aus dem Hotel. Die Sache schien ihn ziemlich mitzunehmen. Das war nur zu verständlich. Denn wenn auch nur eine Kleinigkeit schiefgehen würde, hätte er das unter Umständen mit seinem Leben bezahlen müssen.

Es war der 1. Oktober 2003 und zu dieser Jahreszeit beträgt der Zeitunterschied zwischen Jakarta und Deutschland fünf Stunden. Mittags um 14 Uhr sollte ich den Al-Qaida-Mann hier im Hotel treffen. Irgendwo nach draußen zu gehen, um ihn zu sehen, wäre viel zu gefährlich gewesen. Dann würde uns sicher ein großer Pulk aus BIN-Agenten und CIA-Leuten folgen. Außerdem hatte der Aufenthalt im Hotel noch einen großen Vorteil zu bieten. Jeder Besucher, der den Fünfsternepalast betrat, musste eine Leibesvisitation über sich ergehen lassen und durch einen Metalldetektor laufen.

»Sicher ist sicher, dachte ich«, während ich in den Aufzug stieg. Es gab noch viel Arbeit zu erledigen. In meinem Zimmer, das gleichzeitig als Büro unserer Task Force diente, setzte ich mich an den Computer und schilderte meinem Referatsleiter in Meckenheim die neue Lage.

Immer wenn wir als BKA-Team auf Dienstreisen gehen, wird für die Task Force im Ausland ein sogenannter Meldekopf in der Zentrale eingerichtet, der alle eingegangenen Fernschreiben, E-Mails und Telefongespräche minutiös aufzeichnet. Dorthin schickte ich jetzt auch mein Fax, fasste die Nachrichten über das Selbstmordkommando zusammen und bat um dringende Anweisungen, wie ich mich jetzt zu verhalten hätte. Dann setzte ich mich in den Shangri-La-Coffeeshop, bestellte einen Teller »Mie goreng« zum Mittagessen. Das sind scharf gebratene Nudeln auf indonesische Art.

Ich hatte kaum aufgegessen und nippte gerade an einem Espresso, da klingelte schon mein Handy. Referatsleiter Heinz Möller war am Apparat.

Es war jetzt acht Uhr in Meckenheim und ein Uhr mittags in Jakarta. »Wedel, sagen Sie die Sache ab«, schnarrte er ohne lange Erklärung.

»Welche von beiden?«, fragte ich.

»Sowohl die mit dem Quartiermeister als auch den restlichen Quatsch.«

»Herr Möller, hier gibt es vielleicht bald einen richtig großen Anschlag mit ziemlich vielen Toten und wir können das verhindern.«

»Interessiert mich nicht, wenn Indonesier ums Leben kommen«, kam vom anderen Ende.

»Herr Möller, ich bin Polizist geworden, um Straftaten zu verhindern und Leben zu retten«, sagte ich fassungslos. »Das sehe ich gar nicht ein.«

»Lassen Sie den sentimentalen Scheiß. Interessiert mich nicht, Wedel«, sagte er barsch und wurde jetzt sehr laut.

»Sie sind doch total unfähig. Wir haben gegen Sie ein Disziplinarverfahren eingeleitet.«

»Wie bitte?«, sagte ich verdutzt. Aber Möller ließ mich gar nicht mehr zu Wort kommen.

»Wenn Sie in Deutschland zurück sind, werden Sie vom Dienst suspendiert. Kommen Sie sofort nach Deutschland zurück. Das ist ein dienstlicher Befehl«, brüllte er in die Leitung und legte auf. Ich konnte die Welt nicht mehr verstehen. Einen Moment schaute ich in die riesige Lobby, die zur Mittagszeit mit Gästen vollgepackt war und den Blick auf die Hoteleinfahrt freigab. Ich malte mir aus, was passieren würde, wenn hier plötzlich, wie erst neulich im Marriott Hotel, ein Selbstmordattentäter mit einer Autobombe vorfahren würde. Es gab für mich keinen Zweifel, dass ein riesiges Blutbad die Folge wäre.

Noch gestern Abend hatte ich gehofft, dass wir den derzeit wichtigsten deutschen Terrorfall vielleicht bald lösen könnten, und jetzt wollte mich Meckenheim rauswerfen.

Ein Polizeibeamter, der sturzbesoffen und splitternackt im größten muslimischen Land der Erde eine weibliche Hotelangestellte belästigt hatte, war aufgrund seiner Funktion in der Lage, ein hochbrisantes Ermittlungsverfahren zu torpedieren, und bereit, einen bevorstehenden Selbstmordanschlag hinzunehmen, nur damit seine Karriere keinen Schaden nimmt, schoss es mir durch den Kopf.

Ich stand auf und lief zum Aufzug. Noch auf meinem Weg durch die Hotellobby schickte ich eine SMS an Hasan. Sie lautete: »Stop all operations. I'm suspended. Pls contact my colleagues in the future.« – »Alles einstellen. Ich wurde gefeuert. Bitte kontaktiere in Zukunft nur noch meine Kollegen.«

»Why?«, kam sofort von ihm zurück.

Doch darauf antwortete ich nicht mehr. Wie hätte ich als Polizist ihm erklären sollen, dass uns tote Indonesier gleich sind.

Stattdessen ging ich auf mein Zimmer im zwölften Stock, schenkte mir erst einmal einen Whiskey ein, rauchte ein paar Zigaretten und dachte nach. Mir ging das Ende von VP Fabio durch den Kopf.

Wenn Hasan jetzt aus dem Fenster fällt, dachte ich mir, wird das sicher wieder mir angehängt.
In was für einem Scheißladen bin ich eigentlich, fluchte ich vor mich hin. Anstatt Leute zu schützen, liefern wir sie ans Messer. Dazu wollte ich es diesmal nicht kommen lassen. Ich setzte mich an meinen Laptop und remonstrierte bei meinen Vorgesetzten in Meckenheim.
Dann rief ich meine beiden mitgereisten Kollegen zu einer kurzen Dienstbesprechung zusammen. Sie wollten unbedingt nach Hause fliegen und hatten es geschafft, die letzten beiden freien Plätze in der Lufthansa-Maschine für diesen Nachmittag nach Frankfurt über Singapur zu buchen. Ich gab ihnen meinen Wohnungs- und Autoschlüssel mit. Als sie endlich weg waren, räumte ich mein Büro auf, verbrannte ein paar Unterlagen und machte ein Paket für Meckenheim fertig. Darin waren alle Kontaktadressen und die wichtigsten Unterlagen über Hasan zusammengefasst. Anschließend fuhr ich zur deutschen Botschaft und gab das dort beim diplomatischen Kurier ab. Auf dem Rückweg zum Hotel fuhr ich an einer Apotheke vorbei und kaufte mir eine große Schachtel Valium.
Zurück im Hotel setzte ich mich an meinen Schreibtisch, rauchte eine Zigarette und rührte ziemlich viele der Tabletten in einem großen Glas Whiskey zusammen. Anschließend würgte ich den Sud hinunter.
Das erste Mal nach 25 Berufsjahren fühlte ich mich richtig frei. Doch vielleicht waren nur meine Sinne benebelt, ausgelöst von den Valiumtabletten, die ich mit dem letzten Whiskey hinuntergespült hatte.
Dann fielen mir die Augen zu.

9
Vom Jäger zum Gejagten
Der Untergang

Ich wusste nicht, wie lange ich geschlafen hatte, aber als ich aufwachte und mich umschaute, dachte ich mir: Verdammt, in der Hölle sehen die Zimmer ja genauso aus wie im Shangri-La Hotel in Jakarta.

Irgendwie wurde mir ziemlich schnell klar, dass ich doch nicht tot war, und ich wusste nicht, ob ich mich darüber freuen sollte oder ob es ein Grund zum Bedauern war.

Der Wecker auf meinem Nachttisch zeigte 10.12 Uhr. Ich hatte so rasende Kopfschmerzen, als hätte ich zwei Flaschen Whiskey alleine ausgetrunken. Zuerst suchte ich nach meinem Feuerzeug und zündete mir eine Zigarette an. Dann wankte ich mühsam auf die Toilette. Der Zimmerpage hatte die *Jakarta Post* und die *International Herald Tribune* unter der Tür hereingeschoben. Die Zeitungen trugen das Datum vom Donnerstag, den 2. Oktober. Also hatte ich nur eine Nacht lang geschlafen.

Das Letzte, woran ich mich erinnern konnte, war, dass ich gestern Abend in dem Sessel vor dem Hotelschreibtisch eingeschlafen war. Kein Wunder, dass ich jetzt meine Kleider noch anhatte. Während ich mir in der Minibar im Zimmer einen Kaffee kochte, fing ich an zu rekonstruieren, was in den letzten 24 Stunden passiert war.

Nach zahlreichen rüden Telefonaten mit Meckenheim hatte mich gestern Mittag mein Referatsleiter ultimativ aufgefordert, nach

Deutschland zurückzukehren. Anschließend hatten wir beim Büro der Lufthansa angerufen und versucht, drei Tickets nach Deutschland zu bekommen. Da aber nur noch zwei Plätze auf der Maschine über Singapur nach Frankfurt frei waren, flogen meine Kollegen zuerst zurück. Das war mir auch ganz recht so.
Es war einfach alles zu viel gewesen im letzten Jahr. In neun Monaten war ich sieben Mal nach Indonesien geflogen, hatte in den letzten zwei Monaten über 200 Überstunden angesammelt und im ersten deutschen »129 b-Verfahren«, das ich ermitteln musste, ging es partout nicht weiter, weil die Indonesier nicht mitspielten und selbst deutsche Behörden, verfeindet und eifersüchtig aufeinander, nicht an einem gemeinsamen Strang zogen. Dazu lag meine Lebenspartnerin mit einem Nervenzusammenbruch im Krankenhaus. Und dann ein Vorgesetzter, der meinte, ein möglicherweise bevorstehendes Selbstmordattentat in Jakarta ginge die deutsche Polizei nichts an.

Burn-out

Allein der Gedanke, nach Deutschland und nach Meckenheim zurückzumüssen, bereitete mir Unbehagen. Psychologen sprechen dabei von einem Burn-out-Syndrom. Ich fühlte mich total ausgebrannt, leer und erschöpft. Aber ich glaube, es war viel mehr als nur das. Ich wollte einfach nicht noch einmal so ein Bullen-Dreckschwein sein. Wenn VP Hasan etwas zugestoßen wäre, hätte ich auch das wieder ausbaden müssen. Noch einmal eine Neuauflage von einem Fall wie damals bei VP 756, meinem Freund Fabio, der durch einen groben Fehler des BKA ums Leben kam? Es war immer das gleiche Prinzip, die Vorgesetzten im BKA wollen die Erfolge einheimsen, aber wenn etwas schiefgeht, müssen die unteren Chargen dafür büßen. Nein, das würde ich nicht noch einmal durchstehen können. Auch Polizisten sind nur Menschen. Mir war klar, was zu Hause auf mich zukommen würde: Suspendierung, Disziplinarstrafe und eine Entfernung aus dem Dienst. Meine Dienststelle warf mir vor, dass ich mit meinem Diensthandy von Jakarta aus meine kranke Lebenspartnerin in Deutschland angerufen hatte. Dass Deutschlands führende Polizeibehörde auch eine Fürsorgepflicht für seine Mitarbeiter hat, davon wollte niemand etwas wissen. Ich wollte nur noch weglaufen und nicht mehr nachdenken. Weg vom BKA, weg von diesen verflixten Terrorermittlungen und weg von meinen privaten Problemen.

Gestern hatte ich mein Büro noch ordnungsgemäß abgewickelt: Dienstausweis, wichtige Unterlagen, Diensthandy, alles war jetzt über den Kurierdienst des Auswärtigen Amtes auf den Weg nach Meckenheim gegangen. Dann hatte ich mehrere Apotheken in der Stadt aufgesucht, nur um feststellen zu müssen, dass Schlaftabletten in Jakarta ohne Rezept schwer zu bekommen sind. So hatte ich am Schluss eine große Packung Valium gekauft, die Beruhigungstabletten dann mit Whiskey gemischt und alles hinuntergewürgt. All das hatte mir zwar ziemlich ekelhafte Kopfschmerzen beschert, aber mehr nicht. Erst viel später erzählte mir einmal ein Arzt, dass man sich mit Valium nur umbringen kann, wenn man sehr, sehr viele Tabletten davon schluckt und sie mit einer Flasche Schnaps hinunterspült.

Noch wusste in Meckenheim niemand, dass ich durchgedreht war. Sollte ich jetzt in Deutschland anrufen und einfach sagen: Kollegen, ich habe meinen Flug verpasst, schoss es mir durch den Kopf, um es dann gleich wieder zu verwerfen. Wofür eigentlich? Mir war ohnehin klar, dass meine Karriere am Ende war.

Ich hatte mich ein Jahr lang ohne Rücksicht auf persönliche Probleme für meinen Job rund um die Uhr eingesetzt und wurde dann ohne erkennbaren Grund gestoppt. Ein Kriminalhauptkommissar A 12, wie es meinem Rang entsprach, verdient 2700

Euro im Monat, nicht gerade viel. Im Juli 2003 hatte ich aber noch die zweite »Leistungsstufe« in meiner 25-jährigen Laufbahn erhalten. Das ist eine BKA-interne Auszeichnung für besondere Verdienste und bringt 80 Euro mehr pro Monat.
Mein Job war es gewesen, mich für die Sicherheit der BRD einzusetzen. Ein unfähiger Vorgesetzter konnte nicht einsehen, dass die Sicherheit Deutschlands und seiner Bürger auch in Jakarta gefährdet sein kann. Nein, ich wollte und konnte für diese Behörde nicht mehr arbeiten.

Bloß weg hier

Es war jetzt Freitagmorgen, ich rief die Bekannte eines Freundes an und schilderte ihr meine missliche Lage, einschließlich der Dummheit mit den Valiumtabletten. Sie war Mitte 30 und hieß Indah.
»Ich glaube, du brauchst jetzt einfach mal ein paar Tage Urlaub«, kicherte sie in den Hörer. »Ich komme in zwei Stunden vorbei.«
Eine Stunde später saß ich schon in der Hotellobby, hatte meine Rechnung bezahlt und rauchte eine Zigarette nach der anderen. Als Indah eintraf, bestiegen wir zusammen ein Taxi. Ich drückte dem Fahrer 50 Dollar in die Hand und sagte:
»Bloß weg hier. Ich will irgendwo an den Strand.«
Indah kicherte wieder und redete dann eine Weile in Indonesisch mit dem Fahrer, was ich nicht verstand. Wir fuhren los, erst aus der lauten und verpesteten Innenstadt von Jakarta heraus, dann aus Metro-Jakarta heraus. Die Häuser wurden jetzt niedriger und da Freitagmittag war, strömten die Gläubigen gut gekleidet zum Freitagsgebet in die Moscheen. Das Auto fuhr immer weiter gen Süden. Bald ging es durch die sattgrünen Reisfelder einer friedlichen Gebirgslandschaft. Nach fünf Stunden erreichten wir die

BUNDESKRIMINALAMT

Bundeskriminalamt · 53338 Meckenheim

An
Kriminalhauptkommissar
Michael von Wedel

ST 35

Ihr Zeichen / Ihre Nachricht vom

Betreff
Gewährung einer Leistungsstufe

Sehr geehrter Herr von Wedel,
in Anerkennung ihrer dauerhaft herausragenden Gesamtleistungen setze ich mit Wirkung vom 01.07.2003 an eine Leistungsstufe nach § 27 Abs. 3 Bundesbesoldungsgesetz für Sie fest.

Mit freundlichen Grüssen
Im Auftrag

BKA

Dienstgebäude
Paul-Dickopf-Str. 2
53340 Meckenheim

Überweisungsempfänger: Bundeskasse in Bonn
Konten: Landeszentralbank Bonn (BLZ 380 000 00) Kto.-Nr. 380 010 60
Postbank Köln (BLZ 370 100 50) Kto. Nr. 119 00-505

Am 29. Juli 2003 eine Auszeichnung für besondere Leistungen – drei Monate vor der Suspendierung

Jalan Raya Cislok, die kurvige Uferstraße, die sich an der Südküste der indonesischen Hauptinsel Java durch kleine Fischerdörfer schlängelt. Beim Kilometerstein acht, etwa 15 Autominuten außerhalb des Touristenortes Pelabuan Ratu, blieb der Wagen vor dem Gasthaus Kencana stehen.

Es war eine kleine Ferienanlage mit einfachen Bungalows. Alles strahlte gerade im sanften Rot der untergehenden Sonne, die hinter dem Indischen Ozean versank. Der Besitzer war ein in die Jahre gekommener Australier. Indah kannte ihn gut, weil sie früher mit einem Briten verheiratet gewesen war, der oft hier verkehrt war. Der Australier machte uns einen Freundschaftspreis für Bungalow Nummer zehn, zu dem eine kleine Steintreppe hinaufführte und der abgeschieden am Rande der Siedlung lag.

In den nächsten sechs Tagen trank ich viel, viel zu viel, unternahm stundenlange Spaziergänge in die umliegenden Dörfer und redete mir mein verpfuschtes Leben von der Seele. Die Umgebung war anmutig schön und friedlich. Links vom Hotel fällt der Blick auf das azurblaue Meer, das hier im Süden Javas besonders wild gegen den grauen Sandstrand brandet, und rechts hinter einer geweißten Mauer, die das Hotelareal umrandet, beginnt schon das satte Grün von Reisfeldern. Ganz hinten am Horizont, dort, wo es in das mit Vulkanen bestandene Hochland geht, wuchert undurchdringliches Dschungelgras und Gestrüpp über eine endlose Hügelkette.

Am 9. Oktober ging uns das Geld aus und deshalb fuhren wir gegen elf Uhr mittags auf einem Mietmoped in die nächste Kreisstadt, wo der einzige Geldautomat der Gegend zu finden war. Als wir eine Stunde später zurückkamen, war mir sofort klar, dass meine kopflose Flucht in eine Welt ohne BKA jetzt zu Ende war.

Denn auf dem Schotterweg, der hinauf zur Rezeption der Pension führt, steht ein silbergrauer Mercedes-Kleinbus mit einem Diplomatenkennzeichen der deutschen Botschaft in Jakarta. Daneben, unter einem großen Sonnenschirm, sitzen drei Kollegen. Es ist Lars Müller, dessen Gestalt ich schon von Weitem erkenne, dann ist auch noch der korpulente Manfred Schmidt dabei, der sich gerade eine Bratwurst in den Mund schiebt. Er hat vor wenigen Tagen seinen Job als BKA-Verbindungsbeamter in der deutschen Botschaft in Jakarta angetreten. Nach einer Weile erkenne ich auch den Kollegen Markus Will. Mit dem Kriminaloberrat beim Staatsschutz hatte ich mich immer recht gut verstanden. Er nimmt mich zur Begrüßung freundschaftlich in den Arm und klopft mir auf die Schulter. Am Tisch sitzt noch der Botschaftsdolmetscher. Er schaut nicht auf, ihm muss die Sache wohl peinlich sein.

»Was macht ihr denn hier«, sage ich.

Die Stimmung ist feindlich.

»Mike, in Meckenheim hat man sich Sorgen gemacht, dass dir was zugestoßen sei«, sagt Markus Will. »Berenz hat uns beauftragt, dich sicher zurückzubringen.«

Karsten Berenz war zum damaligen Zeitpunkt Abteilungspräsident und damit Leiter des polizeilichen Staatsschutzes des BKA, ein Beamter und Chef, auf den ich immer noch große Stücke hielt. Aber das wollte ich dann doch nicht glauben.

»Das Einzige, was ihr hier wollt, ist, mich zurückzuholen, um mir ein Disziplinarverfahren anzuhängen und mich rauszukegeln.«

Markus Will schüttelt den Kopf: »Setz dich jetzt erst mal hin«, sagt er.

Ich zünde mir eine Zigarette an und er trägt zwei Stühle heran, die er abseits der Sitzgarnitur unter einen Mangobaum stellt. Dann

reden wir eine Weile. Er erzählt davon, dass meine Lebensgefährtin zu Hause wegen eines Selbstmordversuchs auf der Intensivstation des Krankenhauses liege.
Markus Will meint auch, dass sich meine Vorgesetzten Sorgen gemacht hätten, dass ich unter Umständen in das Räderwerk der Terroristen geraten und vielleicht verschleppt worden sei. Dann berichtet er darüber, dass meine Dienstausweise in Meckenheim per Post eingetroffen seien und man befürchtet hätte, ich hätte mir das Leben genommen.
Wir sind beide Polizisten genug, dass ich erahnen kann, dass das, was er erzählt, irgendwie nicht stimmen kann. Wahrscheinlicher erscheint mir, dass sich das BKA die Peinlichkeit ersparen will, dass die Details meiner Flucht an die Presse geraten. Ein BKA-Hauptkommissar, der sich unter Protest vom Dienst abgesetzt hat, weil man in Wiesbaden und Meckenheim vom bevorstehenden Angriff eines Selbstmordattentäters im größten muslimischen Land wusste, aber nichts dagegen unternahm. Zu Hause berichten die Medien fast jeden Tag über die unglaublichen Eskapaden von Reda Seyam und seinen Glaubensgenossen. Die Geschichte hier wäre ein medialer Super-GAU für das BKA.
In den letzten Tagen hatte ich genug Zeit zum Nachdenken. Dass ich einen großen Fehler gemacht habe, ist mir schon klar. Irgendwie muss ich sehen, dass ich da halbwegs anständig wieder rauskomme, denke ich mir.
»Ich will nur noch meine Ruhe vor dem ganzen Mist haben. Wenn ich ohne Probleme in den Ruhestand gehen kann«, sage ich zu Markus Will, »dann komme ich, ohne weiter Probleme zu machen, mit euch nach Hause.«
Mit ist klar, dass ich wahrlich nicht der einzige BKA-Beamte bin, der einmal im Laufe seiner Dienstzeit unter dem ständigen Druck und der Anspannung des gefährlichen Dienstes zusammengebrochen ist. Vergleichbare Fälle hat es genug gegeben. Davon habe ich

während meiner Zeit als Sachgebietsleiter für die Entsendung von Verbindungsbeamten genug mitgekriegt.
Da war etwa die Geschichte eines Oberkommissars, der in die Türkei geschickt worden war. Bei einem Heimaturlaub hatte er in einem Eifersuchtsdrama seine Freundin mit dem Messer angegriffen und ihre Wohnung vollkommen verwüstet. Als zwei Schutzpolizisten, die von der Nachbarschaft gerufen wurden, den Amoklauf schlichten wollten, wurden auch diese verletzt. Trotzdem war es nie zur Anklage gekommen, der Mann wurde stattdessen in eine andere Behörde versetzt. Und so etwas passierte gar nicht so selten in unserer nach außen hin angeblich so makellosen Polizeitruppe.
»Mike, du kennst den Laden besser als ich«, sagt Markus Will. »Ich glaube, das sollte kein Problem sein. Aber lass mich dafür mit Berenz sprechen.«
Jetzt zieht er sein Handy aus der Tasche und ruft den Abteilungspräsidenten des Staatsschutzes an. Wie ich das aus der Distanz verfolgen kann, stimmt Berenz meiner Versetzung in den Ruhestand zu.
»Mike, Berenz meint«, sagt Markus Will, nachdem er das Gespräch beendet hat, »das bekommt er schon hin.«
»Okay«, erwidere ich, »dann lass uns jetzt ein Bier darauf trinken und dann packe ich meine Klamotten zusammen und komme mit euch zurück.«
Wir sitzen immer noch unter dem Mangobaum und bestellen zwei weitere Flaschen Bir Bintang. Die Sonne ist bereits untergegangen. Ich will wissen, wie sie mich hier am Ende der Welt so schnell gefunden haben. Der Kriminaloberrat erzählt, dass sie die Überwachungskameras im Shangri-La Hotel in Jakarta ausgewertet haben, und darauf sei zu sehen, dass ich das Hotel mit einer Frau verlassen habe.
»Dann haben wir das Telefon deiner Begleiterin überwachen las-

sen«, sagt er stolz. Aus meinen Erfahrungen mit der indonesischen Polizei ist das aber so gut wie unmöglich. Wenn man dort schon nicht mit mir und unserer Task Force Reda Seyam zusammengearbeitet hat, warum soll die lokale Polizei dann bei der Überwachung einer unbescholtenen indonesischen Staatsbürgerin so schnell und unbürokratisch geholfen haben? Irgendetwas ist noch immer faul an der Geschichte, die er mir jetzt auftischen will, und das stimmt mich wieder um.

Ein Verein von Tricksern

Es ist das alte Spiel, das ich auch so oft selbst mitgespielt habe, denke ich, aber diesmal habe ich keine Lust mehr darauf.
Markus Will soll den »good cop« mimen, die uns da drüben seit Stunden zusehen, sind die »bad cops«. Wie konnte ich so blöd sein, darauf hereinzufallen. Das BKA ist ein Verein von Tricksern und wird es auch bleiben.
Das mit der Rente wird wohl auch eine Lüge sein, denke ich mir. Ich bin wütend und koche innerlich.
Ich bestelle noch einmal zwei Bier, doch nur um besser überlegen zu können, was zu tun ist. Zu einem Ergebnis komme ich nicht. Nur eines ist mir klar, ich will nicht mehr zurück.
»Ich geh jetzt mal packen«, sage ich und gehe in meinen Bungalow. »Gebt mir 20 Minuten.« Es ist 20.30 Uhr.
In meinem Zimmer streife ich hastig ein schwarzes T-Shirt über und springe dann zum Badezimmerfenster meines Bungalows hinaus. Hinter einem kleinen Garten ist nur eine Mauer zu überwinden und dann bieten ein paar Bananenstauden Schutz, um in der Dunkelheit der Nacht zu verschwinden.
Einfach laufen, denke ich mir jetzt und laufe noch einmal durch die Reisfelder, wer weiß, ob ich das jemals wieder kann. All das

macht wenig Sinn, aber irgendwie kann ich keinen klaren Gedanken mehr fassen. Ich laufe gut zwei Stunden bis ins nächste Dorf. Erst dort komme ich wieder zur Besinnung. Ohne Geld werde ich hier in Indonesien wohl nicht weit kommen. Ich denke an meine berufliche Vergangenheit, wie oft ich für das BKA mein Leben riskiert habe, was ich im letzten Jahr gearbeitet habe.
Wedel, das war jetzt Mist, sage ich leise vor mich hin und fluche laut. »Scheiße!«
Irgendwie bin ich in diesem Moment aufgewacht.
»Schließlich bin ich ein deutscher Polizeibeamter und man wird mir einen Nervenzusammenbruch schon verzeihen«, murmele ich leise.
Deshalb suche ich mir jetzt einen Weg durch die Reisfelder zur nächsten Straße. Dort werde ich jetzt zurücklaufen und zu den Kollegen sagen: Sorry, Jungs, es tut mir leid. Das war eben alles Blödsinn. Lasst uns nach Hause fahren. Ich bin fast erleichtert.
Doch die Kollegen denken anders. Manfred Schmidt muss sich auf dem neuen Posten noch beweisen. Markus Will und Lars Müller sind hierhergekommen, um mich unter allen Umständen mit nach Deutschland zu bringen, und als sie bemerkt haben, dass ich wieder verschwunden bin, bricht bei ihnen die Panik aus. Zuerst brüllt Schmidt Will an, dann telefonieren sie mit Deutschland, schließlich zwingen sie die indonesische Frau des Gasthausbesitzers, die lokale Polizei anzurufen.
»Der Kommissar muss unbedingt gefunden werden«, sagt einer zu ihr.
Fassungslos schauen der Hotelbesitzer, seine Frau und Indah dem Durcheinander zu. Das einzige Wort, das sie verstehen, ist: »Scheiße«, und das sagen die Beamten aus Deutschland jetzt ständig.
Als der Chef der Touristenpolizei schließlich eintrifft, redet ein deutscher Ermittler mit lauter Stimme auf ihn ein: »Sie müssen

bei der Suche helfen und den Kommissar festnehmen, wir dürfen das im Ausland nicht«, sagt er.
»Was hat der Mann denn verbrochen?«, fragt der Uniformierte zurück.
»Er ist Deserteur und vielleicht tut er sich etwas an.«
Aber der Indonesier ist machtlos: »Ohne Haftbefehl kann ich niemanden festnehmen und der Kommissar hat ja in Pelabuan Ratu nichts verbrochen.«
Jetzt legen die Beamten aus Deutschland alleine los. Zwei Stunden lang fahren sie auf Mietmopeds ziemlich kopflos in der Gegend herum. Es ist schon stockfinster und schließlich sehen sie ein, wie sinnlos alles ist, und brechen die Suche ab. Beim Durchsuchen des Bungalows Nummer zehn haben sie nämlich festgestellt, dass mein Pass und mein Flugticket noch immer im Zimmer liegen. Es ist also unschwer zu rekonstruieren, dass ich nicht weit gekommen bin.
Das Besitzerehepaar des Gasthauses, der Kellner, ein Hotel-Nachtwärter und Indah verfolgen das Treiben mit einer Mischung aus wortlosem Amüsement und kopfschüttelnder Verwunderung über die eigenartigen ausländischen Polizisten. Irgendwann bemerken die Ausländer das selbst und beschließen ihnen vorzuspielen, dass sie die Suche abbrechen – ein alter, aber wirksamer Polizeitrick.
Um 22.30 Uhr verabschieden sich die Deutschen deshalb betont laut von allen Anwesenden und steigen in den Mercedes ein. Der Wagen rollt den Schotterweg hinab, biegt auf die Raya-Cislok-Straße ein, ganz so, als wolle das Quartett plus Chauffeur nach Jakarta zurückfahren. Aber nach wenigen Hundert Metern verschwindet der Kleinbus in einer Seitenstraße. Dort legen sich der bullige Manfred Schmidt und der drahtige Botschaftsdolmetscher in einem Reisfeld hinter einer Bananenstaude auf die Lauer.

Gedemütigt

Lange müssen sie nicht warten. Denn von ihrem Ausguck können sie im Licht des jetzt aufgegangenen Halbmondes die Straße überwachen. Es ist der einzige Weg, der zu der Pension zurückführt. Sie müssen mich schon von Weitem gesehen haben, denn als ich an dem Versteck vorbeitrotte, spüre ich nur einen heftigen Schlag im Kreuz. Schmidt, ein Zweizentnermann, hat mich von hinten mit voller Wucht angesprungen. Dann kriege ich noch einen Fausthieb ins Gesicht. Zuerst denke ich kurz an einen Überfall und rufe um Hilfe, aber schnell wird mir klar, dass mich die eigenen Kollegen gewaltsam verhaften wollen. Sie schlagen mich regelrecht zusammen.

»Seid ihr verrückt«, brülle ich jetzt. »Ich komme auch so mit.«

Wie einen Verbrecher schleifen sie mich im Polizeigriff auf das Hotelgelände. Es ist demütigend.

Verwundert sieht der Chef der Touristenpolizei dem Trubel zu. Er weiß natürlich, dass es dafür keine Rechtsgrundlage gibt. Aber er weiß auch, dass er sich jetzt viel Ärger und Schreibarbeit ersparen kann, wenn er einfach so tut, als habe er nichts gesehen. Ich muss mich auf dem Hotelparkplatz umziehen. Mein Gesicht ist immer noch vom Dreck der Straße verschmiert. An den Händen blute ich aus Schürfwunden. Aber in mein Zimmer darf ich nicht mehr. Man bringt meine Reisetasche. Dann steige ich in den Mercedes-Kleinbus. Wir reden kaum auf der Rückfahrt nach Jakarta. Als wir am nächsten Morgen noch vor Einbruch des Tages im Shangri-La eintreffen, werde ich, noch immer verdreckt, durch die Lobby des Fünfsternehotels in mein Zimmer geführt.

Vom Jäger des BKA bin ich jetzt zum Gejagten geworden.

Die letzte Nacht, die wir in Jakarta verbringen, darf ich nicht mehr alleine in meinem Zimmer schlafen. Lars Müller schnarcht im Bett neben mir.

Am Nachmittag fliegen wir zu dritt mit der Lufthansa-Maschine über Singapur nach Frankfurt zurück.
Irgendwie ist es schon verrückt, dass das BKA mich als Ermittlungsführer im Fall Reda Seyam ähnlich nach Hause bringen lässt wie den mutmaßlichen Al-Qaida-Mann, dem ich mehr als ein Jahr lang nachgespürt habe.
Noch in Jakarta hat sich ein Kollege verplappert und seitdem weiß ich, dass man schon vor der Abreise des Teams, das mich zurückholen sollte, das Telefonprotokoll von meinem Gespräch mit meinem Referatsleiter am 1. Oktober geändert hat. Von einem Selbstmordattentäter ist dort nichts mehr nachzulesen. Unterwegs erzählt Markus Will mir dann auch, dass mich »im Frankfurter Flughafen ein Amtspsychologe« untersuchen wird.
»Wir fahren aber schon mal alleine nach Meckenheim zurück«, sagt er fast beiläufig.
Was das aber im Klartext heißt, wird mir sofort klar. Es bedeutet, dass man mich wohl in die geschlossene Psychiatrie einweisen will, bis Gras über die Sache gewachsen ist. Aber da macht der Seelendoktor, dem ich zehn Stunden später gegenübersitze, zum Glück nicht mit. Zwei Stunden reden wir miteinander, aber er schreibt während der ganzen Zeit nicht mit, sondern hört mir nur aufmerksam zu und sagt dann zum Abschluss:
»Herr von Wedel, das BKA ist schon ein seltsamer Verein. Sie waren überlastet und hatten einen Nervenzusammenbruch. Das kann jedem einmal passieren. Ich schreibe Sie jetzt ein paar Wochen krank. Denken Sie jetzt nur an sich und Ihre Lebenspartnerin.«
Erleichtert sage ich: »Ich danke Ihnen, Herr Doktor.«
Dann sagt er noch etwas davon, dass es leider zu wenig Beamte gäbe, die sich noch so für ihren Beruf aufopfern würden, und dass eigentlich meine Vorgesetzten dafür zur Verantwortung gezogen werden müssten, dass dies alles schiefgelaufen ist.

Aber davon kann nicht die Rede sein.
Vor der Tür des Behandlungsraumes wartet schon ein BKA-Kraftfahrer. Er soll mich nach Hause bringen. Ein Job, der ihm sichtlich unangenehm ist. Alle 30 Minuten klingelt während der Fahrt sein Handy und jemand erkundigt sich danach, wo wir gerade sind. Als er mich zu Hause absetzt, meldet er noch einmal Vollzug.
In den nächsten Wochen werde ich nicht vom Dienst suspendiert, sondern nur krankgeschrieben. Das geht über Wochen so, ohne dass etwas passiert. Dann plötzlich teilt mir Wiesbaden mit, dass gegen mich sowohl ein Disziplinar- als auch ein Strafverfahren bei der Staatsanwaltschaft Bonn eröffnet wurde. Das ist ungewöhnlich, denn normalerweise wird bei Beamten, gegen die ein Strafverfahren läuft, das Disziplinarverfahren ausgesetzt. Das hat den Grund, dass selbst ein Beamter nicht doppelt für ein Vergehen bestraft werden kann. Aber aus irgendeinem Grund gilt das nicht für mich.

Was man mir vorwirft

Das BKA bezichtigt mich dreier Vergehen. So hätte ich erstens während der gut neun Monate der intensiven Terrorermittlungen in Jakarta von meinem Diensthandy aus »private Telefongespräche« geführt. Das ist korrekt, aber zugleich ein absurder Vorwurf. Denn nicht nur war meine Lebenspartnerin in der Zeit krank und die Anrufe fielen unter die Fürsorgepflicht meines Arbeitgebers, auch war das Diensthandy oft das einzige Kommunikationsmittel zur Außenwelt. Wie hätte ich sonst meine Familie anrufen sollen? Es geht bei den Vorwürfen um eine Summe von genau 4309,85 Euro. Da rechnet das BKA aber gleich noch die Roaming-Gebühren mit ein, also jene Gespräche, bei denen ich angerufen wurde. Was man dabei auch nicht vergessen darf, ist der Umstand, dass Telefongebühren in Jakarta damals durch die extreme Entwertung der Landeswährung Rupiah bis zu 300 Prozent höher lagen als in anderen Staaten Südostasiens. Meine Teamkollegen standen nach ihrer Rückkehr gleichfalls vor einem Berg von unbezahlten Telefonrechnungen. Doch bei ihnen wurde seltsamerweise kein Verfahren eröffnet. Sie durften die Fehlbeträge von ihrem kargen Beamtensalär abstottern. Eigentlich ist es eine Schande, dass Beamte dafür bestraft werden, dass sie im Ausland Terroristen jagen.

Zweitens wirft man mir vor, dass ich mit der BKA-Reisekasse (Amtsjargon: Fahndungskosten) die Hotelrechnung vor meiner unerlaubten Abreise bezahlt habe. Doch hätte sich das einfach begleichen lassen, wenn das BKA mir die Formulare für die Abrechnung einer Dienstreise zugestellt hätte, was nie passiert ist.

Schwerer wiegt der Vorwurf, dass ich mich sechs Tage unerlaubt vom Dienst entfernt habe. Und deshalb entschloss ich mich am 6. Januar 2004, einen recht prominenten Anwalt zu kontaktieren. Das war Hans Wolfgang Euler, der in Frankfurt zusammen mit Rupert von Plottnitz, dem ehemaligen hessischen Justiz- und Umweltminister, eine Kanzlei betreibt.

Euler war mir während meiner Zeit als Verbindungsbeamter in Kolumbien einmal als Anwalt der Täterseite gegenübergestanden. Jetzt fragte ich ihn, ob er nicht mal »einen Guten verteidigen will«, und er stimmte sofort zu und übernahm den Fall sogar kostenfrei.

Das schien meinen Fall zunächst zum Guten zu wenden. Im Frühjahr 2005 verabredete der Anwalt mit der Staatsanwaltschaft, dass ich 200 Stunden Sozialarbeit in einer Gärtnerei in Bad Honnef, meinem damaligen Wohnort, ableisten könne und damit meine Probleme gelöst seien. Doch plötzlich widerrief der geschäftsführende Richter die Vereinbarung, die mein Anwalt mit der Staatsanwaltschaft getroffen hatte. Das waren Momente, in denen ich wieder an die Anfangszeit meiner Ermittlungen im Staatsschutz denken musste. Immer hatte ich damals das Gefühl, dass irgendetwas mein Verfahren stört, ich konnte aber nie verstehen, wer das war und warum das geschah.

Es waren die Wochen und Monate, in denen der Fall Reda Seyam immer wieder in den Medien für Schlagzeilen sorgte. Überall warb der Deutsch-Ägypter für seine radikale Auslegung des Islam. Im *Spiegel*, Nummer 13/2004, stand ein Artikel über ihn, der die Überschrift trägt: »Ihr müsst lernen, mit uns zu leben«. Er hatte sich zuerst in Laichingen in der Nähe von Neu-Ulm niedergelassen und seine albanische Frau war aus Saudi-Arabien nachgekommen. Die stetig wachsende Familie erhält Wohn- und Kindergeld und Sozialhilfe. Später zog er nach Berlin um und tauchte in der Bundeshauptstadt als einer der Organisatoren einer Islamkonferenz auf. Auch stritt er sich mit dem Berliner Innensenator darüber, ob er seinen neugeborenen Sohn »Dschihad« nennen durfte.

Irgendwie fand auch Doris Glück meine Telefonnummer heraus, sie rief mich häufig an und fragte verbittert, warum »Ihr BKA mein Leben ruiniert hat, während Reda Seyam ungestört in Deutschland herumläuft«. Darauf konnte ich ihr auch keine schlüssige Antwort mehr geben. Denn »mein BKA« hat auch mein Leben ruiniert und auch ich weiß nicht, warum.

Wenige Wochen später fällte das Amtsgericht Bonn sein Urteil. Es ging um die privaten Telefongespräche. Entlastungszeugen, wie den deutschen Botschafter in Jakarta oder den Botschaftsdolmetscher, auf die ich bestanden hatte und die ein genaues Bild der Lage vor Ort hätten geben können, wurden nicht gehört. Auch machte der Richter die ungeklärte Rechtsgrundlage meiner Verhaftung in Indonesien nicht zum Gegenstand der Verhandlung. Euler sprach davon, dass das BKA seine Beamten in schwierigen

Situationen vernachlässigt hätte. Doch kam ich anfänglich noch relativ gut davon. Mit einer Strafe von 75 Tagessätzen, was in meinem Falle etwa 4500 Euro entspricht, blieb ich unter der kritischen Schwelle von 90 Tagessätzen und gelte deshalb nicht als vorbestraft.

Dass am 9. September 2004 in Jakarta eine Bombe vor der australischen Botschaft hochging und elf Menschen in den Tod riss, brachte alte Erinnerungen zurück. 150 Menschen wurden verletzt. Die Sprengladung, die in einem Daihatsu-Kleinlaster versteckt war, zerstörte die gesamte Fassade des Botschaftsgebäudes. Schon am 1. Oktober war sich die indonesische Polizei sicher, dass die Tat von einem Selbstmordbomber der Jemaah-Islamiah-Terrorgruppe begangen wurde.

Als ich einen Bericht über die Tat im Radio hörte, versuchte ich mir möglichst wenige Gedanken über die Hintergründe zu machen. Noch immer war ich krankgeschrieben. Ab und zu schickte das BKA einen Dienstwagen, der mich in die Zentrale nach Wiesbaden zur amtsärztlichen Untersuchung brachte. Ende des Jahres 2004 attestierte mir eine BKA-Amtsärztin, dass ich »durch meinen Dienstherren derart traumatisiert bin, dass eine Aufnahme des Arbeitsverhältnisses nicht mehr möglich ist«.

Dass ich Ende Dezember 2005 in den Ruhestand versetzt wurde, ließ den BKA-Oberen aber offenbar keine Ruhe. Am 4. Mai 2006 kam es vor dem Verwaltungsgericht Düsseldorf zu einem Disziplinarverfahren gegen mich. Selbst der erfahrene Rechtsanwalt Hans Wolfgang Euler war von dem Ausgang des Verfahrens überrascht, ja erschüttert. Er wunderte sich darüber, dass der dreiköpfige Senat und zwei Anwälte des BKA »meine Lebensleistung als Polizist nicht berücksichtigt« hatten und auch keine Entlastungszeugen hören wollten. Euler hatte zu Beginn des Verfahrens damit gerechnet, dass ich vielleicht degradiert würde oder wegen der »Verfehlungen« um die Telefonrechnungen ein geringeres Altersruhegeld erhielte. Doch das Urteil war ein Schock für ihn und mich. Das Gericht hat mir meine Beamtenrente vollständig entzogen.

»Angesichts der hervorragenden Lebensleistung Herrn von Wedels als Polizist ist dies ein gnadenloses Vorgehen«, hielt der erfahrene Strafrechtler dem Senat entgegen. Als Anwalt hat er eine Menge relativ milder Urteile für viele schwere Verbrechen gesehen. Der Urteilsspruch in Düsseldorf stand nach seiner Meinung in keiner Relation zu dem vermeintlich entstandenen Schaden. Er sprach erneut davon, dass die BKA-Führung ihre Beamten in schwierigen Lebenslagen im Stich lasse, wenn sie ein Ermittlerteam für Wochen in ein gefährliches Land wie Indonesien schicke und die Beamten nur mit einem Diensthandy ausstatte, ohne dass es eine schriftliche Regelung gäbe, wie private Gespräche abzurechnen seien. Aber das interessierte niemanden im BKA und mir half es auch nicht mehr.

Nach knapp drei Jahrzehnten Dienst als Polizist bin ich nun fast mittellos. Ein halbes Jahr habe ich bei einem Sicherheitsunternehmen gearbeitet. Der Versuch, in den folgenden Monaten vom letzten Ersparten meiner Lebenspartnerin eine spanische Kneipe aufzuziehen, ging schief. Fortan lebe ich von Hartz IV, das sind gegenwärtig etwa 239 Euro im Monat.

Im Dezember 2007 habe ich deshalb ein Gnadengesuch an Bundespräsident Horst Köhler gerichtet. Das Bundesinnenministerium, das dazu um Rat befragt wurde, bezeichnete die Reaktion des BKA, die zu meiner Entlassung führte, in einer Stellungnahme als »absolut überzogen«.

Dank

In der Dezembernacht 1988, in der Michael von Wedel Pakistan verließ, trat einer seiner zahlreichen Freunde, die er während seines Aufenthalts dort gemacht hatte, an ihn heran und überreichte ihm einen schlichten Teppich. »Immer wenn deine Füße diesen Teppich berühren«, sagte er pathetisch, »werde ich mich an einen alten Freund erinnern.« Dieser Mann war einer der Vizedirektoren des pakistanischen Zolls. Gleichwohl er drei Jahre zum beruflichen Erfolg eines damals noch unerfahrenen Verbindungsbeamten aus Deutschland beitrug, liegt es in der Natur seines Berufs, das ihm an dieser Stelle nicht namentlich gedankt werden kann, obwohl ihm sehr viel Dank gebührt. Stellvertretend steht er für viele Wegbegleiter, ohne die es den beiden Autoren an Erfahrung, Einsicht und Wissen in und über die hier beschriebene und jahrelang erlebte Welt der Sicherheitsdienste, der Strafverfolgung, der Geheimdienste, des Verbrechens und des Terrorismus im In- und Ausland fehlen würde und denen wir sehr zu Dank verpflichtet waren, schon lange bevor die ersten Pläne für dieses Buch reiften.

Was auch immer die Unzulänglichkeiten, Ungenauigkeiten, möglicherweise auch Fehler in diesem Buch sein mögen, sie wären zahlreicher ohne die Hilfe von Freunden, Kollegen, Experten und Ratgebern, die uns in den vergangenen beiden Jahren zur Seite standen. Da ist zuerst Moritz Kleine-Brockhoff, der Südostasien-Korrespondent der *Frankfurter Rundschau* zu nennen, der die beiden Autoren miteinander bekannt gemacht hat und dessen

Detailkenntnisse und Recherchen zum Gelingen von Teilen des Buchs beitrug. Namentlich möchte Michael von Wedel vor allem seinem Rechtsanwalt Hans Wolfgang Euler in Frankfurt danken, der ihn während seiner Verfahren so fachmännisch beraten hat und der zuletzt ein paar wichtige Tipps zum juristischen Abrunden dieses Buchs gab.
Besonderer Dank gebührt unserer Verlegerin Frau Brigitte Fleissner-Mikorey, die den Mut besaß, dieses Thema zu veröffentlichen.
Besonders hilfreich waren all die Diskussionen und Gespräche mit zahlreichen Diplomaten, Geschäftsleuten, Politikern und all den Agenten und Polizisten aus zahlreichen Ländern, die uns Tipps gaben, einige Kapitel gegengelesen haben oder mit wichtigen Anregungen und Detailkenntnissen weiterbrachten. Sie waren nicht mit allem einverstanden, was wir schrieben, sie haben uns aber immer wieder freundschaftlich geholfen, das Beschriebene adäquat darzustellen. Ihre Geschäfte, ihre diplomatische Zurückhaltung und die berufliche Diskretion all dieser Ratgeber verlangt es, dass auch wir uns in Zurückhaltung üben und ihnen ganz besonders danken, ohne ihre Identität preiszugeben.
Ohne den stoischen Gleichmut und die liebevolle Geduld, mit der Susanna Maria Escolano ihren Lebenspartner Michael von Wedel durch den frustrierenden Abstieg vom Kriminalbeamten zum Hartz-IV-Empfänger begleitet hat, hätte er diesen Lebensabschnitt nur schwer gemeistert. Für die stete Ermunterung, nicht aufzugeben, dankt er ihr von ganzem Herzen.

Abkürzungen

AA	Auswärtiges Amt
AStA	Allgemeiner Studentenausschuss
BAO	Besondere Aufbauorganisation
BGH	Bundesgerichtshof
BGS	Bundesgrenzschutz
BIN	Badan Intelijen Negara, der Staatliche Nachrichtendienst Indonesiens
BKA	Bundeskriminalamt
BMI	Bundesministerium des Innern
BND	Bundesnachrichtendienst, dt. Auslandsgeheimdienst
BverfG	Bundesverfassungsgericht
DAS	Interpol-Dienststelle in Kolumbien
DEA	Drug Enforcement Administration, US-Drogenbehörde
EKHK	Erster Kriminalhauptkommissar
FARC	Fuerzas Armadas Revolucionarias de Colombia (Revolutionäre Streitkräfte Kolumbiens)
FBI	Federal Bureau of Investigation, US-Bundespolizei
FIS	Front islamique du salut (Islamische Heilsfront), alger. islamist. Terrorgruppe
GBA	Generalbundesanwaltschaft
GdP	Gewerkschaft der Polizei
GER	Gemeinsame Ermittlungsgruppe Rauschgift

GSPC	Groupe Salafiste pour la Prédication et le Combat (Salafisten-Gruppe für Predigt und Kampf), nordafrikan. islamist. Terrorgruppe
ISI	Inter Service Intelligence, pakistan. Geheimdienst
JI	Jemaah Islamiah, islamist. Organisation in Südostasien
KHK	Kriminalhauptkommissar
MAD	Militärischer Abschirmdienst
MEK	Mobiles Einsatzkommando
MILF	Moro Islamic Liberation Front, Islamische Befreiungsfront auf den Philippinen
OA	Organisierte Auftragskriminalität
PNCB	Pakistan Narcotics Control Board, pakistan. Drogenpolizei
PNSC	Pakistan National Shipping Cooperation, pakistan. Schifffahrtsgesellschaft
RgVb	Rauschgiftverbindungsbeamter des BKA
SEK	Sondereinsatzkommando
SIS	Secret Intelligence Service (MI 6), brit. Auslandsgeheimdienst
TÜ	Telefonüberwachung
UIES	Unidad de Investigaciones Especiales, ecuadorian. Sondereinheit der Polizei
VP	Vertrauensperson
VS	Bundesamt für Verfassungsschutz, dt. Inlandsgeheimdienst

Anhang

Michael v. Wedel — Bad Honnef, 14.07.2006

Per Fax

PERSÖNLICH/VERTRAULICH

Herrn
Bundesminister des Innern
Dr. Manfred Schäuble

Sehr geehrter Herr Minister Dr. Schäuble,

erlauben Sie mir die Annahme, dass Ihnen dieses Fax niemals vorgelegt werden wird.

Sollte sich die Ministerialbürokratie dennoch überwinden können, dann nehmen Sie bitte mein Schicksal zur Kenntnis.

Nach Diensteintritt in das Bundeskriminalamt im Jahr 1977 habe ich dieser Behörde und damit Deutschland bis zum Jahr 2003 treu gedient. In diesen 26 Dienstjahren habe ich unter anderem meinen Dienst als Verbindungsbeamter des Bundeskriminalamtes in Pakistan, Kolumbien und zuletzt im Wege von Dienstreisen in Indonesien versehen.

Ohne Beschönigung oder jedwede Übertreibung darf ich feststellen, dass ich in diesem Zeitraum wiederholt mein Leben für die Strafverfolgung und die Sicherheit unseres Landes riskiert habe. Ob es sich hierbei um eine große Kokainsicherstellung in Deutschland im Jahr 1997 oder um die Ermittlungen gegen den deutschen Staatsangehörigen Reca Seyam handelte, dürfte letztlich keine Rolle spielen.

Als Angehöriger der Abteilung Staatsschutz habe ich am Ende meiner Dienstzeit die Kontrolle über mein Leben und mich selbst verloren.
Es trifft zu, dass ich nach 26 Dienstjahren rechtswidrig mein Diensthandy für private Telefonate benutzt habe.
Es trifft zu, dass ich mich nach einem Selbstmordversuch in Indonesien unerlaubt aus dem Dienst entfernt habe.
Es trifft zu, dass ich zur Bezahlung der Hotelnebenkosten dienstliche Gelder zweckentfremdet habe.

Wegen dieser berechtigten Vorwürfe des Bundeskriminalamtes wurde ich vom AG Bonn zu 75 Tagessätzen verurteilt.

Im Dezember 2005 wurde ich auf Betreiben des Bundeskriminalamtes und eines Gutachtens der Amtsärztin der Behörde vorzeitig pensioniert.

Gleichwohl hat das Bundeskriminalamt beim Verwaltungsgericht Düsseldorf meine rückwirkende Entlassung aus dem Beamtenverhältnis unter Verlust der Pensionsansprüche beantragt und das Gericht hat diesem Ansinnen erwartungsgemäß in vollem Umfang entsprochen.

Ich kann und will mich darüber nicht beschweren, letztlich bin ich ja selbst für mein schuldhaftes Verhalten verantwortlich. Möglicherweise habe ich es verdient, durch das Bundeskriminalamt kriminalisiert und in die Sozialhilfe getrieben zu werden.

Dennoch bleibe ich bei meiner festen Überzeugung, dass ein Ermittlungsbeamter nach 26 Dienstjahren Respekt und Fürsorge verdient hat. Ich sehe selbst ein, dass ich eine Strafe verdient habe. Allerdings betrachte ich die bewusste und gewollte Vernichtung meiner Existenz als nicht angemessen.

Die Mitverantwortung meiner Vorgesetzten, die

- über 6 Monate die privaten Telefonate stillschweigend zur Kenntnis genommen haben,
- sehr wohl über meine finanzielle Notlage unterrichtet waren,
- zugelassen haben, dass ich in Indonesien körperlich angegriffen und nur unter Zwang und Drohungen nach Deutschland zurückgebracht wurde,

ist für jeden Laien ein massiver Entschuldigungsgrund, nicht aber für das Bundeskriminalamt.

Ich habe dieser Behörde, nachweislich durch meine Beurteilungen und Belobigungen, stets treu und unter Einsatz meines Privatlebens und eigenen Lebens gedient. Ich habe zu keinem Zeitpunkt dem Bundeskriminalamt oder der Bundesrepublik Deutschland Schaden zugefügt.

Nach Rechtskraft des Urteiles in wenigen Tagen werde ich also wunschgemäß aus dem Bundesdienst entfernt. Insoweit richte ich dieses Schreiben an meinen höchsten Vorgesetzten noch als pensionierter Kriminalhauptkommissar.

Die maßgebliche Begründung des Bundeskriminalamtes für das Strafmaß war der Verlust des Vertrauens in meine Person und die Notwendigkeit einer abschreckenden Strafe.

Bitte erlauben Sie mir den Hinweis, dass mein Vertrauen in das Bundeskriminalamt seit 1997 in erheblichem Maß gestört ist.

Das Bundeskriminalamt war 1996/1997 mit verantwortlich für die Ermordung zweier Informanten in Kolumbien und wurde zu keinem Zeitpunkt seiner Verantwortung gegenüber den Hinterbliebenen gerecht. (Verweis auf NJW 1998, Seite 3727)

Im Verlauf meiner letzten Dienstreise nach Indonesien hatte ich die (seltene) Möglichkeit, einen geplanten Selbstmordanschlag durch die Lokalisierung und Festnahme zweier in Afghanistan ausgebildeter Dschihad-Kämpfer zu vereiteln. Dies wurde mir ohne Angabe von Gründen verboten und durch die Weitergabe spärlichster Informationen an die indonesische Polizei bereinigt. Neben der Strafvereitelung im Amt, die durch meine Vorgesetzten begangen wurde, entspricht dies keineswegs meinem Verständnis von den hoheitlichen Aufgaben, die uns Ermittlungsbeamten übertragen wurden. Spielt es denn wirklich eine ausschlaggebende Rolle, wo und gegen wen sich ein Sprengstoffanschlag richtet?

Für das Bundeskriminalamt wohl schon.

Zu Beginn dieses Schreibens wollte ich eigentlich ein Gnadengesuch an Sie richten. Danach wurde mir aber selbst bewusst, dass dieses keinen Sinn ergibt. Auch Sie werden letztlich den Beteuerungen der Leitungsebene des Bundeskriminalamtes im Vergleich zu dem Hilfeschrei eines kriminellen Hauptkommissars mehr Glauben schenken.

Hochachtungsvoll

Michael v. Wedel

Michael v. Wedel Bad Honnef, 03.12.2006

PERSÖNLICH/VERTRAULICH

An den Bundespräsidenten
Bundespräsidialamt
Spreeweg 1
11010 Berlin

Sehr geehrter Herr Bundespräsident Dr. Köhler,

nach Diensteintritt in das Bundeskriminalamt im Jahr 1977 habe ich dieser Behörde und damit Deutschland bis zum Jahr 2003 treu gedient. In diesen 26 Dienstjahren habe ich unter anderem meinen Dienst als Verbindungsbeamter des Bundeskriminalamtes in Pakistan, Kolumbien und zuletzt im Wege von Dienstreisen in Indonesien versehen.

Ich habe dieser Behörde, nachweislich durch meine Beurteilungen und Belobigungen, stets treu und unter Einsatz meines Privatlebens und eigenen Lebens gedient. Ich habe zu keinem Zeitpunkt dem Bundeskriminalamt oder der Bundesrepublik Deutschland Schaden zugefügt.

Als Angehöriger der Abteilung Staatsschutz habe ich am Ende meiner Dienstzeit die Kontrolle über mein Leben und mich selbst verloren.

Es trifft zu,

- dass ich nach 26 Dienstjahren rechtswidrig mein Diensthandy aufgrund einer außergewöhnlich schwierigen Lebenssituation für private Telefonate benutzt habe,

- dass ich mich nach einem Selbstmordversuch in Indonesien unerlaubt aus dem Dienst entfernt habe,
- dass ich zur Bezahlung der Hotelnebenkosten in Indonesien dienstliche Gelder zweckentfremdet habe.

Wegen dieser berechtigten Vorwürfe des Bundeskriminalamtes wurde ich vom AG Bonn unter Aktenzeichen 50 Js 824 / 03 V zu 75 Tagessätzen verurteilt.

Im Dezember 2005 wurde ich auf Betreiben des Bundeskriminalamtes und eines Gutachtens der Amtsärztin der Behörde vorzeitig pensioniert.

Gleichwohl hat das Bundeskriminalamt beim Verwaltungsgericht Düsseldorf meine rückwirkende Entlassung aus dem Beamtenverhältnis unter Verlust der Pensionsansprüche beantragt und das Gericht hat diesem Ansinnen erwartungsgemäß in vollem Umfang entsprochen.

Dennoch bleibe ich bei meiner festen Überzeugung, dass ein Ermittlungsbeamter nach 26 Dienstjahren Respekt und Fürsorge verdient hat. Ich sehe selbst ein, dass ich eine Strafe verdient habe. Allerdings betrachte ich die bewusste und gewollte Vernichtung meiner Existenz als nicht angemessen.

Ich habe bereits eine entsprechende Eingabe an den Herrn Bundesinnenminister Dr. Schäuble gerichtet. Von Herrn Abteilungsleiter Z. (mehr ist mir nicht bekannt) und Frau [redacted] von der Abteilung AG Z 1 – Personalangelegenheiten – des BMI wurde mir empfohlen, ein Gnadengesuch an Sie zu richten.

Als Beurteilungsgrundlage habe ich Ihnen das Urteil des VG Düsseldorf sowie die ärztlichen Unterlagen von Frau Dr. [redacted] beigefügt. Ich entbinde hiermit Frau Dr. [redacted] von ihrer ärztlichen Schweigepflicht.

Ich möchte bewusst darauf verzichten, Ihnen meine persönliche Sicht der Dinge darzulegen. In der Vergangenheit hat dies sowohl gegenüber der

Staatsanwaltschaft Bonn wie auch dem Verwaltungsgericht Düsseldorf nur zu meinem Nachteil gereicht.

Alle Sachverhalte, die ich zu meiner Entlastung vortragen konnte, wurden ohne Ausnahme als Scheinargumente und ungerechtfertigte Beschuldigungen von Kollegen und Vorgesetzten angesehen.

Es wurde mir nicht zugestanden, dass auch ein erfahrener Beamter in private und dienstliche Lebensumstände geraten kann, die zu im Nachhinein unverständlichen Reaktionen geführt haben. Der enge Zusammenhang aller Vorwürfe mit meiner Dienstausübung in einem aufsehenerregenden Ermittlungsverfahren und einem seit 1993 unter Dauerstress stehenden Beamten in einem ausgebrannten und hoffnungslosen Zustand wurde bewusst und gewollt unterdrückt.

Ich wäre Ihnen sehr dankbar, wenn Sie

– das Urteil des AG Bonn,
– die beim BMI und BKA (Personalakte) vorliegenden Unterlagen

zur Beurteilung beiziehen könnten.
Zu einem persönlichen Gespräch sowie zur Benennung von Entlastungszeugen stehe ich jederzeit zur Verfügung.

Auf dem Gnadenwege ersuche ich Sie hiermit inständig, mich wieder in den Ruhestand eines Kriminalhauptkommissars (A 12) zu versetzen.

Hochachtungsvoll

Michael v. Wedel